強制執行法論　上巻

遠藤武治著

大正十三年發行

强制執行法論　上卷

日本立法資料全集　別巻
1245

信山社

法學士 遠藤武治著

（上卷）

强制執行法論

東京 巖松堂書店發兌

强制執行法論　目次

緒論

第二章　强制執行ノ要件

第三章　執行ノ異議

（上卷目次終）

强制執行法論

遠藤武治著

緒論

第一　强制執行ノ概念

强制執行ハ給付請求權（行爲又ハ不行爲ヲ請求スル權利）ヲ强制的ニ實現（若クハ保全）スヘキ國家機關ノ行動ナリ。私權ノ保護ハ往時權利者ノ自主救濟ニアリシモ權利者ヲシテ直接ニ其權利ノ滿足ヲ得ルコトヲ許ストキハ强者益々利益ヲ追テ必要ナル程度ヲ超越シ易ク之ニ反シ弱者ハ其ノ權利ノ滿足ヲ得難クシテ公平ヲ失スルノミナラス權利者ハ其ノ滿足ノ十二分ナランコトヲ欲シ相手方ハ負擔ノ輕減ヲ望ム結果トシテ茲ニ利害ノ衝突ヲ來シ以テ社會ノ秩序ヲ紊亂スルノ虞レアリ故ニ現代ノ制度ニ於テハ刑法三六條民法二三三條二項二九五條七二〇條等ニ規定シタル如キ僅少ナル例外ヲ除ク外原則トシテ自主救濟ヲ禁スルト同時ニ私權保護ヲ以テ國家ノ任務ト爲スニ至

レリ。

權利ヲ確定シ其保全ヲ計リ之レカ執行ヲナスニ依リ國家カ私權ヲ保護スル手段トセリ確認判決給付判決及形成判決ニ依リ權利ヲ確定シ其既判力執行力及創設力ニ依リ私權ヲ保護シ假令差押及假處分ニ依リ將來爲サルヘキ强制執行ノ效果ヲ全カラシムルコトニ依リ請求權者ヲ保護スルナリ强制執行ハ債務者ヲ强制シ債權者ノ權利ヲ滿足セシムル國家ノ行爲ニシテ之ニ依リ私權ヲ保護スルナリ而シテ執行行爲ハ國家カ債務者ノ權利範圍ニ干涉シ以テ私權ヲ實現シ狀態ヲ變更スルニ在リ詳言スレハ執行ハ國家ノ權力ニヨリ執行債權者ト債務者トノ間ニ存スル事實上ノ狀態ヲ執行名義ノ命令ニ適合スル狀態ニ變更スルニ在リ國家カ債務者ヲ强制スル方法ハ債務者ノ意思ヲ屈服セシムル手段ニ依ルコトアリ或ハ債務者ノ意思ニ關係ナク直接ニ强制スルニ依ルコトアリ。

第二　執行請求權

强制執行ハ私權保護ヲ目的トスル國家ノ行爲ナリ故ニ强制執行ハ主トシテ公法關係ニ屬ス然レトモ其ノ執行行爲ヨリ生スル效果ハ公法並ニ私法上ノ範圍ニ及フナリ强制權ハ國家獨リ之ヲ有スヘキモノニシテ債權者ハ自主救濟ヲ許ス場合ヲ別ニシテ債務者ニ對シ給付ヲ求ムル權利ヲ有スルトキハ其給付ヲ求ムル實體的請求權ヲ有スルコト勿論ナルモ此實體權ヲ外ニシテ債權者ハ債務者ニ

對シ別ニ執行ヲ目的トスル公權私權ヲ有スルモノニアラス唯國家ニ對シ執行ヲ目的トスル公法上ノ請求權ヲ有スルノミ是レ權利保護請求權ノ一種ニシテ判決手續ノ權利保護請求權ニ該當ス。民事訴訟法ニ從ヘハ各種ノ强制執行ニ缺クヘカラサル條件ハ執行力アル債務名義ナリトス國家ハ一私人ノ申立ニ依リ其利益ノ爲ニ他人ノ權利範圍ニ付キ强制的干渉ヲ爲スニ際リ之レカ爲メ實體的不法ヲ惹起セサルコトヲ出來得ル限リ避ケサルヘカラス之レカ爲メ第一ニ先ツ採ルヘキ手段ハ强制執行ヲ受クル者ハ一般ニ何モノカヲ負擔シ而シテ如何ナル範圍ニ於テ債權者ニ履行スヘキ義務アルカヲ確定スルニ在リ義務ノ確定ヲ形式的ニ表現スルハ國家ノ機關ニ依リ又ハ國家機關ノ指揮監督ノ下ニ當事者ニ於テ之ヲ爲スモノニシテ何人ニモ又何時ニテモ確認シ得ル爲メ書面ニ據ラサルヘカラス此ノ如クニシテ法律上執行手續ノ根據トナリ之ニ基キ債務者ノ義務ヲ强制シ得ヘキ證書ヲ債務名義ト稱スルナリ債務名義トハ實體的請求權ヲ確定シ若シクハ單ニ之ヲ記載シタル公ノ證書ニシテ法律上執行力ヲ付與セラレタルモノヲ云フ此ノ公ノ證書ハ實體的請求權ヲ執行シ得ヘキモノトシテ證明スル公文書卽チ所謂執行名義ニシテ之ニ依リ强制執行ヲ許スヘキ證書ニシテ國家ノ行動ヲ求ムル公法的請求權ノ形式的條件ナリトス。强制執行ノ權利保護請求權ハ强制執行ニ依リ權利ノ內容カ實現セラルヘキ實體的請求權自體ノ存在ヲ前提トスルモノニアラス寧ロ執行

力ノ付與アルコトヲ前提トスルモノナリ執行力ノ付與ハ國家ノ行爲ニヨリ之ヲ爲スカ又ハ法律上一定ノ條件ノ下ニ當事者ノ合意ト共ニ結合スルコトニヨリ之ヲ爲スナリ執行力ノ付與ハ債務名義ニ付テ之ヲ爲スモノトス此ニ於テ强制執行ノ必要條件ハ執行力アル債務名義ナリト云フ所以ナリ執行力アル債務名義タルモノハ確定シタル若クハ假リニ執行シ得ヘキ判決(四九七)決定及(五五九條一號)執行命令(同條二號)外國裁判所ノ判決若クハ仲裁裁判所カ給付ヲ言渡シタル場合ノ執行判決(五一四、八〇二)破產法ノ債權表(破產法二八七條三二八條及舊法一〇四九條)及法律ニ依リ執行力アル當事者ノ行爲(五五九條三號乃至五號)等ナリ。

强制執行ハ債務名義アリテ始メテ之ヲ爲スコトヲ得ルモノニシテ請求權ハ執行權ヲ生スルモノニアラス唯債務名義ニ執行力アルナリ從テ債務名義ヲ喪失シタルトキハ强制執行ヲ爲スコトヲ得ス故ニ舊債務名義ノ確定力ニ反セサル新訴ヲ必要トスヘシ之ニ反シ債務名義存スルニ當リ新ニ給付ノ訴ヲ起スコトハ其ノ利益ナキ爲メ之ヲ爲スコトヲ得サルヲ通例トス然レトモ同一請求權ノ爲メニ二個ノ債務名義ヲ有スルモ原則トシテ兩者何レモ有效ナリトス。

執行セラルヘキ請求權ノ存在ハ執行ノ條件トナルコトナシ債務名義ハ其本質上請求權ヲ證明シ若クハ其存在ヲ推定セシムル材料トナルコトナシ又執行力アル當事者ノ行爲ハ全然確定力ヲ缺除ス

ルナリ即チ和解及執行力アル證書ハ他ノ各種ノ私法的行爲ノ如ク無效取消若クハ其他ノ瑕疵アルヘキナリ然レトモ執行ノ全過程中請求權ノ存否ハ審査セラルルコトナク隨テ請求權ノ不存在若クハ爾後ノ消滅ハ執行ノ適否ニ付キ重要ナルモノニアラス執行後ノ支拂及ヒ延期モ亦同一ニシテ別ニ例外ヲ爲スモノニアラス、何ントナラハ五五〇條ハ此場合ニ於テ單ニ執行機關ヲシテ一時的ニ假リノ執行停止ヲ許スヘキモノトスルカ故ニ既ニ爲シタル執行處分ハ存續スルモノニシテ之カ爲メ執行參加訴訟ヲ省略スルコトヲ得サルモノトス。

請求權ノ不存在及消滅ハ債務名義ヲ攻擊スル方法ニヨリ主張スヘキモノニシテ之ニ依リ其執行力ヲ排斥スヘキモノトス此攻擊方法ヲ採ラサルトキハ執行ハ國家ノ行動トシテ適法ニ存スルナリ然レトモ此執行ニ依リ得タル債權者ノ滿足ハ民法ノ意義ニ於テハ法律上ノ原因ナクシテ生シタルモノトシテ不當利得ノ訴ヲ理由アラシムルコトモ又ハ債權者カ其債務者ニ對シテ爲シタル不法行爲ニ付責ニ任スルコトモ妨ケサルモノトス。

債務名義ハ執行請求權ノ內容及範圍ヲ明ニスルモノニシテ國家强制權ノ限界ハ之ニ依リ劃セラルルモノトス故ニ强制セラルヘキ行爲ハ債務名義ノ解釋ニヨリ確定スヘキモノニシテ之カ爲メニ判決ニ付テハ主文カ先ツ第一位ニ標準トナルヘク判決ノ內容ハ單ニ補助的ニ援用スヘキナリ强制セ

ラルヘキ行爲ヲ債務名義ヲ解釋スルニヨリ確定スルコトハ執行機關ニ委サル而テ執行機關ノ爲シタル解釋ニ對スル異議ハ五四四條又ハ五五八條ニ依リ之ヲ爲スヘキモノトス然レトモ債務名義カ一定セスシテ解釋ヲ爲スコト能ハサルトキ例ヘハ種類債務ノ場合ニ性質カ又引換的給付ノ場合ニ反對給付カ十分記載シアラサルトキ又ハ多數債務者ノ責任ノ關係カ表示シアラサルトキ等ニ於テハ之ヲ補充スル爲メ新訴ヲ要ス新訴ハ第二ノ特定シタル給付ノ言渡ヲ目的トスルモノニシテ前示ノ場合ニ於テハ第一ノ判決ノ確定力アルニ拘ラス新訴ハ適法ナリ但シ此ノ目的ヲ達スル爲メ判決ノ内容ヲ確定スルコトヲ求ムル確定ノ訴トシテ訴ヲ提起シ得ルハ勿論ナリトス。

執行シ得ヘキ債務名義ハ判決タルト當事者ノ行爲タルトヲ問ハス請求カ條件附若クハ期限附ナルモ成立シ得ルモノナリ然レトモ其ノ執行力ハ條件若クハ期限ノ到來後始メテ無條件ニ之ヲ執行シ得ヘキモノトス。此ノ實體的條件ノ調査ハ原則トシテ執行機關ニ委セラルルコトナク執行文付與前之ヲ爲スヘキモノトス（五一八）而シテ執行文付與ニ付キ一定ノ方法ヲ以テ必要ナル證明ヲ爲ス能ハサルトキハ五二一條ニ從ヒ特別ナル訴ヲ起スコトヲ要ス然レトモ理論上等シク之等ノ場合ニ屬スヘキ引換的給付ヲ命スル裁判ニ付テハ實際上ノ理由ヨリ執行機關ニ調査ヲ委スルヲ以テ通例トス又請求ノ主張カ日時ノ到來ニ繫ルトキハ其到來ノ調査ハ容易ナルヲ以テ同シク執行機關カ其

調査ヲ為スヘキモノトス即チ此等ノ場合ニ實體的條件ハ形式的條件トナリタルモノト云フヘシ。强制執行ノ主體ハ債務名義ニ依リ定マル判決手續ノ如ク別異ノ人ニシテ法律ハ之ヲ債權者債務者ト名ツク然レトモ强制執行ニ依リ權利ノ內容カ實現セラルル所ノ實體的請求權ハ或ハ物權タリ或ハ債權タルコトアルハ措テ問ハサルナリ而テ强制執行ノ主體トハ其人ノ爲メニ又ハ其人ニ對シ債務名義カ執行シ得ヘキモノヲ云ヒ其者カ實體的請求權ノ主體ナルカ否カハ問フ所ニアラス例ハ職務上ノ當事者ノ如シ債權者トハ其者ノ利益ノ爲メニ給付判決カ言渡サレタル者ニシテ債務者トハ給付ヲ爲スヘク言渡ヲ受ケタル者ヲ云フ從テ反對給付ニ對スル給付ノ言渡ニ付キ原告ハ反對給付ニ關シ債務者ニアラス又ハ被告ハ其ノ受領ニ關シ債權者ニモアラサルナリ實體法ニ從ヒ權利ヲ有シ又ハ義務ヲ負フ者ニ變更ヲ生シタルトキ例ヘハ相續開始シタルトキハ新ニ承繼シタル者ハ特定ノ場合ニ限リ强制執行ニ對スル債權者及債務者トナルモノナリ(五一九)而シテ債權者及債務者以外ノ總テノ人ハ第三者ナリトス共同義務者ナルモ其者ニ對シ裁判言渡ナキトキハ同シク第三者ナリ又單ニ財產ノ一部分ニ限リ若クハ職務上當事者トシテ他人ノ財產ヲ以テ責ニ任スル者カ給付ノ言渡ヲ受ケタルトキハ其ノ範圍ヲ外ニシテハ第三者ナリトス。

請求ノ對象トナルヘキ債務者ノ行爲ハ債務名義ニヨリテ定マルカ如ク國家ニ對シ强制執行ノ目的ト

スル權利保護請求ノ內容ハ亦債務名義ニ依リ確定スルナリ訴訟法ハ債權者ノ請求ヲ滿足セシムル爲メニ債務者ノ行爲ニ關係ナク國家若クハ國家機關ノ行動ヲ求メ得ル範圍ヲ規定セリ此行動ハ債務者ノ給付行爲トハ異ルモノトス即チ例ヘハ差押ハ國家ニ對シ求メタル請求ノ對象ナリ國家及國家機關ノ行動ハ國權ノ發動ニ外ナラサレハ國家ハ之レカ爲メ活動スル所ノ條件方法及效力ヲ確定スルヲ以テ當然ナリト爲スナリ然レトモ訴訟法ハ總テ權利保護ノ必要ヲ缺除スル場合ニハ權利保護ノ請求ヲ排斥セリ蓋シ債權者ハ他ノ道ヲ採リ以テ其請求ノ滿足ヲ得ヘケレハナリ。

前段說明スル執行保護ノ實體的條件ニ違背スル所ノ執行ハ之ト共ニ形式的欠缺ノ競合セサル限リ決シテ無效トナルコトナシ單ニ取消シ得ルニ止ルモノトス法規違背ヲ主張シ得ル者ハ其者ノ利益ノ爲メニ違背規定カ定メラレタルトキニ限ルモノニシテ第三者ハ法規違背ヲ主張スルコトヲ得サルナリ而シテ執行ノ終了スルニ至ル迄責問權ヲ行使セサルトキハ違法ナル執行ハ取消スコトヲ得サルニ至ルモノトス又債務名義カ形式上適法ナル正本ナルモ實體的瑕疵アル場合又ハ債務名義ノ內容ニ超過シタルトキ又ハ執行ハ執行文ニ記載シアル人ニ對シ行ハレタルモ其者ニ對シ債務名義ハ效力ナキニ至リシ場合ニモ同一ナリトス。

第三　執行力ノ意義

同シク終局判決ナルモ總テ執行名義タルモノニアラス獨リ給付判決ニ限リ強制的ニ請求權ノ內容ヲ實現シ得ルヲ以テ執行名義タリ確認判決、創設判決・訴若ハ假差押假處分申請ヲ却下スル判決並ニ假差押假處分ヲ取消ス判決ハ執行ヲ必要トセサルヲ以テ執行名義タラサルナリ但シコノ種ノ判決ハ訴訟費用ノ負擔及支拂ヲ言渡シタル範圍ニ於テ執行名義タルモノトス又同シク給付判決タルモ總テ執行名義タルモノニアラス債務者ノ意思ノミニヨリ爲シ得ヘキ行爲ニシテ第三者之ヲ爲シ得ヘカラサル行爲ノ實行ヲ言渡シタル判決ハ執行名義トナルモノニアラス。

他方ニ於テ判決ヲ通覽スルニ其特殊ノ內容ニ基ク實際的效果ヲ具備セサルハナシ而テ此效果ハ總テノ判決ニ現實的效果トシテ存スル實體的確定力即チ第三ノ判決手續ニ於テ裁判官ヲ羈束スル效力トハ區別セサルヘカラス例ヘハ不動產登記商業登記又ハ身分登記等ニ關スル法規ニシテ一定ノ內容ノ判決ノ存在スルコトヲ以テ法定條件トシ之レニ一定ノ法律上ノ效果ノ發生ヲ繫ラシムル場合少カラス即チ養子緣組又ハ婚姻取消ノ判決カ確定シタルトキニ於テ訴ヲ起シタル者カ確定ノ日ヨリ十日內ニ裁判ノ謄本ヲ添付シ其旨ヲ屆出タルトキハ(戶籍法九三一〇二)市町村長等ハ戶籍ニ其旨ヲ記載セサルヘカラス之レ緣組又ハ婚姻取消判決卽チ形成判決ノ存在ヲ法定條件トスル法律上ノ效果ナリ其他判決ノ存在ハ公ノ帳簿ニ登錄スル法定條件タル場合少カラス不動產ニ關スル權

利ノ登記破産手續ニ於ケル債權表ノ訂正配當表ノ訂正等ノ如シ訴訟費用ノ確定決定强制執行ノ停止取消配當手續ノ實施及保證金ノ還付等モ亦判決ノ存在ヲ前提トスルナリ斯ク判決ノ存在カ法定條件トシテ利用セラルル點ヨリ着眼シテ學者之ヲ廣義ノ執行ト稱シ固有ノ意義ニ於ケル執行力ト區別ス是ニ依リテ之ヲ見レハ民事訴訟法ノ意義ニ於ケル執行力ハ狹義ニ於ケル强制執行ノ基本タルカ又ハ其他ノ現實的判決效果タルヘキ判決ノ力ヲ云フ而テ判決ノ執行力ノ廣狹二義ノ別ハ假執行ノ宣言執行ノ停止及執行判決ノ必要アル場合ニ於テ實用アルモノトス民事訴訟法ハ判決ノコノ從タル效力ノ實現ニ付僅少ノ例外ヲ除キ之カ規定ヲ爲スコトナク之ヲ他ノ法規例ハ不動產登記法戶籍法供託法等ニ讓レリ。

當事者ノ合意ニヨリ繼續的又ハ一定ノ時期ノ間請求ニ關シ執行力ヲ除去スルコトヲ得及當事者ノ合意ニ依リ債務者ノ財產中特定ノ部分ニ限リ執行ノ目的トナサザルコトヲ定ムルコトヲ得斯ル合意ハ國家ニ對スル執行請求權ノ拋棄ヲ意味スルモノニアラス然レトモ執行カ合意ニ反シテ實施セラレタルトキニハ債務者ハ損害賠償請求權及其執行ニ對スル異議ヲ申立ツル權利ヲ生スルナリ。

第四　强制執行ノ手續

强制執行手續ハ普通攻擊ヲ爲スニアリテ辯論ヲ開始スルモノニアラス隨テ對席審理行ハルルコト

ナシ唯辯論ハ異議ヲ申立ラレタル時ニ限リ之ヲ爲スヲ通例トス債權及其他ノ財産權ノ差押ニ付テハ豫メ債務者ヲ審訊スルコトヲ禁セリ（五九七條）有體物ノ差押ニ付テハ債務者ノ審訊ヲ必要トスルコトナシ（五六六條三項）而テ獨リ六一三條七三五條ノ場合ニ限リ債務者ヲ審訊スヘキナリ。豫メ債務者ヲ審訊スヘキ場合及異議ニ基キ辯論ヲ開始スル場合ニモ口頭辯論ハ權能的ナリ口頭辯論ヲ開始スルコトヲ以テ義務的ト爲ス場合ハ法律ハ訴ノ形式ニ依ルヘキモノトセリ（五二一條五四五條五四九條）强制執行手續ハ債權者カ執達吏ニ對シ委任シタルト（五三一條）裁判所ニ申請シタルトヲ問ハス常ニ申立ニ依リテノミ開始セラル裁判所ハ職權ヲ以テ執行手續ノ開始ニ干渉スルコトナシ唯タ支拂命令ニ限リ執行ノ豫告ヲ爲スアルノミ（三八六條）又執行機關ノ行動ノ種類及方針ハ常ニ當事者ノ申立ヲ以ツテ標準トス然レトモ此等ノ事項ヲ別ニシテ其他ノ手續ニ付テハ職權主義ノ原則ニ依ルヲ普通トス債權者カ自營的ニ行動スルコトハ僅少ナル場合ニ限定セラレ（五九八條六〇〇條六一三條）之ニ反シ債權者ハ合意ニ依ルト否トヲ問ハス何時ニテモ執行手續ヲ中止セシメ又ハ申立ヲ取下クルコトヲ得是レ强制執行手續ニ於テモ亦處分權主義ノ行ハルル所以トス。金錢債權ノ爲ニスル强制執行ハ債務者ノ個々ノ財産ニ付之ヲ爲スモノニシテ全財産ニ對シ執行スルコトナシ故ニ債權者ノ請求ノ滿足モ亦個々ノ財産ヲ換價スルコトニ依リ之ヲ得ルモノトス現代

ノ執行ハ特別執行ニシテ破産手續ノ如ク債務者カ現ニ有スル一切ノ財産ヲ擧テ執行ノ目的トナス所ノ一般執行ニアラサルナリ强制執行ハ主トシテ個々ノ債權者ノ請求ノ滿足ヲ目的トスル義ニ於テモ亦特別執行ニシテ彼ノ多數債權者ニ對スル共同ニ且ツ按分ニ辯論スルコトヲ目的トスル破産手續ト自ラ區別セラルルモノトス。

訴訟條件ニ關シ特ニ説明ヲ要スルモノ左ノ如シ。

（イ）債權者ハ當事者能力及訴訟能力ヲ有シ且ツ法定代理人カ訴訟ヲ爲ス適格ヲ有スルコトヲ必要トス死亡、訴訟能力ノ喪失又ハ法定代理人ノ變更アル場合ニ於テ訴訟手續ハ中斷スルコトナシ蓋シ民訴一七八條以下ハ獨リ判決言渡手續ニ付テノミ適用アルモノナレハナリ故ニ寧ロ執行ハ承繼人ノ計算ノ爲メニ續行スルモノトス唯新ニ自營的行動ヲ要スルトキ。若クハ債權者カ辯論ヲ爲サントスルトキニ限リテ債權者ハ其ノ適格ヲ證明セサルヘカラス此場合ニハ債權者ハ五一九條五二一條ニ從ヒ其名義ニ於テ執行文ノ付與ヲ受ケ五二八條ニ從ヒ之ヲ送達スヘキモノトス新ニ任設シタル債權者ノ法定代理人ハ新ニ執行文ヲ要スルコトナシ蓋シ法定代理人ハ變更ノ有無ニ拘ラス執行文ニ記載セラルヘキモノニアラサレハナリ。

（ロ）債務者ハ當事者能力ヲ有セサルヘカラス民訴五五二條ノ規定アルカ爲メ反對ノ結論ヲ生

スルコトナシ此規定ハ單ニ既ニ繫屬スル執行ハ債務者ノ死亡ニ因リ中斷セサルコトヲ明ニスルニ止ルモノトス之ニ反シ債務者ノ訴訟能力及其法定代理ハ債務者ニ對シ或ル行爲ヲ爲ス場合（五九八條六二五條）債務者ヲ審訊スヘキ場合（七三五條）又ハ債務者カ異議ヲ申立ツル場合ニアラサレハ意義ヲ有スルコトナシ此等ノ場合ニ於テ後日ニ訴訟無能力トナリ又ハ法定代理ノ消滅若クハ變更アルモ亦訴訟手續ノ中斷ヲ生スルコトナシ唯異議訴訟ニ付テ異議ノ申立ヲ爲ス適格アルコトノ證明ハ新法定代理人之ヲ爲スヘク七三五條ノ場合ニハ債權者カ正當ナル法定代理人ヲ開示スヘキモノトス。

（八）　訴訟ハ强制執行ノ爲メノ委任ヲ包含ス然レトモ强制執行ノ爲メニスル委任ハ獨立ニ之ヲ授與スルコトヲ妨ケス。

次ニ强制執行ハ對席審理ヲ爲サヽルヲ以テ强制執行ニ因リ訴訟法ノ意義ニ於ケル權利拘束ヲ生スルコトナシ（一九五條）然レトモ權利拘束ノ實體的效果カ發生スルヤ否ヤハ民法上ノ問題ナリ。

第五　强制執行法ノ內容

凡ソ法規上請求權ノ存在ヲ表徵スヘキハ請求カ債務者ノ意思ニ反シテモ尙ホ主張シ得ヘキ可能性アルニ在リトス義務者カ任意ニ請求ヲ履行セサルトキハ國家ハ其請求權ノ存在又ハ不存在ヲ確定

シ且ツ債務者ヲ强制シ請求權ノ內容ヲ實現セシメ以テ債權者ヲ滿足セシメサルヘカラス卽チ義務者カ履行セサルトキニ於テ請求權ヲ實現セシムルニハ請求ノ確定及確定シタル請求ヲ實現セシムル二個ノ手續ヲ要ス此二段ノ手續ヲ併セテ訴訟(民事訴訟手續)ト謂ヒ之等ノ全體ヲ規定シタル法典ヲ民事訴訟法ト稱スルナリ故ニ請求ヲ確定スル手續ハ判決ヲ包含シテ之ヲ狹義ノ訴訟ト名ツケ之ニ對シ請求ノ强制的實現ヲ目的トスル第二段ノ手續ヲ强制執行ト云フナリ然レトモ狹義ノ訴訟及强制執行ハ各自一體トシテ連結スル手續ナリ訴訟カ訴ニヨリ開始セハ中間ノ出來事ノ爲メ中斷セサル限リ一段ノモノトシテ追行シ其ノ進行ニ付別ニ新ナル委任ヲ要スルコトナシ之ニ反シ强制執行手續ハ訴訟ニ當然從屬スルモノニアラス寧ロ之カ開始ハ特ニ新ナル委任ニ依リテ之ヲ爲スヲ以テ通例トスルカ故ニ訴訟ハ一般ニ强制執行ヲ結果セサルコトヲ得ヘシ又他面强制執行ハ訴訟カ前行スルコトナシニ可能ナリ是ニヨリ之ヲ以ツテ見レハ强制執行ハ廣義ノ訴訟ヲ構成スルモ必要的構成要素ニアラサルモノト云フヘシ又兩手續ノ構造ニ付テ見ルニ訴訟ニ於テ被告カ應訴スルニ至ルヤ否ヤ原告ハ處分權ヲ失フヘキモノニシテ原告ハ相手方ノ意思ニ反シ訴訟ヲ處分スルコトヲ得ス强制執行ニ於テハ之ト異リ債權者ハ開始シタル手續ヲ何時ニテモ休止シ得ルノミナラス亦タ全然之ヲ取下ケ新ニ手續ヲ開始シ再ヒ之ヲ禁止シ得ルモノトス訴訟ト强制執行トカ斯ク取扱ヲ異

ニスル所以ハ被告カ如何ナル義務ヲ負擔シ且其範圍ハ幾何ナルカハ訴訟ヲ待テ始メテ確定スヘク又被告ハ原告ノ意思ニ反シテモ自ラ債務ヲ負擔セサルコト又ハ自分ノ申出タル部分ニ限リ債務アルコトヲ確定シ而テ將來不當ナル訴訟上ノ攻擊ニ對シ保護スヘキ可能ヲ有セサルヘカラス然レトモ强制執行ノ畛域ニ達シタルトキハ債務ノ存在ハ確定シ債務者ハ辨濟スルニアラサレハ其羈絆ヲ脱スルコト能ハサルニ原由スルナリ。

民事訴訟ハ强制執行手續ヲ判決手續ト區別シ第六編以下ニ規定セリ然レトモ同編以下ニ規定スル所ハ强制執行手續ニ屬セサルモノ多々アリ假差押及假處分ニ關スル第四章ノ規定ハ强制執行手續ト云フコトヲ得サルナリ蓋シ假差押及假處分ハ單ニ將來ニ於テ爲サルヘキ强制執行ノ效果ヲ保全スル手續ニシテ其假差押及假處分ノ請求ヲ目的トスル手續ハ判決手續ノ一種タル特別訴訟手續タレハナリ勿論假差押及假處分ノ手續ニ在リテハ固有ノ强制執行ノ手續ニ關スルカ如キ規定ヲ要スルコト多キヲ以テ立法ノ便宜ニ基キ第六編ニ規定シタルモノナリ。

判決確定ノ證明ノ付與ヲ求ムル申立（四九九條）執行文ノ付與或ハ再度ノ執行力アル正本ノ付與ヲ求ムル申立（五一六條五二三條）等ハ强制執行ニ屬セス之等ハ單ニ强制執行ヲ準備スル手續ニ過キサルナリ。

第一編　總則

第一章　執行ノ機關及當事者

强制執行ハ國家カ私權ヲ保護スル方法ナリ判決手續ニ於テ國家ト當事者間ニ訴訟法律關係成立スル如ク執行的法律關係成立ス債權者ハ之ニ依リ國家ニ對シ其申立タル執行行爲ヲ債務者ニ施スヘキコトヲ求ムル訴訟的請求ヲ有スルナリ而テ執行的法律關係ハ判決手續ノ訴訟的法律關係トハ全ク異リタル別箇ノ法律關係ニシテ債權者カ國家ニ對シ執行行爲ヲ爲スヘキ旨ヲ申立テ執行請求權ヲ行使スルニ依リテ成立ス判決手續ノ訴訟關係ハ通常判決ノ確定ニ因リ終了スルモ執行的訴訟關係ハ其申立ノ取下又ハ執行行爲ノ完結若クハ之等ノ行爲ヲ不必要トスル事實ノ到來ニヨリ終了ス又執行的法律關係ノ開始成立ハ判決手續ノ訴訟關係ノ成立ヲ前提トスルコトナク其判決手續ノ法律關係ト異リタル別箇ノ法律關係ヲ構成スルモノナルコト前述ノ如シ此ヲ以テ强制執行ハ判決手續ト別異ノ機關ノ管掌ニ屬セシメ原則トシテ判決裁判所ノ職權ニ屬セサルモノトセリ此別異ノ機關ヲ執行機關ト云フ强制執行ヲ受訴裁判所ニ管掌セシメス其ノ權限ヨリ分離シテ之ヲ別ニ獨立ノ

執行機關ヲシテ實施セシムルハ佛訴訟法ノ創定シタル所ニシテハンノーベル及バキエルンノ訴訟法之ヲ採用シ獨逸帝國訴訟法モ亦之ニ則リ我民事訴訟法モ亦此主義ニ基キ立法セリ。

第一節　執行機關

執行機關トハ債權者ノ請求權ヲ實施セシムル爲メ債務者ニ對シ强制力ヲ行使スル國家機關ヲ云フ民事訴訟法上執行機關ヲ分チテ三種トス執達吏、執行裁判所及第一審ノ受訴裁判所是ナリ（五三一條五四三條五五六條五五七條五六六條五七二條五八二條五八三條五九四條六四一條七一八條七三〇條乃至七三四條參照）。

第一款　執達吏

執達吏ハ書類ノ送達及强制執行ノ實施ヲ職務トスル官吏ニシテ裁判所ノ職員ナリトス（構成法九條九四條以下）送達及執行ヲ專務トスルヲ以テ執達吏ノ名稱アル所以ナリ執達吏ハ法律上一定ノ條件存スル場合ニ於テ獨立シテ其職權ヲ行使スルモノニシテ裁判官ノ下級官吏トシテ其命令ニ基キ職權ヲ行使スルモノニアラス故ニ執達吏ハ獨立ノ司法機關ニシテ裁判所ノ機關ニアラサルナリ

執達吏ハ特別ノ命令若クハ委任ヲ受ケタル場合ノ外自己ノ責任ヲ以テ執達吏ニアラサル者ニ臨時執達吏ノ職務ヲ代理セシムルコトアリ此場合ニ於ケル執達吏代理ハ單ニ補助機關トシテ執行行爲ヲ爲スモノニシテ法律上獨立シテ行動スルノ職權アルコトナシ（執規一一條）。

一　執達吏ノ職務ニ屬スル執行ノ範圍

强制執行ハ民事訴訟法ニ別段ノ規定ナキ時ニ限リ執達吏之ヲ實施スルモノトス（五三一條一項改六五五條）故ニ法律ノ規定ニ依リ特ニ裁判所ヲシテ實施セシムル執行行爲ヲ除テハ總テ執達吏之ヲ實施スルモノニシテ其範圍極メテ廣シ。

金錢債權ノ爲メニスル有體動產ニ對スル强制執行（五六四條以下及六一五條）

金錢債權ノ爲メニスル手形其他裏書ヲ以テ移轉シ得ヘキ證券ニ對スル强制執行（六〇三條）

金錢債權ノ爲メニスル不動產及船舶ニ對スル强制執行ニ關シ執行裁判所ヨリ命セラレタル不動產ノ取調競賣實施若クハ入札拂賣實施等（六四三條六五九條六六三條乃至六六九條六八七條七〇三條乃至七〇五條）

金錢ノ支拂ヲ目的トセサル債權ノ爲メニスル動產ノ引渡又ハ不動產及船舶ノ明渡（七三〇條七三一條）

假差押及假處分ノ命令ニ關スル執行（七四八條七五六條）

以上列記シタル外執達吏ハ執行裁判所ヨリ執行ニ關スル告示催告及管理行爲等ヲ命セラレタルトキハ其命ニ從ヒ之ヲ實施セサルヘカラス。

執達吏ハ一定ノ所屬區裁判所ヲ定メラレ其區裁判所ヲ管轄スル地方裁判所ノ管轄內ニ於テ其職務ヲ行フコトヲ得ルモノトス（裁構九七條）但シ一區裁判所ニ數名ノ執達吏アルトキハ監督判事若クハ一八ノ判事ハ其管內ノ土地ノ區域ニ從ヒ執達吏間ノ事務ノ分配ヲ定ムルコトヲ得（執規七條）。

執達吏ハ强制執行ノ實施ヲ職務トスル司法機關ナルヲ以テ苟モ其委任事項ニシテ職務ニ屬スル執行ノ範圍タル以上ハ其委任ヲ受ケサルヘカラス而テ執達吏カ執行委任ヲ受クルコトヲ拒ミ若クハ執行行爲ノ實施ヲ拒ムコトヲ得ル場合ハ裁構九七條執規八條ニ違背スルトキ及法律上强制執行ノ必要要件ヲ缺クトキナリ又執達吏ハ裁判所ノ命令若クハ訴訟上救助ヲ得タル當事者ノ委任ノ場合ヲ除ク外豫メ手數料ヲ支拂フニアラスンハ執行委任ノ受任ヲ拒絕スルコトアルヘシ五七一條ニヨリ差押物保存ノ爲メ特別處分ノ費用ヲ要スルトキハ執達吏ハ其費用ヲ豫納セシムル權アリ故ニ債權者ニ於テ之カ豫納ヲ爲サヽルニ於テハ所謂特別處分ハ之ヲ爲スコトヲ拒ムコトヲ得ヘキナリ。

二　執達吏ノ强制執行實施ニ關スル權利義務

（一）　執達吏カ執行行爲ヲ實施スルニハ執行裁判所ヨリ個々ノ執行行爲ヲ命セラレタルトキハ其命ニ基キ之ヲ爲スヘキモノナレトモ其他執達吏ノ專務ニ屬スル强制執行ニ付テハ其前提要件トシテ債權者カ執達吏ニ執行力アル正本ヲ交付シテ强制執行ヲ委任シタルコトヲ要ス此執行委任ノ方式ニ關シテハ何等ノ規定ナキヲ以テ口頭又ハ書面ヲ以テ之ヲ爲スコトヲ得ルノミナラス明示ヲ以テスルモ默示ヲ以テスルモ其意思表示ノ方法ハ自由ナリ又此委任ハ債權者ヨリ執達吏ニ對シ直接ニ爲スコトヲ得ヘク區裁判所書記ノ補助ニ依リ間接ニ執行委任ヲ爲スコトヲ得ヘシ（五三一條二、三項）。

執行力アル正本ノ交付トハ執行文ヲ付シタル判決其他ノ債務名義ノ正本又ハ執行命令假差押假處分命令ノ正本ヲ債權者ヨリ執達吏ニ對シ直接又ハ間接（裁判所書記ノ補助）ニ占有セシムルコトヲ云フ執行力アル正本ノ交付ハ執行ノ前提要件ニシテ執達吏ハ執行力アル正本ヲ債權者ヨリ交付セラレタルトキ訴訟法上有效ニ執行ヲ實施スルコトヲ得ヘク其交付ヲ受ケサルトキハ縱令債權者ヨリ執行委任ヲ受クルモ執行ヲ實施スルコトヲ得サルモノトス（五一六條）夫レ斯ノ如ク强制執行ノ實施ニ付執行力アル正本ノ交付ヲ要スルモノトシタル所以ハ强制執行ハ債務者及第三者ニ對シ國

家強制力ヲ使用スルモノナルヲ以テ其機關タル執達吏ノ權限ヲ明確ニスル必要アレハナリ此執行委任トハ民法上ノ委任契約ニアラス債權者カ國家ノ執行機關タル執達吏ニ對スル申請ヲ云フ債權者カ執達吏ニ爲ス執行ノ爲メニスル委任ハ他ノ場合ニ於テ裁判所ニ對シ強制執行ヲ申請スルト本質上異ルコトナシ之兩者共ニ國家強制力ノ活動ヲ求ムルモノニ外ナラサレハナリ執達吏ハ強制執行ヲ實施スル限リ國家機關ニシテ民法上ノ受任者若クハ債權者ノ代理人ニアラサルヘク執達吏ハ執行行爲ヲ實施スルニ當リテハ國家ノ強制權ヲ行使スルモノナリ債權者ハ單ニ國家ニ對シ強制ヲ求ムル權利ヲ有スルモノナルカ故ニ差押競賣又ハ物ノ取上ノ如キ債權者ニ對シ法律上直接ニ效果ヲ發生スルモ執達吏ハ債權者ノ爲メニ代理スルコトナシ然レトモ執達吏ハ執行ヲ實施スルニ當リテ爲ス所ノ行爲ニシテ固ヨリ其職務行爲ノ範圍ナルモ國家權力ノ行使ニ屬セス寧ロ債權者カ其ノ衝ニアリトセハ自ラ之ヲ爲スコトヲ得ヘキモノノ如キハ執達吏ハ債權者ノ代理人トシテ之ヲ爲スモノトス執達吏ハ債務者ヨリ支拂其他ノ給付ヲ受取リ其受取リタルモノニ付キ有效ニ受取ノ證書ヲ作リ之ヲ交付シ(五三三條改六六〇條)金錢ヲ取立タルトキハ債務者ヨリ支拂ヲ爲シタルモノト看做ス(五七四條二項)賣得金ヲ領收シタルトキハ債務者ヨリ支拂ヲ爲シタルモノト看做ス(五七九條)カ故ニ執達吏ハ債權者ノ爲メニ實體上債務ノ履行ヲ受クヘキ地位ニアルモノト云ハサルヘ

カラス是ヲ以テ執達吏ニ對スル委任ハ一面ニ公法上强制執行ノ申請ニシテ他ノ一面ニハ私法上委任關係ヲ生スルモノト云フヘシ執達吏ハ執行ニ關シ國家機關タルモ債權者ノ委任ニ依リ債權者トノ間ニ私法的法律關係ヲ生スルヲ以テ國家機關トシテ獨立ナル職責ヲ有スルト同時ニ債權者ノ代理人タル資格ヲ有スルモノト云ハサルヘカラス。

（一一）　債權者ト執達吏トノ間ニ於ケル私法的關係ハ民法委任ニ關スル規定ニ從フヘキモノナリト雖モ其關係ノ發生ハ强制執行實施ノ委任ノ外特別ナル委任ヲ要スルコトナシ債權者ハ執行力アル正本ヲ交付シ强制執行ヲ委任シタルトキハ執達吏ハ特別ナル委任ヲ受ケサルトキト雖モ法律上當然債務者ヨリ支拂其他給付ヲ受取リ其受取リタルモノニ付有效ノ受領證書ヲ作リテ債務者ニ交付シ且債務者カ其債務ヲ完全ニ履行シタルトキハ之ニ執行力アル正本ヲ交付スル權限ヲ有ス（五三三條　債權者ハ執達吏ニ對スル關係ニ於テ此代理權ノ範圍ヲ制限スルコトヲ得ヘシ然レトモ此制限ハ債權者ト執達吏トノ間ニ效力ヲ有スル內部關係タルニ止リ債務者及第三者ニ對シテ何等ノ效力ヲ有セス從テ執達吏カ其制限ニ反シ執行行爲（私法的行爲）ヲ爲シタルトキハ債權者ニ對シテ責任ヲ負フヘキモ債務者及ヒ第三者ニ對シテハ適法ナル執行行爲タルヲ妨ケサルナリ。

執達吏ハ執行力アル正本ヲ所持スルトキハ債務者及第三者ニ對スル關係ニ於テ强制執行及五三三

條ニ揭ケタル前記ノ行爲ヲ爲シ得ル權限ヲ有スルモノトス故ニ執達吏カ債務者及第三者ニ對シ之等ノ行爲ヲ爲スニハ執行力アル正本ヲ所持スルヲ以テ十分ニシテ且足ルモノト云フヘク實際債權者ヨリ强制執行ノ委任ヲ受ケタルト否トヲ問ハサルナリ從テ債務者カ强制執行ノ前後ヲ問ハス又任意ニ出テタルト否トヲ論セス執行力アル正本ヲ所持スル執達吏ニ對シ支拂其他ノ給付ヲ爲シタルトキハ債務者ハ其責ヲ免ルルモノトス又一面ニハ債權者ハ執達吏カ執行力アル正本ヲ所持スル限リハ債務者及第三者ニ對シ委任ノ欠缺ヲ主張シ又ハ其ノ制限ヲ主張シテ執達吏ノ行爲ヲ攻擊スルコトヲ得ス之ニ反シ債務者及第三者ハ强制執行ノ不當ヲ攻擊スル爲メ執達吏ニ對スル委任ノ欠缺又ハ其制限ヲ主張スルコトヲ得ヘシ(五三四條一項改六五九條)。

(三) 執達吏ハ執行力アル正本ヲ所持スルニヨリテ强制執行及五三三條ニ揭ケタル行爲ヲ爲シ得ルモノナレハ其之ヲ所持スルト否トハ執行行爲ノ效力ニ影響ヲ及ホスモノナルカ故ニ執達吏ハ常ニ執行力アル正本ヲ携帶シ關係人ノ求メアルトキハ其資格ヲ證スル爲メ之ヲ示ササルヘカラス(五三四條二項)。

(四) 執達吏ハ執行ノ爲メ必要ナル時ハ債務者ノ住居倉庫及筐匣ヲ搜索シ又ハ閉鎖シタル戶扉及筐匣ヲ開カシムル權利ヲ有ス(五三六條一項改六六一條一項)然レトモ是レ憲法二五條ニ所謂法

律ニ定メタル除外ノ場合ニ該當スルヲ以テ其限度ハ執行上必要ナル場合ニ限ルモノニシテ其必要ヲ超テ此種ノ行爲ヲ爲スヲ得ス又執達吏ハ債務者ノ住居倉庫等ニアラサレハ捜索ヲ爲ス權限ヲ有セサルモ債務者ト同居シ若クハ債務者ト共同シテ倉庫筐匣ヲ使用スル者ハ捜索ヲ拒ムコトヲ得サルナリ執達吏ハ執行行爲ヲ實施スルニ際シ抵抗ヲ受クルトキハ威力ヲ用ヒ之ヲ除去スルコトヲ得ヘク（第三者ノ自己ノ財産ニ對シ執行ヲ實施スルコトノ不當ナルコトヲ理由トシテ抵抗シ且ツ其主張ノ眞實ナルトキハ之ニ對シテ威力ヲ用フルコトヲ得ス）又力足ラサルトキハ警察上ノ援助ヲ求メ尙ホ兵力ヲ要スルトキハ之ヲ執行裁判所ニ申立ツルノ權限ヲ有ス（五三六條二項改六六一條二項）而シテ警察上ノ援助ハ執達吏ニ於テ自ラ直接ニ之ヲ求ムルコトヲ得ルモ兵力ハ執行裁判所ニ申出テ其共力ヲ受ケサルヘカラス。

（五）　執達吏ハ執行行爲ヲ實施スルニ際シ抵抗ヲ受ケタルトキ又ハ債務者ノ住居ニ於テ執行行爲ヲ爲スニ際シ債務者又ハ成長シタル其家族若クハ雇人ニ出會ハサルトキハ成年者二人又ハ市町村若クハ警察ノ吏員一人ヲ證人トシテ立會ハシメサルヘカラス（五三七條改六六二條）而シテ此證人ハ所謂立會證人ニシテ後日ノ證據タル目的ニ立會シメタル裁判外ノ證人ニシテ現ニ係爭事實ヲ證明スヘキ裁判上ノ證人ト異ルモノトス（二九九條一項三號）此立會證人ヲ要スル所以ハ執達吏カ

抵抗ヲ受ケタルトキニハ威力ヲ濫用シ債務者又ハ債務者ノ成長シタル家族又ハ雇人ニ出會ハサルトキニハ執達吏ノ行爲ハ專行妄斷ニ流ルル虞アリテ之ヲ監視スルノ必要存スルアレハナリ而シテ叙上ノ場合ニ執達吏カ證人ヲ立會ハシメスシテ爲シタル執行行爲ハ無效ナリ蓋シ斯ル場合ニ於ケル證人ノ立會ハ獨リ債務者ヲ保護スルノミナラス法律ハ公益上之ヲ必要ト爲シタレハナリ故ニ執達吏ハ抵抗カ唐突ニ出テ證人ヲ立會ハシムルニ遑ナキ場合ニハ執行行爲ヲ中止セサルヘカラス。

（六）　執達吏ハ各執行行爲ニ付キ調書ヲ作成シ（五四〇條改六六六條）又執行記錄ヲ備ヘ利害關係人ノ求メニ因リ之カ閲覽ヲ許シ且其謄本ヲ付與セサルヘカラス（五三八條改六六三條）玆ニ所謂執行行爲トハ例ヘハ差押ヲ爲シタルトキハ差押調書ヲ作リ競賣ヲ爲シタルトキハ競賣調書ヲ作リ動產引渡又ハ不動產引渡ヲ爲シタルトキハ其引渡調書ヲ作ルカ如キ是ナリ。

調書ニ具備スヘキ諸件ハ五四〇條二項ニ列記スル一號乃至六號ノ事項之ナリ。

此ノ執行調書ニハ執達吏カ其職權內ニ作成スル公正證書ニシテ執行行爲ニ關スル事項ヲ證明スルモノナリ而シテ其調書カ法定ノ事項ヲ完全ニ具備セサルモ直ニ調書ノ公正力ヲ失フモノニアラス唯之ニ掲ケサル事項ニ關シ公正證書カ存在セサルノミ故ニ例ヘハ執行ニ與リタル各人ノ署名捺印ヲ缺クモ此署名捺印ニ關係ナキ事項ニ付公正力ヲ有スルカ如シ。

執達吏ノ調書ハ口頭辯論ノ調書ト異リ單ニ證明ノ書面タルニ過キスシテ强制執行ノ方式ニアラス故ニ調書ノ不作成若クハ其記載ノ欠缺ハ執行行爲ノ效力如何ニ何等ノ影響ナシ故ニ調書ヲ別ニシテ他ノ證據方法ニ依リ執行行爲ノ正實ナルコトヲ證明スルコトヲ得ルナリ然レトモ執達吏カ五八六條ノ規定ニ從ヒテ照査調書ヲ作ルハ配當要求ノ效力ヲ生スルカ爲メニ缺クヘカラサルモノトス又玆ニ利害關係人トハ債權者債務者並ニ此等ノ者ノ承繼人及ヒ五四九條五七五條ノ第三者五九四條ノ第三債務者ノ如キ執行ニ關シ利害關係ヲ有スル第三者ノ如キ是ナリ。

(七) 執達吏ハ夜間及ヒ日曜日並ニ一般ノ祝祭日ニハ執行裁判所ノ許可アルトキニ限リ執行行爲ヲ爲スコトヲ得ヘシ此許可ノ命令ハ强制執行ノ際之ヲ總テノ關係人ニ示サヽルヘカラス(五三九條改六六五條) 本條ノ所謂執行行爲トハ差押(五六五條)取上(七三〇條)占有ノ解放(七三一條)住居ノ搜索筐匣ノ開披(五三六條)等ニシテ執行力アル正本若クハ執行文ノ送達(五二八條)執行ニ關スル命令ノ送達(五九八條六〇二條六二五條等)及ヒ陳述ヲ求ムル爲メノ催告ノ如キハ所謂執行行爲ニ屬セス此等ノ送達ハ一五〇條ノ規定ニ從ヒ之ヲ爲スヘキモノトス此許可ハ執行裁判所ハ自由ナル意見ニヨリ之ヲ判斷ス執行裁判所カ此許可ヲ與フルハ通常執行ノ實施遲延ノ爲メ損害ヲ生スル虞アル場合ナルヘシト雖モ法律上之ヲ要件トセサルヲ以テ獨リ此場合ノミニ限ルモノニアラ

ヌ執行裁判所ノ許可ナクシテ夜間等ニ於テ執行ヲ實施シタルトキハ其強制執行ハ無效ナリ故ニ債務者其他ノ利害關係人ハ五四四條ニ依リ其ノ無效ヲ主張スルコトヲ得ヘシ然レトモ執達吏カ執行裁判所ノ許可ナクシテ夜間等ニ執行ヲ實施スルニ當リ債務者カ其執行ノ際又ハ其後ニ承認ヲ爲シタルトキハ執行行爲ハ無效トナルコトナシ蓋シ前記ノ規定ハ債務者ノ利益ヲ保護スルカ爲メニノミ存スルモノニシテ債務者ハ此保護ヲ抛棄スルコトヲ得レハナリ。

（八）　執達吏ハ執行行爲ニ屬スル必要ナル催告其他ノ通知ハ口頭ニテ之ヲ爲シ且ツ之ヲ調書ニ記載セサルヘカラス（五四一條一項改六六七條）催告トハ執行ニ際シ債務者ニ對シテ爲ス任意ノ履行ヲ爲スヘキ旨ノ催告戸扉倉庫等ヲ開クヘキ旨ノ催告其他六〇九條二項六二四條六二七條六五四條六六三條等ニ規定シタル催告ノ如キ之ナリ又通知トハ差押ヲ爲シタルコトヲ債務者ニ通知スルカ如キ又ハ配當要求アリタルコトヲ債權者ニ通知スルカ如キ其他五九八條二項六〇〇條二項六〇二條二項六四七條一項六五四條前段六五六條一項六八九條一項七一〇條等ニ規定シタル通知ノ如キ之ナリ。

催告又ハ通知ヲ受クヘキ者不在ナル爲メ口頭ヲ以テスルコト能ハサル場合ニ於テ第一執行ノ場所ニ於テ送達ヲ爲シ得ヘキトキハ執達吏ハ一一三九條一四〇條及一四五條乃至一四九條ノ規定ヲ準用

シテ其調書ノ謄本ヲ送達シ別ニ送達證ヲ作ラサルトキハ調書ニ其送達ヲ爲シタルコトヲ記載スヘク(五四一條二項改六六七條二項)第二執行ノ場所ニ於テモ執行裁判所ノ管轄內ニ於テモ送達ヲ爲スコト能ハサルトキハ催告又ハ通知ヲ受クヘキ者ノ居所明ナル以上ハ郵便ヲ以テ調書ノ謄本ヲ送達シ且ツ之ヲ郵便ニ付シタルコトヲ調書ニ記載スヘキモノトス(同條三項改同條三項)然レトモ執行行爲ノ際債務者ニ爲スヘキ送達及通知ハ債務者ノ所在明ナラサルトキ又ハ外國ニ在ルトキハ之ヲ必要トセサルナリ(五四二條改六六八條)。

執達吏カ此等ノ催告又ハ通知ヲ怠ルモ其執行行爲就中差押ハ有效ナリ蓋シ强制執行行爲ノ效力ハ通告ニ繫ルモノニアラサレハナリ。

(九) 執達吏ハ債務者カ其義務ヲ完全ニ履行シタルトキハ執行力アル正本及ヒ受取證書ヲ債務者ニ交付シ又債務者其義務ノ一部ヲ履行シタルトキハ執行力アル正本ニ其旨ヲ付記シ其受取證書ノミヲ債務者ニ交付スヘキモノトス(五三五條一項改六六〇條一項)此等ノ手續ハ債務ノ辨濟カ任意履行ニ出テタルト强制執行ノ結果タルトヲ問ハス總テ之ヲ踐ムヘキモノニシテ之レ一ニハ債務者ハ執達吏ヲシテ執行力アル正本ヲ交付セシムルコトニ依リ執行ノ再始スルカ如キ危險ヲ豫防スルト共ニ一ニハ執行力アル正本ヲ保持スルニ依リ債權者カ他日債務者カ其資力ヲ回復スルニ至リ

タル場合ニ於テ强制執行ヲ爲スノ用ニ供セシムルニ在リトス。

債務者カ執達吏ヨリ執行力アル正本及受取證書ノ交付ヲ受ケタル後尙債權者ニ對シ受取證書ヲ請求シ得ヘキハ實體法ニ依リ之ヲ決スヘキモノトス(同條二項改六〇〇條二項)

(十) 執達吏カ其職務上ノ義務ニ違背シタルトキハ國家ニ對シ公法上ノ責任ヲ負ヒ懲戒處分ヲ受クヘキモノトス(執達吏懲戒令第一條二條)又執達吏ハ執行實施ニ際シ執行關係者及第三者ニ對シ不法ニ損害ヲ加ヘタルトキハ私法上ノ責任ヲ負ヒ其損害ヲ賠償セサルヘカラス(五三二條改六五六條)而テ其損害ノ原因ハ執達吏カ其職務ノ執行ニ付故意又ハ過失アリタルニ因ラサルヘカラス法文ニ執達吏第一ニ其責ニ任ストアルハ債權者ヲ始メトシ其他ニ賠償義務ヲ負フ者アルトキト雖先ツ第一位ニ於テ執達吏カ損害賠償ヲ爲ササルヘカラスト云フニ在リ執行ニ關シ執達吏ノ權限範圍ハ廣キカ故ニ之レニ伴フ危險モ亦少カラサルヲ以テ當事者及關係人ヲ保護スル爲メ斯ク規定シタル所以トス。

執達吏ハ國家機關タルト同時ニ債權者ノ代理人タル資格ヲ有スルコト前述ノ如シ執達吏カ債權者ノ代理人ナリトセハ其執行行爲ヲ爲スニ當リ執達吏ノ債務者及第三者ニ加ヘタル損害ニ付債權者カ責ヲ負フヘキカハ一ノ問題ナリ執達吏カ債權者ノ代理人ナリト云ヒ得ルハ前記(一)ニ於テ說明

シタル場合ニシテ普通執達吏ノ債務者及第三者ニ對スル關係ニ於テ爲ス所ノ强制執行ト云ヒ送達ト云ヒ共ニ國家機關トシテ其職務ヲ行フモノトス此資格ニ於ケル執達吏ノ行動ハ職權ヲ以テスルト債權者ノ委任ニ基クトニ因リテ異リタルコトナク共ニ純然タル職務行爲ナリ故ニ執達吏ニシテ苟モ法規ニ從ヒ債權者ヨリ强制執行ノ委任ヲ受ケタル以上ハ其强制執行ハ國家機關トシテ其職務ヲ行フモノナレハ强制執行上執達吏ノ職務行爲ニ付テ故意過失アルモ委任者タル債權者ハ必スシモ其ノ責ヲ分ツヘキモノニアラス但シ執達吏ノ職務執行ニ際シ債權者ニ故意又ハ過失ヲ責ムヘキモノアリテ一般不法行爲ヲ以テ論スヘキ場合ニ於テハ債權者ハ損害賠償ノ責ヲ免カルルコトヲ得サルモノトス。

執達吏ハ國家ノ强制執行機關ナルモ國家ハ執達吏ノ不法行爲ニ付被害者ニ對シ賠償ノ責ヲ負フコトナシ蓋シ國家ハ特別ノ規定ナキ限リ機關ノ不法行爲ニ因リ生シタル損害ニ付キ賠償ノ責ヲ負フノ謂ハレナケレハナリ。

第二款　執行裁判所

强制執行ハ此法律ニ於テ別段ノ規定ナキトキニ限リ執達吏之ヲ實施スヘキコト前述ノ如シ然レト

モ債權其他ノ財産權及不動産並ニ船舶ニ對スル差押ノ如キ强制執行ノ際ニ於ケル抵抗ヲ排斥スル兵力要求等ノ如キハ事ノ性質上執達吏ノ措置ニ一任スルヲ不適當トスルモノナルヲ以テ執行裁判所ヲシテ之レカ任ニ當ラシムルモノトス。

一　執行裁判所トハ執行手續ヲ爲スヘキ地又ハ之ヲ爲シタル地ヲ管轄スル區裁判所ヲ云フ（五四三條二項改六八九條二項）此法律ニ於テ裁判所ニ任セタル執行行爲ノ處分又ハ行爲ノ共力ハ特別規定ナキ限リハ請求ノ多寡ニ拘ラス事物ノ管轄ハ常ニ區裁判所ノ管轄ニ屬ス（五四三條一項改六八九條一項）然レトモ債權ノ假差押ニ付テハ例外トシテ其命令ヲ發シタル裁判所ヲ執行裁判所トスルナリ（七五〇條二項改九三五條三項）。

執行裁判所ハ强制執行ヲ爲スヘキ地又ハ爲シタル地ヲ管轄スル區裁判所ナルヲ以テ別段ノ規定ナキ限リハ亦タ斯カル區裁判所ハ强制執行ノ實施ニ付執行裁判所トシテ土地ノ管轄權ヲ有スルモノト云ハサルヘカラス。

强制執行ヲ爲スヘキ地又ハ爲シタル地ヲ管轄スル區裁判所カ執行裁判所トシテ土地ノ管轄權ヲ有スルカ故ニ同一ノ强制執行手續ニ屬スル各個ノ執行行爲ヲ數個ノ裁判所ノ管轄內ニ於テ爲ストキハ各裁判所ハ各個ノ執行行爲ニ付各管轄權ヲ有スルモノトス例ハ有體動産ニ對スル强制執行ニ於

甲執行裁判所ノ管轄内ニ於テ差押物ノ保管ヲ命セラレタル債務者カ乙執行裁判所ニ差押物ヲ携帶シテ移轉シタルトキハ甲執行裁判所ハ差押ニ付キ乙執行裁判所ハ競賣ニ付キ各管轄權ヲ有ス從テ甲執行裁判所ハ差押ノ手續ニ關スル異議ニ付テ裁判スヘク乙執行裁判所ハ競賣ノ手續ニ關スル異議ニ付キ裁判スヘキナリ又甲區裁判所管內ニ住居スル債務者カ偶々乙區裁判所管內ニ滯在中手形債權ノ差押ヲ受ケシトキハ差押ニ關シテハ乙區裁判所執行裁判所ニシテ債權ノ轉付ニ關シテハ甲區裁判所ハ執行裁判所タリ(五九五條)之ニ反シテ債務者ノ住所地ノ裁判所トシテ債權差押命令ヲ發シタル裁判所(五九五條)ハ債務者カ差押ト轉付トノ間ニ其住所ヲ變更スルモ依然執行裁判所トシテ管轄權ヲ有スルナリ蓋シ債權ニ關スル强制執行ハ差押命令ニ依リ開始スルモノニシテ强制執行開始ノ際ニ於ケル管轄裁判所ノ管轄權ハ第一九五條二項二號ノ規定ノ準用ニ依リ管轄ヲ定ムル事情ニ變更ヲ生スルモ變換スルコトナキモノナレハナリ。

執行裁判所トハ執行手續ヲ爲スヘキ地又ハ之ヲ爲シタル地ヲ管轄スル區裁判所タルコト前述スル如シ然レトモ例外トシテ法律ハ別段ニ裁判所ヲ指定シテ執行裁判所トナスコトアリ債權其他ノ財產權ニ對シ執行ヲ爲ス區裁判所(五九五條)請求カ不動產ニ關スルトキ不動產所在地ノ區裁判所(六二二條)差押ノ目的物タル不動產所在地ヲ管轄スル區裁判所(六四一條)執行ノ目的物タル船舶

ノ碇泊港ノ區裁判所(七一八條)及六一六條等ノ裁判所之ナリ而シテ此等ノ管轄ハ總テ專屬ナリトス(五六三條改六九一條)本法第六編以下ニ定メタル裁判籍トシテ訴ニ關スルモノハ五一四條五二一條五四五條五四六條五四九條五六一條五六二條五六五條及六三五條等ナリ此等ノ場合ニ於テ裁判籍カ訴訟物ノ價格ニ從テ區裁判所若クハ地方裁判所ニ屬スルトキ(五一四條五六一條五六二條五六五條及六三五條)事物ノ管轄ハ專屬セサルモノトス從テ合意若クハ留保ナキ應訴ニヨリ之ヲ變更スルコトヲ得然レトモ第一審ノ裁判所ヲ以テ管轄裁判所ナリト明記スル場合ニハ事物ノ管轄ハ專屬ナリト云フヘシ。

五一四條五二二條五四三條五四四條五四七條五五七條五六二條五九四條六二一條五二七條七三四條七三九條七五七條及七六一條等ニ於ケル或裁判所ノ管轄ニ關スル定メハ訴ニ對スル裁判籍ヲ規定スルニアラサルモ絕對的性質ヲ有スル法規ナルヲ以テ職權ヲ以テ之ヲ調査セサルヘカラス故ニ當事者ノ合意ヲ以テ其適用ヲ曲クルコトヲ許サス。

二 執行裁判所ハ執行行爲ニ付キ處分ヲ爲シ若クハ共力シ且ツ當事者其他ノ利害關係人ノ異議申立ニ因リ執達吏ノ執行行爲ノ當否ヲ判斷スル職權ヲ有ス(五四三條一項五四四條改六八九條一項六六九條)

執行行爲ノ處分トハ執行裁判所カ法律上任カセラレタル强制執行ヲ實施スル行爲ニシテ第一、債權其他ノ財産權ニ對スル强制執行(第二章第一節第三款)第二、配當手續(第二章第一節第四款)第三、不動産及船舶ニ對スル强制執行(第二章第二節第三節)第四、有體物ノ引渡ヲ目的トスル强制執行(七三二條 第五、假差押及假處分命令ノ執行(七四八條以下)等ナリ執行行爲ノ共力トハ執達吏ノ實施スヘキ强制執行ニ關シ執行裁判所カ補助ヲ爲スノ行爲ヲ云フ此共力ヲ爲ス場合ハ元來執達吏ノ實施スヘキ執行行爲ナレトモ全然執達吏ニ委シテ實施シ難キヲ以テ執行裁判所カ共力シテ之レヲ補助スルナリ第一、執達吏カ强制執行ニ際シ兵力ヲ要スル場合ノ援助ノ囑託(五三六條二項五五五條)第二、夜間日曜祝祭日ニ於ケル執行行爲ノ許可ノ付與(五三九條)第三、軍人軍屬ニ對スル强制執行ノ囑託(五五六條)第四、有價證劵ヲ差押タル執達吏ニ氏名ノ書換ヲ爲サシメ又流通ノ同復ヲ爲サシムルニ必要ナル授權(五八二條五八三條 第五、動産ヲ差押タル執達吏ニ對シ特別競賣ノ許可又ハ催告命令(五八五條五八八條)第六、七三一條五項ノ競賣許可ノ命令等之ナリ。

第三款　受訴裁判所

裁判所カ强制執行ヲ實施スルトキハ區裁判所ハ執行機關ナリ然レトモ特別ナル場合ニ於テハ其執

行ノ基本トナル裁判ヲ爲シタル受訴裁判所カ執行行爲ヲ實施スルヲ以テ必要且ツ適當ナリトスルコトアリ故ニ例外トシテ第一審ノ受訴裁判所ヲ以テ執行機關トシテ執行行爲ヲ實施セシム此場合ニ於テモ亦自ラ執行行爲ヲ爲スヘキ場合ト執行ノ共力ヲ與フル場合トノ別アリ第一、作爲不作爲ヲ目的トスル强制執行(七三三條七三四條)第二、外國ノ官廳若クハ在外本邦領事ニ强制執行ノ囑託(五五七條)

執行裁判所ハ受訴裁判所ト區別セサルヘカラス然レトモ受訴裁判所カ區裁判所タル場合ニ於テハ執行裁判所ト受訴裁判所トカ偶然一致スルコトアルヘシ(例ヘハ金錢債務ノ債權ニ付或區裁判所ノ判決ヲ受ケ强制執行ヲ開始シタル際同區裁判所ニ債務者ノ第三債務者ニ對スル債權ニ對シ差押並轉付命令ヲ求メタル場合ノ如シ)

第二節　執行ノ當事者

民事訴訟法ハ相對立スル當事者雙方ノ存スルコトヲ必要トス而テ其成立モ存續モ共ニ缺クヘカラサルモノナリ蓋シ吾人ハ自己ヲ相手取リ訴訟ヲ爲スコト能ハサレハナリ强制執行ハ民事訴訟ノ一成分ヲ構成スルモノナレハ判決手續ト同シク當事者雙方ノ對立スルコトヲ必要トス而テ判決手續

ハ當事者ノ請求ノ當否ヲ判斷シ私權ノ確定ヲ目的トスルヲ以テ裁判所ハ當事者雙方ノ利益ヲ同等視シ其陳述ニ基キ判定スルナリ然レトモ强制執行ハ義務者ヲ强制シ請求權者ノ權利ヲ滿足セシムルニアルカ爲メ當事者雙方ノ利益ヲ同等視スルコトナシ强制執行上ノ當事者ハ判決手續ノ原告被告ニ對シ債權者債務者ト名クルコト前述ノ如シ。

第一　債權者

强制執行ノ主體ハ債務名義ニ依リ確定ス債務名義ハ一面ニハ或人ノ爲メニ他面ニハ他人ニ對シ執行力アルモノナリ而テ債權者トハ債務名義ニ依リ其利益ニ給付ノ言渡ヲ受ケタルモノ即チ債務名義ニ依リ給付請求權ヲ認メラレタルモノヲ云フ債權者ノ當事者能力訴訟能力等ニ付テハ前述スル如クナルヲ以テ玆ニ再ヒセス。

債權者ノ破産ハ强制執行手續ノ中斷ノ原因トナルコトナシ之レ民訴一七九條ハ執行手續ニ適用ナキヲ以テナリ然レトモ債權者カ破産シタル場合ニ於テ執行スヘキ請求權カ破産財團ニ屬スルモノナルトキハ新ニ執行行爲ヲ爲ス爲メニ五一九條ニ依リ新ニ管財人ニ付與セラレタル執行文ヲ必要トスルナリ。

第二　債務者

强制執行手續上債務者トハ債務名義ニ依リ給付ヲ爲スヘク言渡ヲ受ケタルモノ卽チ債務名義カ給付ノ實施ヲ命シタルモノヲ云フ

債務者カ破産シタル場合ニハ强制執行ヲ許サス債權者カ破産債權者ナルトキハ既ニ開始シタル執行ハ財團ニ對シ其效力ヲ失フヘキナリ然レトモ債權者カ財團債權者ナルカ或ハ取戻權若クハ別除權ヲ有スルトキハ執行ヲ爲スヲ妨ケス數人ノ債務者カ同一債務名義ニ因リ給付ヲ命セラレタルトキハ區別シテ説明スルヲ要ス第一、判決ハ主文ニ於テ明白ニ各債務者ノ範圍ヲ宣言スルヲ通例トス之ニ依リ債務者ノ各自カ一定ノ部分ニ付責任アルトキハ其者ニ對スル强制執行ハ此部分ニ制限スヘキナリ之ニ反シテ債務者カ連帶的ニ責任アルトキハ債權者ハ如何ナル債務者ヲ相手取ルカ且ツ幾何ノ額ヲ限度トスルカニ付キ選擇權ヲ有ス然レトモ强制執行ハ一債務者ニ對シ全部ヲ請求スルカ又ハ數人ノ債務者ニ對シ同時ニ請求スル場合ニハ各自ニ對スル請求部分ハ債權全額ニ超過セサル方法ニ依リテノミ之ヲ爲スコトヲ得債務者各自ニ對シ同時ニ全債權ニ付キ差押ヲ爲スコトハ五六四條ノ規定ニ背戻スルモノト云フヘシ第二、判決ハ主文ニ於テ各債務者ノ責任ノ範圍ヲ宣言セサルトキハ裁判ノ理由ヲ解釋ノ用ニ供スヘシ然レトモ之ニ依リ判決裁判所ノ意思ヲ明白ニスヘカラサルトキハ執行機關ハ自ラ基本タル法律關係ニ從ヒ如何ナル責任カ存スルカヲ判斷セ

サルヘカラス。

債務者カ執行開始後死亡シタルトキハ既ニ承繼人ノ定マリタルト否トヲ問ハス相續財産ニ對シ執行ヲ續行スルコトヲ得債權者ハ之カ爲メ特ニ五一九條ニ從ヒ執行文ノ付與ヲ受クルコトヲ要セス（五五二條一項改六七八條一項）故ニ債權者ハ相續財産タル以上ハ相續開始ノ當時差押ノ目的タリシモノノミナラス其未タ差押ノ目的タラサル相續財産ノ全部ニ對シテモ執行ヲ及ホスコトヲ得ヘシ又執行ノ方法ヲ變シ動産ニ對スル强制執行ニ換フルニ不動産ニ對スル强制執行ヲ以テスルコトヲ得ヘシ七三三條ニ依ル强制執行ハ債權者カ被相續人生存當時ニ於テ既ニ債務者ノ費用ニテ第三者ヲシテ行爲ヲ爲サシムヘキ裁判所ノ決定ヲ得タルトキニハ相續財産ニ對シ强制執行ヲ續行スルコトヲ得其他ノ場合ニ於テハ七三三條七三四條ニ規定シタル强制執行ハ相續財産ニ對シ續行スルコトヲ得サルナリ。

相續財産ニ對スル强制執行ノ續行ニ關シ債務者ニ之ヲ知ラシムルヲ要スル執行行爲（五五六條三項五九一條一項五九八條二項六一三條二項六二九條一項及七三一條三項）ヲ實施スヘキ場合ニ於テ相續人アラサルトキ又ハ相續人ノ所在不分明ナルトキハ債權者ノ申立ニヨリ執行裁判所ハ相續財産又ハ相續人ノ爲メ特別代理人ヲ任スヘキモノトス（五五二條二項改六七八條二項）但シ相續財

產ノ管理人又ハ遺言執行者アルトキハ此限ニ在ラス此特別代理人ハ五二二條五四四條及五四五條ニ依リ各執行行爲ニ付異議ノ申立ヲ爲シ又ハ債務者ニ對シテ爲スヘキ一切ノ送達ヲ受クル權限ヲ有ス。

强制執行開始後戶主タリシ債務者カ隱居及入夫婚姻等ニ因リテ戶主權ノ喪失シタルトキハ債權者ハ戶主權ヲ喪失シタル當時債務者ノ所持シタル財產ニ對シ强制執行ヲ續行スルコトヲ得（五五三條改六七七條）

民法九八九條ニ依レハ隱居又ハ入夫婚姻ニ因ル家督相續ノ場合ニ於テ前戶主ニ對シテモ辨濟ノ請求ヲ爲スコトヲ得ルヲ以テ前段ト同シク承繼人ニ對シ執行スル外ニ前ノ債務名義ニ基キ前戶主ニ對シテモ併セテ執行スルコトヲ得ヘシ。

第二章　强制執行ノ要件

强制執行請求權ハ國家ニ對スル權利保護請求權ナルヲ以テ判決手續ニ於ケル如ク權利保護ノ要件ノ存在ヲ必要ト爲スルコト勿論ナリ然レトモ强制執行ハ私權ノ存在又ハ不存在ヲ確定スルヲ目的トスル裁判手續ト異リ國權ヲ以テ債務者ヲ强制シ債權者ノ請求權ヲ滿足セシムルニ在レハ其國權發動ハ一層有力ナル條件ノ存スルヲ必要トスルナリ換言スレハ國家ハ個人タル債權者ノ申立ニ因リ其者ノ利益ノ爲メ債務者ノ權利範圍ニ於テ强制的ニ行動スルモノナレハ之ヲ爲スニ先テ之ニ因リ實體的不法カ發生セシメサル爲メ最モ容易ニ實行シ得ヘキ保證ヲ與ヘサルヘカラス即チ民事訴訟法ハ債權者カ國家ニ對シ强制執行ヲ求ムルニハ三個ノ前提要件ノ存在ヲ要求セリ第一、執行シ得ヘキ債務名義第二、執行力アル正本第三、債務名義ノ送達是ナリ講學上第一ノ要件ヲ强制執行ノ實質的要件トシ第二及第三ノ要件ヲ强制執行ノ形式的要件ト云フ。

以上三個ノ要件存スルニアラサレハ債權者ハ國家ニ對シ强制執行ヲ求ムル私權保護請求權ナク又債權者ノ申立アルモ國家ノ執行機關ハ債務者ニ對シ强制執行ヲ實施スヘキ職責ナシ然レトモ苟モ該要件ノ存スル以上ハ執行セラルヘキ債權其他ノ請求權ノ存否ニ拘ラス執行債權者ハ國家ニ對シ

執行請求權ヲ有シ國家執行機關ハ右執行ノ請求ニ因リ執行行爲ヲ實施スルノ職責ヲ有スルナリ故ニ債權者カ强制執行ヲ求メタルトキ該要件存在スル以上ハ債權者ノ主張スル請求權カ實際存在セス又ハ實際其辨濟ヲ爲スコトヲ要セサルトキト雖モ執行機關ハ强制執行ヲ實施セサルヘカラス然レトモ强制執行ハ債權者ヲシテ請求者ノ滿足ヲ得シムル爲メ之ヲ爲スモノナルカ故請求權カ實際其辨濟ヲ爲スコトヲ要セサルニ拘ラス强制執行ヲ爲スハ不當ナリト云ハサルヘカラス此ヲ以テ執行シ得ヘキ債務名義存在シ且ツ其趣旨ニ依レハ請求カ現ニ辨濟セラルヘキモノタルニ拘ラス請求權カ實際存在セス又ハ實際辨濟ヲ爲スコトヲ要セサルトキハ債務者ハ執行異議ノ訴ヲ提起シ强制執行ヲ妨クルコトヲ得ヘク又債務者ハ執行シ得ヘキ債務名義成立後ニ辨濟ヲ爲シ又ハ辨濟ノ猶豫ヲ得タル場合ニハ債務者ハ其ノ旨ノ證書ヲ執行機關ニ提出シテ强制執行ヲ妨クルコトヲ得ルナリ（五四五條五五〇條四號五五九條五六〇條乃至五六二條）

第一節　執行シ得ヘキ債務名義

執行シ得ヘキ債務名義トハ强制スヘキ債務者ノ債務（債務ノ種類範圍及履行ノ時期）ヲ確定シタル公正證書ニシテ法律上强制執行手續ノ基本トシテ認メラレタルモノ換言スレハ債權者ノ請求權

ノ執行シ得ヘキコトヲ證明スル公正證書ヲ云フ故ニ債務名義ハ證書其モノニシテ證書ニ依リテ證明セラルル請求權自體ニアラス强制執行ハ判決裁判所ト分離シ別ニ獨立ナル執行機關ヲ以テ實施スルモノニシテ其執行機關ハ債務名義ノ作製ニ關與スルモノニアラス從テ執行機關ハ債權者ヨリ强制執行實施ノ申出アリタル時債權者ハ果シテ執行シ得ヘキ請求權ヲ有スルヤ否ヤ又其範圍如何ヲ明ニスルコトヲ得ス然レトモ强制執行手續ニ於テ請求權ノ存在及其範圍等ヲ調査スルハ只ニ强制執行ノ實施ヲ遲緩ナラシメ且效用ヲ殺クノミナラス又執行機關殊ニ執達吏ニ適當ナラサルヲ以テ强制適行ノ基本タル債務名義ハ成ルヘク確實ニシテ又何人ニモ容易ニ認識スルコトヲ得ヘキ書面アルヲ必要トスルナリ是請求權ノ執行シ得ヘキコトヲ確證スル公正證書ヲ以テ債務名義トシ其存在ヲ以テ强制執行ノ實質的條件トスルナリ。

執行シ得ヘキ債務名義ハ法律上强制執行手續ノ基本トシテ認メラレタル公正證書ナリ强制的ニ債權者ノ請求權ノ內容ヲ實現セシメ請求ノ辨濟ニ依リテ滿足ヲ得セシムルニ在リ故ニ同シク終局判決ナルモ獨リ給付判決ニ限リ執行シ得ヘキ債務名義ニ適スルコトハ前述ノ如シ其他ノ債務名義モ請求ノ辨濟ヲ爲サシムヘキコトヲ證明スルモノニアラサレハ强制執行ノ基本タル債務名義タルコトヲ得サルモノトス而シテ强制的ニ請求ノ辨濟ヲ求ムルニハ其請求權カ執行シ得ヘキモノナルコ

トヲ要ス請求權カ執行シ得ルトハ法律上執行シ得ヘキ債務名義トシテ認メラレタル公正證書ニ依リ請求權ノ執行シ得ヘキコトヲ證明セラルルコトヲ云フナリ是レ執行シ得ヘキ債務名義トハ法律上强制執行ノ基本トシテ認メラレタルコトヲ必要トスル所以ナリ。

執行シ得ヘキ債務名義ノ存否ハ强制執行ノ實質的條件ナルヲ以テ執行機關ハ職權ヲ以テ之ヲ調査シ執行シ得ヘキ債務名義存セサルモノト認メタルトキハ縱令債權者債務者カ共同シテ執行ニ關シ債務名義ヲ要セサル旨ヲ申出ツルモ執行機關ハ强制執行ヲ開始スルコトヲ得ス然レトモ後ニ說明スル强制執行ノ形式的條件ト異リ實質的條件ノ欠缺ハ既ニ開始シタル强制執行處分ヲ當然無效トナスモノニアラス唯債務名義ノ存在ヲ必要ナリト規定シタル法文ニ依リ保護ヲ受クル當事者ノミ其規定ノ違背ヲ理由トシ强制執行ノ取消ヲ主張シ得ヘキモノナリ(五四四條五六〇條)故ニ執行シ得ヘキ債務名義カ形式上有效ニ作成セラレアルモ實體的ニ缺クル所アリ又ハ執行カ其內容ニ超越シ或ハ債務名義カ效力ナキ人(執行文ニ記載セラレタル場合)ニ對シ實施セラレタル場合ニ於テハ其執行ハ當然無效ニアラス單ニ取消シ得ヘキナリ

債務名義ハ必スシモ民事訴訟法ニ於テ規定スルモノノミニ限ラス他ノ法律ニ於テ特ニ强制執行ノ債務名義ト定ムルモノ亦等シク債務名義タルナリ民事訴訟法ニ規定スル債務名義トハ我帝國通常

裁判所ノ執行シ得ヘキ確定ノ終局判決又ハ假執行ノ宣言ヲ付シタル終局判決和解及抗告ノミヲ以テ不服ヲ申立得ル裁判執行命令假差押並ニ假處分命令及公證人作成ノ公正證書（四九七條五五九條七四八條改六三二條六八五條九三二條）ニシテ又他ノ法律ニ規定セル債務名義トハ破産手續ニ於テ確定シタル債權ノ債權表（破二八七條三二八條舊一〇四九）刑事裁判所ノ私訴判決（舊刑訴三二三條刑訴五七二條一三號）行政裁判所ノ判決（行裁法二一條）軍法會議ノ私訴判決（陸五二一條海五二三條）其他非訟事件手續法三一條二〇八條及刑事訴訟法五五三條ニ規定スル場合等之ナリ。

第一款　終局判決

一　判決ニハ終局判決ト中間判決トノ別アリ（二三五條二二七條）。終局判決トハ各審級ニ於テ訴訟ノ全部又ハ一部カ裁判ヲ爲スニ熟スル場合ニ爲ス裁判ヲ云フ判決事項カ本案ノ請求ニ關スルト單ニ形式ニ係ルトヲ問ハサルナリ故ニ本案ヲ裁判スル爲メ訴訟條件ヲ缺クモノトシテ訴訟ヲ却下スル裁判若クハ上訴ヲ棄却スル裁判ハ共ニ本案ニ付テ裁判スルコトナキモ終局判決ナリ中間判決トハ必要的口頭辯論ニ基キ後ノ終局判決ノ基本タル爭點ニ付キ豫メ爲ス所ノ裁判ヲ云フ訴訟上ノ攻擊及防禦ノ方法ニ付キ爲シタル裁判（二二七條三五一條）妨訴ノ抗辯ヲ棄却シタル裁判（二〇六

條二〇七條）請求ノ原因並ニ數額ニ付爭アル場合ニ於テ先ツ其原因ニ付爲シタル裁判（二二八條）及被告ノ權利行使ヲ留保シタル裁判（四二六條四九一條）ハ何レモ終局判決ノ基本タル爭點ヲ豫メ判斷スルモノニシテ中間判決タリ。

終局判決ハ事實上强制執行ヲ爲スニ適當ナル內容ヲ有スルモノニ限リ執行シ得ヘキ債務名義タルコトヲ得ルハ前述ノ如シ而シテ二二六條ニ所謂一部判決モ亦終局判決ナルヲ以テ現在ニ於テ又將來ニ於テ或一定ノ給付ヲ爲スコトヲ命シタルモノナル以上ハ執行シ得ヘキ債務名義タリ然レトモ中間判決ハ終局判決ヲ爲スカ爲メニ判斷スルコトヲ必要トスル爭點ニ關スル裁判ニシテ畢竟本案判決ノ準備ノ爲メニスルモノニ過キサルカ故ニ獨立シテ執行力ヲ得ヘキモノニアラス唯防禦方法ヲ提出スル權利ヲ被告ニ留保スル控訴審ノ中間判決及證書訴訟又ハ爲替訴訟ニ於テ敗訴ノ被告ニ防禦方法ヲ提出スル權利ヲ留保スル中間判決（四二六條四九一條）ハ例外トシテ强制執行ニ關シ終局判決ト看做サヽルヲ以テ執行シ得ヘキ債務名義タルナリ是レ蓋シ此等ノ中間判決ヲ爲ス場合ハ特ニ勝訴者ニ迅速ニ其權利ノ滿足ヲ得セシムル必要アルヲ以テナリ。

二　終局判決ニシテ執行シ得ヘキ債務名義タルコトヲ得ルモノハ民事訴訟法ノ規定ニ從ヒ確定シタル終局判決又ハ假執行ノ宣言アル終局判決ナリトス（四九一條改六二二條）然レトモ假執行ノ宣

言アル判決若クハ假執行ノ宣言ヲ破毀又ハ變更スル判決(五一〇條)及假差押並ニ假處分ヲ命スル判決(五四九條七五六條七四四條三項)ハ假執行ノ宣言ナクシテ直ニ執行ヲ爲スコトヲ得ヘシ又二〇六條ノ妨訴抗辯棄却ノ終局判決及同二〇二條ノ請求ノ原因ヲ正當ナリトスル終局判決ハ本來中間判決ニシテ唯上訴ニ關シテノミ終局判決ト看做スモノナルヲ以テ執行シ得ヘキ債務名義トナルモノニアラス。

第一　確定判決

終局判決ニシテ執行シ得ヘキ債務名義タルモノハ確定判決ナルヲ通常トス判決ノ確定ニ二個ノ效力アリ曰ク形式的確定力曰ク實體的確定力是ナリ形式的確定力トハ判決ヲ取消シ得ヘカラサルコトニシテ實體的確定力トハ同一ノ案件ニ付キ別異ノ訴訟ニ於テ再ヒ更ニ裁判スルコトヲ妨クル形式上確定シタル判決ノ效力ヲ云フ故ニ判決ノ實體的確定力ハ第二ノ訴訟ヲ裁判スル裁判官ヲ羈束スル效力ヲ有スルモノトス而シテ玆ニ執行シ得ヘキ判決トハ形式的ニ確定シタルコトヲ云フモノトス判決ノ形式的ノ確定力ハ强制執行ノ前提條件タルヲ通例トスルモ必要條件ニアラス又執行シ得ヘキコトハ判決ノ確定力ノ本質タルモノニアラス何トナレハ其內容ニ依ルハ執行スルコトヲ得サル判決多數アルナリ又之ニ反シ確定前ニ於テ執行シ得ヘキ給付判決アルノミナラス却テ確定シ

タルニ拘ラス法律上若クハ事實上執行ヲ實施スルコト能ハサル判決ノ存スルアレハナリ。

甲　判決確定ノ時期

判決ハ上訴又ハ故障ヲ以テ不服ヲ申立ツルコト能ハサル時ニ於テ形式的ニ確定ス。

一　對席判決ハ上訴（控訴又ハ上告）カ許サルル間ハ判決ノ形式的確定力ヲ停止ス然レトモ再審ノ訴及原狀回復ノ申立ヲ爲シ得ヘキコトハ判決ノ確定ヲ妨クルコトナシ此不服申立方法ハ寧ロ判決カ形式的ニ確定シタルコトヲ前提トスルモノナリ。

（イ）　上訴ヲ許ササル判決ハ言渡ニ因テ確定ス。

上告審ニ於テ言渡シタル對席判決（四五二條）上告人ノ陳述ニ對スル判決（四三九條）及訴訟費用ノミニ付テノ判決ハ言渡ニ因テ確定ス。

（ロ）　上訴ヲ許ス判決ハ上訴ニ付テノ一ケ月ノ不變期間内ニ其上訴ノ提起ナク之ヲ經過シタルトキ確定ス（四〇〇條一項四三七條一項）。

上訴ヲ許ス判決ハ當事者雙方カ上訴權ヲ拋棄シ又ハ上訴ヲ取下タルトキハ上訴期間ノ經過ヲ待タスシテ確定ス蓋シ上訴權ノ拋棄若クハ取下ハ上訴ヲ不適法トナセハナリ而テ確定ノ時期ハ當事者ノ一方何レカノ裁判所ニ對スル最終ノ陳述ノ時ニ在リトス。

當事者ノ一方カ上訴權ヲ拋棄シ又ハ上訴ヲ取下タル場合ニ於テ他ノ一方ヨリ上訴ヲ提起シタルトキハ上訴權ヲ拋棄シ又ハ上訴ヲ取下タル當事者ノ一方ハ附帶上訴ヲ爲スコトヲ得（四〇五條四四二條）。

二　闕席判決

（イ）故障ヲ許サヽル第一審若クハ第二審ノ闕席判決ハ上訴期間ノ經過上訴權ノ拋棄若クハ取下ニヨリ確定ス（一七七條二六三條三九八條四五四條四〇〇條四三七條）此種ノ闕席判決ノ確定ハ故障ヲ許ス判決ニ比シテ確定期間延引スヘシ蓋シ上訴期間ハ故障期間ヨリ長期ナルヲ以テナリ。然レトモ法律ハ斯カル闕席判決ヲ第二ノ闕席判決トシ職權ヲ以テ假執行ヲ宣言スルヲ以テ實際上ノ弊害ナシ（五〇一條三號）。上告審ニ於テ故障ヲ許サヽル闕席判決ハ其言渡ニ因リテ確定ス。

（ロ）故障ヲ許ス闕席判決ハ故障期間ノ經過故障申立權ノ拋棄又ハ故障ノ取下ニ因リテ確定ス（二六四條三九九條）。

乙　判決確定ノ證明書

一　終局判決ハ前示ノ時期ニ於テ確定シ其確定ニ依リ執行シ得ヘキ債務名義トナルト雖モ之ヲ以

テ強制執行ノ基本トナス爲メニハ別ニ形式上ノ要件トシテ執行文ヲ付シタル判決ノ正本ヲ必要トス（五一六條改六三九條）。

強制執行ハ執行文ヲ付シタル判決正本ニ基キテノミ之ヲ實施シ特ニ判決確定ノ證明書ヲ必要トセサルヲ以テ判決確定ノ證明書ハ強制執行ノ爲メニハ全然必要ナキモノト云ハサルヘカラス然レトモ緒論第三ニ於テ說明シタル判決ノ廣義ノ執行ノ場合ニハ判決確定ノ證明書ヲ必要トスルナリ又新訴ニ於テ判決ノ實體的確定力ヲ主張スル場合モ亦然リ此等ノ場合ニ於ケル判決確定ノ證明ハ必スシモ四九九條ニヨリ付與セラレタル證明書ヲ要スルコトナク他ノ證據方法ヲ以テ換フルコトヲ得ルナリ。

二　判決ノ確定ヲ證明スル書面ハ判決ノ確定ニ付キ法律上利害關係ヲ有スル所ノ各當事者從參加人又ハ第三者ノ申請ニヨリ其當時訴訟記錄ノ現存スル裁判所ノ書記カ該記錄ニ基キ之ヲ付與スルモノトス判決確定證明書ノ付與ハ裁判所書記ノ職務ニシテ當事者從參加人ヨリ其ノ付與ヲ求メラレタルトキニハ裁判所書記ハ申請者ニ於テ該證明ヲ必要トスルヤ否ヤヲ調査スルコトナク之ヲ付與セサルヘカラス然レトモ第三者之ヲ申請シタルトキニハ其必要ノ有無ヲ調査スヘキモノトス。判決確定ノ證明書ハ第一審裁判所書記カ記錄ニ基キテ之ヲ付與スルヲ通例トシ訴訟カ上級審ニ繫

屬スルトキニ限リ上級裁判所ノ裁判所書記カ記錄ニ基キ判決ノ確定トナリタル部分ノミニ付キ之ヲ付與スルヲ特則トス(四九九條一項二項改二八三條一項)判決確定證明書ノ付與ハ執行力アル正本ノ付與ト同ク裁判所書記ノ職權ニ屬スルヲ以テ上級審ニ於ケル訴訟繫屬ノ意義ハ裁判ヲ求メラレタル裁判所ノ職權ヲ基本トシテ之ヲ定ムヘキモノニアラス裁判所書記ノ職權ヨリ觀察シテ之ヲ求メサルヘカラス故ニ證明書付與ヲ申請セラレタル當時記錄ノ現存シタル審級ノ書記課ニ事案カ繫屬スルモノト解スヘキヲ以テ訴訟カ上級審ニ繫屬中ナルトキハ訴訟記錄カ上級審ニ現在スルモノト云ハサルヘカラス。

三　裁判所書記ハ判決確定證明ノ付與ノ申請ヲ受ケタルトキハ判決カ形式的ニ確定シタルヤ否ヤヲ調査スルコトヲ要ス。

(イ)　言渡ト共ニ確定スヘキ判決ニ付テハ裁判所書記ハ直ニ判決確定證明書ヲ付與スヘキモノニシテ該判決ニ對シ上訴若クハ故障ノ申立アルモ共ニ之ヲ斟酌スヘキモノニアラス。

(ロ)　之ニ反シ上訴若クハ故障ヲ許ス判決ニ付テハ裁判所書記ハ先ツ不變期間ヲ經過セシヤ否ヤヲ調査スヘク而テ不變期間內上訴若クハ故障カ提起セラレタルトキニハ上訴若クハ故障カ確定ニヨリ又ハ取下ニヨリ終結シタリヤ否ヤヲ調査スヘキナリ。

判決ノ適式ナル送達ハ上訴若クハ故障期間ヲ開始スルモノナルカ故ニ裁判所書記ハ送達ヲ不適式ナリト認メタルトキハ判決確定證明書付與申請ヲ却下スルコトヲ得。

故障ハ闕席判決ヲ爲シタル裁判所ニ申立ツルモノナルヲ以テ判決確定證明書付與ヲ申請セラレタル裁判所書記ハ訴訟記錄ニ基キ不變期間カ期間內ニ故障ノ申立ナクシテ經過シタルヤ否ヤヲ容易ニ調査スルコトヲ得然レトモ上訴ノ提起ハ上級裁判所ニ上訴狀ヲ差出シテ之ヲ爲スモノナルヲ以テ判決確定ノ證明書付與ヲ申請セラレタル下級裁判所書記ハ上訴期間內ニ適法ナル上訴ノ提起ナクシテ其期間ノ經過シタルヤヲ知ルヲ得ス故ニ此場合ニ於テハ確定證明ヲ申請スル者ハ四九九條第三項ニ規定スル上級審ノ裁判所書記ノ證明書ヲ請求スルヲ通例トスルナリ Notfristattest（改二八三條二項）然レトモ此證明書ハ上訴ノ不變期間經過ヲ證明スル唯一ノ證據方法ニアラス或場合ニハ上訴期間ノ經過ヲ上級審ニ訴訟記錄カ送付セラレサルコトニヨリ證明セラレ得ヘシ。

上級審ノ裁判所書記ハ四九九條第三項ノ證明書ヲ判決ノ送達不適式ナリトシタルトキニモ尚ホ付與スルコトヲ得ヘシ何トナレハ此場合ニハ裁判所書記ハ證明書作成ノ日ニ至ルマテ未タ上訴狀カ差出サレサルコトヲ證明スルニ過キサレハナリ故ニ故障若クハ上訴カ不變期間經過後ニ於テ原狀回復ノ申立ト共ニ申立アリシ爲メニ確定證明ノ付與ヲ拒絶スルコトヲ得ス之レ蓋シ原狀回復ノ申

立ハ判決ノ確定ヲ妨クルモノニアラサレハナリ。

四　裁判所書記カ判決確定證明書ノ付與ヲ拒絶シタルトキハ申請人ハ受訴裁判所ノ裁判ヲ求ムルコトヲ得(四六五條一項改四九八條)受訴裁判所ノ裁判ニ對シ抗告ヲ爲スコトヲ得(同上二項四五五條改四九八條四八七條)而テ此場合ニ於ケル抗告ハ通常ノ抗告ニシテ即時抗告ヲ許サス之蓋シ確定證明ノ付與ハ強制執行ノ手續ニ屬セサルヲ以テ五五八條ノ適用ナケレハナリ上訴審ノ裁判所書記(四九九條二項三項)ノ證明書ノ付與ヲ拒絶シタルトキ又同シ。判決確定ノ證明書ヲ求ムル者ノ相手方ハ證明書ノ付與ニ對シ受訴裁判所ニ異議ヲ述ヘ若クハ申請人カ受ケタル裁判ニ對シ抗告ヲ申立ツルコトヲ得ス。

第二　假執行ノ宣言

一　強制執行ハ權利ノ最後ノ實行ナルヲ以テ債務名義トナル判決ハ確定シタル後ニ於テ始メテ之ヲ適當トスヘシ何トナレハ判決ハ確定セサルトキハ故障ノ申立又ハ上訴ニ基キ取消サルルコト少カラサレハナリ然レトモ判決ハ確定セサルニ拘ラス其取消ノ危險極メテ少キ時又ハ判決ノ確定ヲ俟テ強制執行ヲ實施スルトキハ債權者ノ不利益甚シキ場合ノ如キハ判決ヲ速ニ執行スルヲ至當トスルヲ以テ判決ノ確定ヲ待タスシテ執行ヲ許ス必要アリト謂フヘシ佛國民事訴訟法ハ判決ハ其ノ

確定ヲ待タスシテ之ヲ執行スルコトヲ得トシ殊ニ法律上一定ノ條件存スル場合ニハ判決ニ假執行ノ宣言ヲ付シ上訴ノ提起又ハ故障ノ申立アリタルトキト雖モ強制執行ヲ實施シ得ルナリ（佛訴訟法一七條一三四條以下四五八條以下）獨逸民事訴訟法ハ原則トシテ判決確定スルニアラサレハ之ニ基キ強制執行ヲ實施スルコトヲ許サス然レトモ判決確定前執行ヲ許ス必要アル場合ニ於テハ例外トシテ判決ニ假執行ノ宣言アルトキニ限リ判決確定前ニ強制執行ヲ實施スルコトヲ得ヘキモノトセリ我民事訴訟法ハ之ト同一ノ主義ヲ採レリ。

二　假執行ノ宣言トハ判決確定前ニ執行ヲ爲スコトヲ得セシムル裁判所ノ宣言ナリ假執行ハ其宣言アル場合ニ限リ之ヲ爲スヘキモノトス（四九七條改六二二條）假執行ノ宣言ハ假執行ヲ爲スヘキ判決ヲ爲ス裁判所其判決ニ於テ之ヲ爲スヲ通例トス然レトモ例外トシテ上級審ハ上訴ヲ以テ不服ヲ申立テラレサル部分ニ限リ判決ニ假執行ヲ付スル場合アリ（五〇九條改四五五條四七九條）。假執行ハ判決ノ執行シ得ヘキコトノ宣言ト共ニ直ニ效果ヲ發生シ上訴若クハ故障ノ申立ニ因リ妨ケラルルコトナク判決若クハ其執行力ヲ取消サルルマテ執行力ハ存續スルモノトス而テ苟クモ執行力ノ存スル以上ハ假執行ハ確定判決ノ執行ト同一ナリ假執行ハ確定判決ノ執行ト等シク債權者ノ滿足ヲ目的トシ強制執行ヲ爲スモノニシテ單ニ債權者ノ請求權ヲ確保スル爲メニスルニアラサ

ルナリ然レトモ假執行ノ執行力ハ解除條件附ニシテ取消若クハ變更ノ判決ノ言渡ヲ解除條件トスルモノトス。

判決ノ執行力ニ廣狹二義アルコト前述ノ如シ而テ假執行ハ判決ノ執行ヲ許ス宣言ナルヲ以テ判決ノ内容カ固有ノ意義ニ於ケル强制執行ニ適セサルモ所謂廣義ノ執行トシテ其判決ノ效力カ他ニ實際ニ利用セラルルコトヲ得ヘキ限リハ法律ニ從ヒテ其假執行ノ宣言ヲ爲スヘキナリ但シ婚姻事件準禁治產事件其他人事訴訟事件等ノ判決ニハ性質上假執行ノ宣言ヲ爲スヘキモノニアラス。

判決カ言渡ト共ニ執行セラルル場合又ハ判決ノ確定ヲ待タス直ニ之ヲ執行スルコトヲ得ヘキ場合ニ於テハ其判決ニ假執行ノ宣言ヲ付スルノ要ナシ即チ故障又ハ上訴ニヨリテ本案ノ裁判又ハ假執行ノ宣言ヲ廢棄若クハ破棄又ハ變更シタル判決假差押並ニ假處分ヲ命令スル判決ノ如キ之ナリ又假執行ハ未確定ノ判決ニ即時假執行ヲ認ムルニ外ナラサルヲ以テ判決ノ內容カ確定以後ニ履行期ヲ到來セシムルモノナルトキハ假執行ノ宣言ヲ爲スコトヲ得ス判決ハ單ニ廣義ニ於ケル判決ノ執行力ヲ創設シ且ツ其效力ノ發生ヲ民事訴訟法又ハ民法ノ規定上判決ノ確定ニ繫ラシタル定メアル場合亦同シ事物ノ管轄違ナリトシテ訴ヲ却下スルトキ同時ニ移送ノ判決ヲ爲ス場合其一例ナリ又判決ノ效力確定スルニ於テ始メテ發生スル形成ノ判決ニハ假執行ノ宣言ヲ付スルコトヲ得ス。

三　假執行ノ宣言ハ法律ニ規定アル場合ニ限リ職權ヲ以テ又ハ申立ニ因リ之ヲ付スヘキモノトス

甲　職權ヲ以テ假執行ノ宣言ヲ爲ス場合

（イ）　認諾ニ基キ被告ニ敗訴ヲ言渡ス判決（五〇一條一號二二九條改二六一條一號）

（ロ）　證書訴訟又ハ爲替訴訟ニ於テ言渡ス判決（同二號改同三號）

此等ノ判決ハ四八四條乃至四九六條ノ規定ニ從ヒ特別ナル簡易手續ニ依リ爲スヘキモノニシテ法律ハ其權利ノ實行ヲ迅速ニ爲スコトヲ要スルモノト認メ職權ヲ以テ假執行ノ宣言ヲ爲スヘキモノトシタルカ故ニ其判決カ被告ニ敗訴ヲ言渡ス場合ナルトキハ通常訴訟ニ於テ防禦方法ヲ提出スル權利ヲ留保スルト否トヲ問ハス職權ヲ以テ假執行ノ宣言ヲ付スヘキナリ原告ニ敗訴ヲ言渡ス場合ニモ亦同シク職權ヲ以テ假執行ノ宣言ヲ付スヘキナリ唯此場合ニ於ケル假執行ノ宣言ハ訴訟費用ノ負擔ヲ命スル點ノミニ關スルモノトス。

（ハ）　同一審ニ於テ同一ノ原告若クハ同一ノ被告ニ對シ本案ニ付キ言渡シタル第二又ハ其後ノ闕席判決（同條三號改同二號）

闕席判決ニ對スル故障ヲ棄却スル新闕席判決（二六三條）ハ第二ノ闕席判決ナリ故障ヲ申立タル當事者期日ニ出頭シ本案ニ付キ辯論シタルモ更ニ同一審ニ於テ口頭辯論續行ノ爲メニ定メラレタル

他ノ期日ニ闕席シタル時ニ於ケル闕席判決モ亦第二又ハ其後ノ闕席判決タリ又執行命令ニ對シ申立タル故障ヲ棄却スル闕席判決モ亦爰ニ所謂假執行ヲ許スヘキ闕席判決ナリ。

假執行ノ宣言ハ第二以後ノ闕席判決カ其以前ノ闕席判決ニ包含セサル以外ノ請求ニ關シ言渡サレタル場合ト雖モ該闕席判決全部ニ對シ之ニ付スルコトヲ得。

第二以後ノ闕席判決ニ對シ職權ヲ以テ假執行ノ宣言ヲ付スル所以ノモノハ若シ假執行ヲ爲サヽルニ於テハ同一ノ審級ニ於テ同一當事者カ屢々口頭辯論期日ニ闕席シ以テ幾回モ闕席判決ヲ受ケ判決ノ形式的確定ヲ妨ケ强制執行ヲ免レントスルモノアレハナリ。

（ニ）　假差押又ハ假處分ヲ取消ス判決（同條四號七四五條乃至七四七條七五六條改九二八條九三〇條九四〇條）

假差押又ハ假處分ヲ取消ス判決ハ假差押又ハ假處分ヲ取消ス決定（七五四條七五九條）ト混同スヘカラス該決定ハ抗告ヲ以テノミ不服ヲ申立ツルコトヲ得ル裁判ニシテ五五九條第一號ノ債務名義トシテ執行力ヲ有スルモノナリ假差押又ハ假處分ヲ變更スル判決ハ畢竟債務者ノ利益ノ爲メニスル假差押又ハ假處分ノ取消ニ外ナラサレハ職權ヲ以テ假執行ノ宣言ヲ付スヘキナリ。

（ホ）　養料ヲ支拂フ義務ヲ言渡ス判決但シ訴ノ提起後時間及其提起前最後ノ三ヶ月間ノ爲メニ

支拂フヘキモノナルニ限ル(同條五號改同四號)

茲ニ養料トハ其ノ原因ハ法定(民法七四七條七九〇條九五四條等)約定遺言若クハ不法行爲ニ存スルトヲ問ハス苟モ養料ノ性質ヲ有スルモノハ廣ク之ヲ包含ス而テ此養料ヲ支拂フ義務ヲ言渡ス判決ニ假執行ノ宣言ヲ付スル所以ハ養料ノ給付ヲ必要トスル者ハ生計上其必要一日モ猶豫スヘカラサルモノアルヲ以テ急速ニ養料ヲ支拂ハシメ以テ之ヲ保護スルニ在リ然レトモ若シ數ケ月淹滯セシ養料ヲ一時ニ請求スル場合ニ於テハ制限ヲ加ヘ其訴ノ提起後ノ時間ニ支拂フヘキモノ及訴ノ提起前最後ノ三ケ月間ニ支拂フヘキモノニ限レリ之レ一面ニハ數ケ月ノ淹滯額全部ヲ卽時ニ執行スルコトヲ許スニ因リ生スヘキ養料義務者ノ給付上ノ困難ヲ斟酌スルト同時ニ又他面ニ於テ數ケ月間請求セサリシ程ノ者ナレハ目下其養料給付ノ必要ニ迫ルモノト云フコトヲ得サレハナリ。

(ヘ) 强制執行異議ノ訴ニ於テ其執行ノ停止命令ヲ發シタル後本案ノ判決ヲ爲ス場合ニ於テ其命令ノ認可若クハ取消ヲ爲ス判決ハ其ノ部分ニ限リ職權ヲ以テ假執行ノ宣言ヲ付スヘキモノトス(五四八條二項五四九條改六七三條六七四條)

乙 申立ニ因リテ假執行ノ宣言ヲ爲ス場合

裁判所カ申立ニ因リテ判決ニ假執行宣言ヲ付スル場合ハ五〇二條改二六二條五〇三條改二六三條

及五〇九條改四五五條四七九條ニ限ル。
（イ）　裁判所構成法一四條二號ニ依リ區裁判所ノ管轄ニ屬スル訴訟但シ不動産ノ經界ノミニ關スル訴訟ヲ除ク（五〇二條一號乃至四號）
1　賃貸人ト賃借人トノ間ニ起リタル訴訟
（A）　住家其他ノ建物又ハ其或ル部分ノ受取明渡使用占據若クハ修繕ニ關スル訴訟
（B）　賃借人ノ家具若クハ所持品ヲ賃貸人ノ差押ヘタルコトニ關スル訴訟
2　占有ノミニ係ル訴訟
3　雇主ト雇人トノ間ニ雇期間一ケ年以下ノ契約ニ關シ起リタル訴訟
4　左ニ掲ケタル事項ニ付旅人ト旅店若クハ飲食店ノ主人及水陸運送人トノ間ニ起リタル訴訟
（A）　賄料又ハ旅人ノ運送料又ハ之ニ伴フ手荷物ノ運送料
（B）　旅店若クハ飲食店ノ主人又ハ運送人ニ旅人ヨリ保護ノ爲メ預リタル手荷物又ハ有價物
以上ノ事項ニ付キ判決ヲ爲ス場合ニ申立ニ因リ假執行ノ宣言ヲ付スルハ裁判所構成法一四條二號ニ於テ此種ノ訴訟ヲ區裁判所ノ管轄ニ屬セシメタル旨趣ト相等シク事件ノ性質上迅速ニ落着セシムルヲ期スルニ在リ而シテ不動産ノ經界ノミニ關スル訴訟ヲ除外シタル所以ハ此種ノ訴訟ハ多少

其土地ノ事情ニ慣熟スルニ非サレハ容易ニ適當ナル裁判ヲ下スコト能ハサルモノトシテ區裁判所ノ管轄ニ屬セシメタルモノニシテ事件カ速ニ落着スルコトヲ期シタルカ爲ニアラス從テ假執行ノ宣言ヲ爲ス必要ナシトシタルカ爲メナリ。

假執行ノ宣言ハ訴訟カ第一審ニ繫屬スルト上級審ニ繫屬スルトヲ問ハス債權者ノ申立ニ依リ之ヲ爲スヘキモノナリ而シテ原告勝訴ノ判決ハ勿論原告敗訴ノ判決ニモ之ヲ付スヘキモノトス。

（ロ） 財産權上ノ請求ニシテ金額又ハ價額カ二十圓ヲ超過セサルモノヲ目的物トスル訴訟（五〇二條五號）

此種ノ訴訟ニ假執行ノ宣言ヲ許容スル所以ノモノハ斯ル請求ヲ目的トスル訴訟ハ通常簡易ナルカ故判決ヲ取消サルル危險極メテ少ク且ツ此等細微ノ事件ハ確定ヲ待タスシテ執行ヲ許スモ其損害ノ囘復容易ニ之ヲ爲スコトヲ得レハナリ。

訴訟物ノ價額算定ハ第三條乃至第六條ノ規定ヲ適用ス而シテ二十圓以上ノ價額ヲ有スルモノヲ訴訟物トスル訴訟ニ於テ判決ニヨリ二十圓ヲ超過セサル範圍ニ於テ給付ヲ言渡ストキニハ假執行ノ宣言ヲ付スヘキモノトス又同一ノ當事者カ數個ノ給付ヲ言渡サレタル場合ニ於テ總テノ給付ヲ積算シテ二十圓ヲ超過セサル時ニ限リ假執行ノ宣言ヲ付スヘキモノトス。

（ハ）　以上說明シタル（イ）及（ロ）ノ外左ノ場合ニ於テハ財產權上ノ請求ニ關スル判決ニ限リ債權者ノ申立ニ因リ假執行ノ宣言ヲ爲スヘキモノトス。

（1）　債權者カ假執行ノ前ニ保證ヲ立テント申立ツルトキ。

（2）　債權者カ判決ノ確定トナルマテ執行ヲ中止セハ償ヒ難キ損害又ハ計リ難キ損害ヲ受クヘキコトヲ疏明スルトキ。

債權者カ執行前ニ爾後債務名義タル判決ノ變更又ハ廢棄アリシ場合ニ於テ債務者ニ執行ニ因リテ生スル損害ヲ賠償スル爲メニ必要ナル保證ヲ立ツヘキ旨ヲ申出ツルトキハ假執行ヲ許スヘキモノトス而シテ債權者ハ保證ヲ立ツルコトヲ申出ツルヲ以テ足レリトシ現實ニ保證ヲ供託スルコトヲ必要トセス此申出アレハ裁判所ハ八七條ノ規定ニヨリ保證ノ額ヲ判決ニ指定シ之ヲ立ツルトキハ假執行ヲ爲シ得ヘキ旨ノ條件ヲ付シタル假執行ノ宣言ヲ爲スヘキモノトス。

保證額カ假執行ノ宣言ノ條件トシテ判決ニ特定セラレタル場合ニハ受訴裁判所ハ申立ニ因リ又ハ職權ヲ以テ爾後ノ決定ニテ之ヲ變更スルコトヲ得ス然レトモ保證種類ニ關スル裁判ハ口頭辯論ヲ經スシテ之ヲ爲スコトヲ得ヘシ何トナレハ此等ノ部分ハ判決ノ成分ヲ爲スモノト云フコト能ハサルカ故ニ爾後決定ヲ以テ補充シ又ハ變更スルコトヲ得ヘケレハナリ。

此條件附假執行ノ宣言ニ基キ執行ヲ開始スルニ付テハ五二九條二項ノ規定ヲ參照スヘシ。

執行シ得ヘキ判決ヲ確定シタルトキハ債權者カ其ノ立タル保證ノ返還ヲ請求スルコトヲ得。

如何ナル場合ニ償ヒ難キ又ハ計リ難キ損害ヲ生スルモノナルヤハ事實ノ問題ニシテ裁判官ノ判斷スヘキ所ナリ而テ償ヒ難キ損害ヲ受クヘキトキトハ例ヘハ金錢若クハ有體物ノ請求ニシテ若シ速ニ執行ヲ爲サザレハ債權者カ之ヲ浪費シ又ハ處分ヲ爲スニ依リ後日無資力トナリ結局執行ヲ爲スコト能ハサル恐アルカ如キ場合ニシテ又計リ難キ損害ヲ受クヘキトキトハ例ヘハ著作權特許權商標權又ハ占有等ノ爭ニ關スル財產權上ノ請求ニシテ若シ速ニ執行ヲ爲サザレハ債務者ノ權利行使ニ依リ債權者ノ爲メ幾何ノ損害ヲ生スヘキヤ測ルヘカラサル場合ノ如キヲ云フ。

（二） 第一審又ハ第二審ノ判決ニシテ假執行ノ宣言ナカリシモノ又ハ條件附ノ假執行ノ宣言アリタルモノハ上訴ヲ以テ不服ヲ申立テサル部分ニ限リ口頭辯論ノ進行中ニ爲シタル原告若クハ被告ノ申立ニ因リ上級審ニ於テ其判決ニ假執行ヲ宣言ス（五〇九條改四五五條）。

凡ソ第一審又ハ第二審ノ判決ニ對シテ上訴カ提起セラレタルトキハ上訴狀ニ表示セラレタル不服申立ノ範圍如何ニ拘ラス上訴權ノ喪失及附帶上訴權ノ拋棄ニ依リテ判決ニ確定シタル部分存セサル以上ハ當事者ハ口頭辯論ノ終結ニ至ル迄前審判決ノ全部ニ付キ上訴ノ申立ヲ擴張スルコトヲ得

ヘク又相手方ハ前審判決中自己ノ不利益ニ歸シタル部分ニ付キ上訴期限ヲ經過シタルトキト雖モ尚附帶上訴ヲ爲スコトヲ得ルヲ以テ上訴ノ提起ハ前審判決ノ全部ヲ未確定ノ狀態ニ置クモノト云ハサルヘカラス從テ其判決ハ不服ヲ申立テシレサル部分ニ關シテモ亦確定セサルモノト云ハサルヘカラス故ニ其部分ニ付判決ノ執行ヲ爲サントセハ其部分ノ假執行ノ宣言アルコトヲ必要トスルナリ。第一審又ハ第二審ノ判決ニシテ假執行ノ宣言ナカリシ場合トハ債務者ノ申立ニ因リ假執行ノ宣言ヲ爲スヘキ事件ナルニ其申立ナカリシニ依ルカ又ハ申立アリタルモ債務者カ回復スルコトヲ得サル損害ヲ受クヘキコトヲ疏明シタル爲メ假執行ヲ許ササル場合(五〇四條)ナリトス職權ヲ以テ假執行ヲ宣言スヘキ判決又ハ申立ニ因リ假執行ヲ宣言スヘキ判決ニ付キ其假執行ノ宣言ヲ遺脫シタル場合ハ五〇八條ニ從ヒ判決ノ補充ヲ爲スヘキモノニシテ本條ノ適用ヲ受クヘキモノニアラス。第一審又ハ第二審ノ判決ニシテ條件附ノ假執行ノ宣言アル場合トハ保證ヲ立ツヘキ條件ヲ以テ假執行ヲ宣言シタル判決(五〇三條一號五〇五條)ヲ云フ。

五〇九條ニ依ル假執行ノ宣言ハ口頭辯論中ニ於ケル當事者ノ申立ニ因リ上級審ハ決定ヲ以テ下級審ノ判決ヲ假リニ執行シ得ヘキ旨ヲ宣言スルモノナリ而シテ假執行宣言ノ申立ハ上訴ノ申立後口頭辯論進行中其如何ナル程度ニアルヲ問ハス之ヲ爲スコトヲ得ルモノニシテ其裁判ノ形式ハ決定

ヲ以テ爲スヘキコトハ其訴訟ノ目的物ニ關スル裁判ニアラサルノミナラス五〇七條ノ如キ判決ヲ以テ裁判ヲ爲スヘキ旨ノ規定存セサルニ依ルモノトス。

上級審ニ於テ前述ノ規定ニ從ヒ假執行宣言ヲ爲シタル後ニ至リ前ニ不服ナカリシ判決ノ部分ニ付キ當事者カ不服申立ノ範圍ヲ擴張シ又ハ相手方カ附帶上訴ヲ爲シタルトキハ五一二條ノ場合ニ準シテ五〇〇條ノ規定ヲ準用スヘキナリ。

右上級審ニ於ケル假執行ノ宣言ノ裁判ハ口頭辯論ノ終結ヲ待タスシテ之ヲ爲スヘキモノトス此裁判ハ當事者ノ申立ヲ爲シタル時ノ事情ニ從ヒ之ヲ爲スヘキモノニシテ之五〇九條ニ口頭辯論進行中ニト規定シタル所以ナリ又此裁判ニ對シテハ不服ノ申立ヲ爲スコトヲ得ス(五一一條三項)申立却下ノ裁判ニ對シテモ亦然リ何トナレハ該裁判ニ對シ不服ノ申立ヲ許シタルモノト認ムヘキ規定ナケレハナリ(四五五條)。

四　假執行ノ免除

未タ確定セサル判決ノ假執行ノ宣言ハ以テ債權者ノ利益ヲ保護スルニ在リト雖モ不當ニ債務者ノ利益ヲ害スルコトナキニ非ス故ニ法律ハ五〇〇條乃至五〇三條ニ對シ五〇四條五〇五條ヲ規定シ債務者ノ利益ヲ保護セリ然レトモ債權者ニ比スレハ其保護ノ程度ハ極メテ薄弱ニシテ寧ロ債務者

ノ保護ハ五一〇條ノ規定ニアリト云フヘシ。

（イ）　債務者カ回復スルヲ得サル損害ヲ疏明シタルトキ（五〇四條改二六四條）債務者ハ判決ニ接着スル口頭辯論ノ終結前ニ於テ判決ノ假執行ニ因リ自己ニ回復スルコトヲ得サル（五〇三條二號ニ所謂回復スルニ困難ナルニ止マラス）損害ヲ受クヘキコトヲ疏明スルトキハ職權ニ因リ（五〇一條）又ハ債權者ノ申立（五〇二條五〇三條）ニ因リ發生スル假執行カヲ妨止スルコトヲ得而シテ如何ナル損害ニシテ回復スヘカラサルモノナルヤ否ヤハ一ニ裁判官ノ自由ナル判斷ニ由ルヘシト雖モ一般ニ金錢ヲ以テ計ルヘカラサル損害ノ如キハ以テ回復スヘカラサルモノト云フヘシ又債權者カ賠償スルニ當リ其資産狀態ニテハ之ヲ爲スコトヲ得サル場合亦然リ。五〇一條ノ場合ニ於テハ直ニ判決ニ之ヲ假ニ執行スヘカラサルコトヲ宣言シ五〇二條及五〇三條ノ場合ニ於テハ判決主文ニテ債權者ノ申立ヲ却下スヘキナリ債權者ハ五〇五條二項ニ從ヒ保證ヲ立ツルコトヲ申出ツルコトニ因リ五〇四條ノ適用ヲ妨クルコトヲ得ス。

（ロ）　裁判所ハ五〇一條乃至五〇三條ニ從ヒ假ニ執行シ得ヘキコトヲ宣言スル總テノ場合ニ於テ債務者ノ申立ニ因リ假執行ヲ債權者カ豫メ保證ヲ立ツルコトニ繫ラシムルコトヲ得（五〇五條一項改二六五條一項

判決ノ執行ヲ債權者カ豫メ執行前ニ保證ヲ立ツルコトノ條件ニ繫ラシムルモノハ所謂停止條件附假執行ナリ此假執行ヲ宣言スルコトノ債務者ノ申立ノ採否並ニ保證額ハ裁判所ノ自由ナル判斷ニ因ルヘキモノトス。

(八) 裁判所ハ五〇一條乃至五〇三條ニ從ヒ假執行ヲ宣言スヘキ所ノ總テノ場合ニ於テ債權者カ執行前ニ保證ヲ立ツヘキコトヲ申出テサルトキハ債務者ノ申立ニ因リ保證ヲ立テ又ハ供託ヲ爲シテ假執行ヲ免ルルコトヲ債務者ニ許スヘキモノトス(五〇五條二項改二六五條二項)此執行免除ハ裁判所ハ債務者ノ申立ニ因リテ假執行ノ宣言ヲ付スル判決ニ於テ留保ノ形式ニテ債務者カ保證ヲ立テ又ハ訴訟物ヲ供託シタルトキハ執行ヲ免カルルコトヲ許スノ言渡ヲ爲ササルヘカラス之レ所謂解除條件附假執行ノ宣言ナリ。債務者ハ其選擇ニ從ヒ保證ヲ立テテ假執行ヲ免カルルコトヲ得ヘキ旨ノ宣言ヲ求ムルコトヲ得ヘク又ハ其訴訟物ヲ供託シテ之レヲ免ルルコトヲ得ヘキ旨ノ宣言ヲ求ムルコトヲ得ヘシ然レトモ債務者ハ之レヲ選擇セサルモ可ナリ此場合ニハ裁判所ハ擇一的ニ宣言スヘキナリ之レニ反シ五〇三條又ハ五〇五條一項ニ依ル假執行ノ宣言カ債權者ノ保證ニ對シテ付セラレタル場合ニハ五〇五條二項ニ依ル債務者ノ申立ハ無意味ノモノトシテ却下スヘキナリ債務者カ本條ノ規定ニ依リ供託ヲ

爲スハ假執行ヲ免ルル爲メニ外ナラサレハ債務者カ民法ノ規定ニ從ヒ供託ヲ爲スコトトハ之ヲ區別セサルヘカラス。

裁判所カ債務者ノ申立ニ因リ保證ヲ立テテ假執行ヲ免ルルコトヲ得ヘキ旨ヲ宣言スルトキハ債務者ノ立ツヘキ保證額ヲ其宣言ニ揭クヘキモノトス裁判所カ此額ヲ定ムルニハ請求ノ金額又ハ價格ヲ以テ標準トスヘキナリ。

債務者カ前述ノ申立ヲ爲シタル場合ニ於テ債權者カ保證ヲ立ツルコトヲ申立テタルトキハ裁判所ハ債務者ノ爲メ五〇五條二項ノ留保的宣言ヲ爲スト同時ニ債權者ノ爲メニ債權者カ保證ヲ立ツルニ於テハ債務者カ保證ヲ立テ又ハ供託ヲ爲スニ拘ラス假執行ヲ爲スコトヲ得ヘキ旨ノ留保ヲ宣言スヘキモノトス債權者カ立ツヘキ保證ノ額ハ判決ニ定ムヘキモノナリ而シテ此額ヲ定ムルニ付テハ債務者カ判決ノ執行ニ依リテ被ルヘキ損害ノ額ヲ以テ標準トスヘキモノトス。

判決ニ於テ債務者ノ申立ニ因リ假執行ヲ免除スルコトヲ留保スルト同時ニ債權者ノ申立ニ因リ假執行ヲ爲スコトヲ得ヘキ旨ノ反對留保ヲ爲シタル場合ニ於テハ其反對留保ハ債權者カ其指定セラレタル保證ヲ立テタル後ハ債務者ノ保證ヲ立ツルコトニ拘ラス執行シ得ヘキコトヲ內容トシテ宣言セラルルモノナリ此反對留保ノ宣言ナキトキハ債務者カ其利益ニ宣言セラレタル免除ヲ主張ス

ルニ際シ債權者ハ爾後第二項ノ申出テヲ爲シテ執行ヲ實施スルコトヲ得サルモノトス。

債務者カ右執行ノ免除ヲ得タル場合ニ於テハ債務者ハ已ニ爲シタル保證又ハ供託ニ關スル公正ノ證明書ヲ提出シ五五〇條三號五五一條ニ從ヒ執行ノ事實上ノ實行ヲ防止スルコトヲ得ヘシ然レトモ債權者ハ現實ニ保證ヲ立テテ此執行ノ妨害ヲ排斥シ進行ヲ計リ得ルハ勿論ナリトス債務者カ其求メタル宣言ヲ得タルニ拘ラス保證ヲ立テ又ハ供託ヲ爲サヽル時ハ債權者ハ保證ヲ立テサルモ假執行ヲ爲スコトヲ得ヘシ然レトモ其執行ニ依リ得タルモノヲ債權者ニ交付スヘキモノニアラス五七四條二項五七九條六〇七條ニ依リテ供託スヘキナリ。

五　假執行宣言ノ手續

（イ）　假執行ノ宣言ハ訴訟費用ニ關スル裁判ノ如ク判決ニ於テ之ヲ爲スモノナルカ故ニ五〇二條乃至五〇五條ニ規定スル假執行ニ關スル申立（保證ノ申出ヲ含ム）ハ執行スヘキ判決ニ接着スル口頭辯論ノ終結ニ至ルマテニ爲スヘキナリ（五〇六條改二六六條一項）若シ口頭辯論終結後ニ於テ假執行ニ關スル申立アリタルトキハ形式上不適法トシテ其申立ヲ却下セサルヘカラス故ニ當事者カ口頭辯論終結前ニ假執行ノ申立ヲ爲サヽルトキハ假執行ノ宣言ヲ得ルニ由ナキヲ以テ口頭辯論終結後ニ强制執行ノ危險發生シタルトキハ假差押又ハ假處分ニ依リ之カ保護ヲ求ムルコトヲ得ル

ニ過キス（七三八條七五五條）。

假執行ニ關スル申立ハ受訴裁判所ニ之ヲ爲スヘキモノトス假執行ノ宣言ニ關スル申立ハ獨リ第一審ニ於テ之ヲ爲スコトヲ得ルニ止マラス控訴審ニ於テ其判決ニ關シ又ハ第一審判決ニ關シ之カ申立ヲ爲スコトヲ得ヘシ蓋シ假執行宣言ノ申立ハ四一六條ニ所謂新ナル請求ヲ主張スルモノト云フヘカラサルヲ以テナリ而テ當事者カ控訴審ニ於テ第一審判決ニ關シ假執行ヲ申立ツル場合トハ當事者ノ一方ニ敗訴ヲ言渡タル第一審判決ニ對シ其者カ控訴ヲ申立テタルトキ相手方カ附帶控訴ヲ以テ新ニ假執行ノ宣言ヲ求ムル場合又ハ第一審ニ於テ敗訴ノ判決ヲ受ケタル當事者一方カ其判決ニ對シ控訴ノ申立ヲ爲シ且ツ新ニ五〇四條又ハ五〇五條ニ揭クル假執行ノ申立ヲ爲ス場合ヲ云フ此等ノ場合ニ於テ控訴裁判所ハ申立ニ因リ本案ノ裁判ヲ爲スニ先チ假執行ニ付キ辯論及裁判ヲ爲スヘク（五一一條一項改四五九條一項）此判決ハ一部判決ニシテ五一〇條一項ニ從ヒ爾後言渡サルヘキ本案ノ終局判決ニヨリ效力ヲ失フコトアルヘキヲ以テ解除條件附判決ト云フヘシ。

上告審ニ於テ上告審ノ對席判決ニ關スル假執行ノ申立ハ之ヲ許サス何トナレハ上告審ノ判決カ闕席判決タラサル以上ハ言渡ニ依リ即時ニ確定スルヲ以テ假執行ノ宣言ヲ付スルノ必要ナケレハナリ然レトモ闕席判決ハ其言渡ニ依リ確定セサルヲ以テ假執行ニ關スル申立ヲ爲スコトヲ得ヘシ。

控訴審ニ於テ假執行ヲ申立サリシ當事者ハ事件カ上告審ニ繋屬スル場合ニ在リテハ假執行ノ申立（五〇三條乃至五〇五條）ヲ許サス何トナレハ上告審ニ於テ控訴審ノ判決ヲ變更スルハ控訴審ノ判決カ法律ニ違背シタルトキニ限ル而シテ控訴審ニ於テ假執行ニ關スル申立ナカリシトキハ法律ノ違背アラサレハナリ然レトモ債權者カ五〇九條ニ從ヒ控訴審ノ判決ニ關シ假執行ノ申立ヲ爲シ得ルハ前述ノ如シ。

假執行ノ宣言ヲ求ムル申立ヲ爲サヽリシ當事者ハ訴訟カ故障ノ申立ニヨリ闕席前ノ程度ニ復シタル場合ニ於テ假執行ニ關スル申立ヲ爲スコトヲ得ヘシ。

（ロ） 假執行ニ關スル宣言ハ執行スヘキ判決ノ成分ヲナスモノナルヲ以テ之レカ裁判ヲ爲スニ當リテハ職權ヲ以テスルト又ハ申立ニ因リテ之ヲ爲ストヲ問ハス又假執行ヲ止ムルト又ハ條件ヲ付スルトニ拘ラス之ヲ判決ノ主文ニ掲クルモノトス（五〇七條改二六六條二項）而テ五〇七條ニ假執行ニ付テノ裁判トハ假執行許否ニ關スル裁判ニ外ナラサレハ假執行ヲ爲ス裁判假執行ヲ爲スヘカラサル旨ヲ宣言スル裁判假執行ヲ却下スル裁判又ハ條件附ノ假執行ノ宣言ヲ爲ス裁判ハ假執行ニ付テノ裁判ナリ五〇二條乃至五〇五條ノ申立（保證ノ申立ヲ含ム）ハ判決ヲ受クヘキ事項ノ申立ナリ何トナレハ此申立ハ終局判決ノ內容ヲ確定スレハナリ從テ此申立ハ二二二條ニヨリ口

頭辯論ニ於テ書面ニ基キ之レヲ爲スコトヲ要ス申立ハ口頭辯論ノ目的ヲ爲スカ故ニ判決ニヨリテノミ裁判スルコトヲ得而シテ此裁判ニ對スル不服ノ申立ハ控訴ニ限リ之ヲ許シ抗告ニヨリ不服ヲ申立ツルコトヲ得ス控訴ハ執行シ得ヘキヤ否ヤニ制限スルコトヲ得上告ハ五一一條三項ニヨリ之ヲ許サス(改四五九條三項)。

當事者ノ一方カ闕席シタル場合ニ於テ右申立ヲ書面ヲ以テ適當ナル時期ニ相手方ニ通知セサルトキニハ假執行ヲ求ムル申立ニ付テノ闕席判決ノ申立ハ二五二條一項二號ニヨリ決定ヲ以テ却下スヘキナリ此決定ニ對シテハ二五三條ニヨリ即時抗告ヲ爲スコトヲ得支拂命令ニ對シ異議ヲ申立タル後訴訟カ區裁判所ニ繫屬スル場合ニ於テ闕席判決ヲ爲ストキニハ例外トシテ五〇二條五號ニヨル假執行ノ宣言ノ申立ヲ書面ニヨリ更ニ通知セサルモ可ナリ何トナレハ此申立ハ支拂命令ノ申請中ニ包含スレハナリ又五〇三條ニ從ヒ假執行ノ宣言ヲ受クヘキ申立ヲ爲ス理由トシテ供述スル事實ヲ適當ナル時期ニ通知シタルトキハ二四八條ノ場合ニ於テ自白シタルモノト看做シ闕席判決ヲ爲ス然レトモ其申立ヲ正當ト爲ササルトキハ之ヲ理由ナシトシテ二四八條末段ニヨリ却下スヘキナリ此裁判ハ控訴ヲ爲シ得ル一部判決ナリ。

五〇一條ニ依リ職權ヲ以テ假執行ヲ宣言スヘキ場合又ハ五〇二條五〇三條ニ規定シタル假執行ノ

宣言ヲ求ムル債權者ノ申立ヲ看過シ假執行ニ付テノ裁判ヲ爲ササルトキハ二四二條及二四三條ノ規定ニ從ヒ判決ノ補充ヲ爲スコトヲ得（五〇八條改二八〇條）此ノ判決ハ性質上一部判決ナリ何トナレハ訴訟物ノ一部分ヲ目的トスレハナリ債權者カ判決ノ補充申立期間ヲ懈怠シタルトキハ其補充ノ申立ヲ爲スコトヲ得サルモ判決ニ對シ故障又ハ控訴ノ申立アリタル場合ニハ債權者ハ更ニ故障申立ニ關スル口頭辯論ニ際シ假執行ノ申立ヲ爲シ又ハ控訴審ニ於テ其言渡サルヘキ判決ニ假執行ノ宣言ヲ付スヘキコトヲ申立ツルコトヲ得ヘシ然レトモ債權者ハ裁判所カ假執行ノ申立ヲ看過シタル點ニ付キ上訴ヲ以テ裁判所ノ不行爲ヲ攻擊スルコトヲ得ス蓋シ上級審ハ前審ノ判決ノ目的トナラサル申立ニ付キ裁判ヲ爲スコトヲ得サレハナリ裁判所カ假執行ニ關スル債務者ノ申立ヲ看過シタルトキハ債務者ハ上訴又ハ故障ノ申立ニヨリ之レカ救濟ヲ求ムルコトヲ得但シ此場合ニ於テハ判決ノ補充ヲ爲ス餘地存セサルモノトス蓋シ債務者ノ斯ル申立ニ補充ヲ許ストセハ事實上判決ヲ變更スルコトト爲リテ二四〇條ニ違背スレハナリ。

當事者カ第一審判決ニ對シ控訴ヲ爲スニ當リ假執行ニ付テノ裁判及本案ノ裁判ニ對シ同時ニ不服ヲ申立ツルコトヲ得ヘク又ハ單ニ假執行ニ付テノ裁判ニ對シ不服ヲ申立ツルコトヲ得ヘシ而シテ單ニ假執行ニ付テノ裁判ニ對シ控訴ヲ申立タル當事者ハ爾後本案ニ對シ控訴ノ申立ヲ擴張スルコ

トヲ得ヘク又其相手方ハ本案判決ニ對シ附帶控訴ヲ提起スルコトヲ得ヘク又當事者一方カ本案ノ判決ニ對シ控訴ヲ申立テタルトキハ其相手方ハ假執行ニ付テノ裁判ニ對シ附帶控訴ヲ爲スコトヲ得ヘシ。

債權者カ假執行ニ付テノ裁判ニ對シ不服ノ申立ヲ爲スハ裁判所カ假執行ヲ訴サス又ハ條件附ニテ假執行ヲ許シタル場合ニシテ債務者カ此裁判ニ對シ不服ノ申立ヲ爲スハ裁判所カ假執行ノ宣言ヲ爲シ又ハ假執行ニ條件ヲ付セサル場合ナリ又債權者若クハ債務者カ裁判所ノ定メタル保證ノ額ヲ不當トスルトキハ假執行ニ付テノ裁判ニ對シ不服ヲ申立ツルコトヲ得ヘシ。

以上說明スル所ニヨリ第一審判決カ本案並ニ假執行ニ付同時ニ不服ヲ申立ラレタル場合ニハ當事者雙方ハ何レモ其判決ニ基キ强制執行ヲ開始セラレタルト又ハ終結セラレタルトヲ問ハス先ツ假執行ニ付キ辯論及裁判ヲ爲スコトヲ求ムルノ權利アリ(五〇一條一項改四五九條一項)蓋シ當事者ハ何レモ自己ニ不利益ナル假執行ニ付テノ裁判ヲ取消シ又ハ變更スル第二審判決ヲ得ルニ付キ利益ヲ有スレハナリ而テ控訴審ニ於テ先ツ假執行ニ付テ辯論及裁判ヲ爲スニ當テハ固ヨリ職權ヲ以テ控訴ノ適法ナルヤ否ヤハ調査セサルヘカラサルモ(四一九條)下級審ニ於ケル本案ノ裁判ノ當否ニ關係ナク獨立シテ假執行ノ點ニ關シ調査セサルヘカラス假執行ノ宣言ニ付テノ判決ハ終局的

一部判決ニシテ中間判決ニアラス假執行ニ付キ先ツ辯論スヘキ旨ノ申立ヲ却下シタル場合ニハ抗告ヲ許サス何トナレハ此場合ハ口頭辯論ヲ必要トスレハナリ（四五五條）假執行ノ辯論ニ關シテハ四一〇條ノ規定ヲ適用セス（五一一條二項改四五九條二項）是レ當事者ハ假執行ニ付テノ裁判ヲ取消シ又ハ變更スル裁判ヲ速カニ得ルニ付キ利益ヲ有スレハナリ然レトモ之カ爲メニ本案辯論ニ付キ四一〇條ノ適用ヲ妨クルモノニアラス何トナレハ此場合ニ於テハ急速ニ終了スル必要ナケレハナリ第一審ニ於テ爲シタル假執行ニ付テノ裁判ハ一般原則ニ從ヒ故障ノ申立又ハ上訴ヲ以テ不服ヲ申立ツルコトヲ得ヘシ然レトモ控訴審ニ於テ爲シタル假執行ニ付テノ判決ニ對シテハ其判決カ控訴審ニ於テ新ニ爲セル假執行ノ宣言ノ申立ニヨルト下級審ニ於テ假執行ニ付キ裁判シタルカ爲メ控訴ノ目的トナル假執行ニ付キ爲シタルモノナルト又其判決ノ內容カ或ハ假執行宣言ニ對スル控訴ヲ棄却シタルト假執行ノ宣言ヲ廢棄又ハ變更シタルト或ハ控訴審ニ於テ假執行ノ宣言ヲ付シタルトヲ問ハス共ニ上告ヲ以テ不服ヲ申立ツルコトヲ許サス（五一一條三項改四五九條三項）是レ假執行ニ關スル當事者ノ利害關係ハ一時的ナルカ故斯カル判決ニ對シ上告ヲ許ス必要ナケレハナリ。

六　假執行ノ取消及停止

甲　判決ノ結果ニ因ル假執行ノ取消

（イ）　假執行ノ宣言ヲ付シタル判決ニ對シ不服ノ申立（上訴又ハ故障）ヲ爲シ其結果本案ノ判決又ハ假執行ノ宣言ヲ取消廢棄（二六一條）破毀（四四七條）又ハ變更（四二〇條四二五條）スルノ判決アリタルトキハ其判決ニヨリ其限度ニ於テ假執行ノ效力ヲ失フヘキモノトス（五一〇條一項改二六七條一項）茲ニ本案トハ假執行ニ對スル義ニシテ訴訟法上ノ理由ニヨリ訴ヲ却下スル判決ハ即チ茲ニ所謂本案判決ナリ又無條件ノ假執行ノ宣言ヲ條件附ノ假執行ノ宣言ニ變更シ又ハ假執行ノ宣言ヲ判決ノ或ル部分ニ制限スルカ如キハ假執行宣言ノ變更ナリ。

本案ノ裁判又ハ假執行ノ宣言ヲ取消又ハ變更スルノ判決ハ其確定又ハ送達ヲ待タス唯其言渡アルニヨリ假執行ハ當然直ニ其效力ヲ失フヘキモノトス故ニ斯ル判決言渡以後ニ爲シタル執行行爲ハ無效ニシテ債權者若クハ執行機關カ其判決ノ言渡アリタルコトヲ知ルト知ラサルトヲ問ハサルナリ而シテ債務者カ其執行ヲ停止スルニハ五五〇條ニヨリ取消又ハ變更スルノ判決正本ヲ提出スルヲ要ス然レトモ判決言渡以前ニ於テ既ニ爲シタル執行處分ハ該判決ノ言渡ニヨリ當然其效力ヲ失フモノニアラス五五〇條一號及五五一條ノ規定ニ從ヒ之カ取消ヲ爲スヘキモノトス即チ債務者カ執行スヘキ判決又ハ其假執行ノ取消又ハ變更スル所ノ執行力アル裁判ノ正本ヲ提出スル場合ニ於

テハ強制執行ヲ停止シ又ハ制限スヘク既ニ爲シタル執行處分ハ取消スヘキモノナルカ故ニ本案ノ裁判又ハ假執行カ取消サレタルトキニハ債務者ヨリ執行免除ノ爲メニ立タル保證ハ不用トナリ債務者ハ供託物ヲ取下クルコトヲ得ヘク無條件執行ノ代リニ債權者カ保證ヲ立ツルコトヲ條件トシタル執行ニ變更シタルトキニハ若シ債權者カ保證ヲ立テサレハ執行ヲ停止シ且ツ既ニ爲シタル執行處分ヲ取消スヘキナリ無條件ノ執行ノ代リニ債務者ニ保證ヲ立テシメ執行ヲ免除シタルトキニハ執行ノ停止及執行處分ノ取消ヲ爲ス爲メニ債務者カ保證ヲ立ツルコトヲ要スルナリ。

（ロ） 假執行ハ本案ノ裁判又ハ假執行ノ宣言ヲ取消變更シタル判決ニヨリ其效力ヲ失フコトアリト雖モ債務者ハ既ニ假執行ノ宣言ニ基キ債權者ニ金錢ノ支拂又ハ物品ノ給付ヲ爲シタル場合アルヲ免レス此場合ニ於テ單ニ假執行ノ宣言ノミヲ取消變更スルハ債權者カ判決ニヨリ終局的ニ認メラレタル請求權ヲ時期尚早ニ執行シタル爲メニ外ナラサレハ既ニ債務者ヨリ支拂又ハ給付シタルモノヲ返還スルマテノ必要ヲ見サルモ假執行ノ宣言アリタル本案ノ判決ヲ取消又ハ變更スルトキハ四二七條二項四九二條二項末段ノ場合ト同シク債權者ハ支拂又ハ給付ヲ受ケタル原因ヲ失フヲ以テ之ヲ債務者ニ返還スヘキハ當然ノ理ナリトス故ニ假執行ノ宣言アリタル本案ノ判決ヲ廢棄若クハ破毀又ハ變更スルトキハ判決ニ基キ被告ノ支拂又ハ給付シタルモノノ辨濟ヲ被告ノ申立ニ

因リ判決ヲ以テ原告ニ言渡スヘキモノトス（五一〇條二項改二六七條二項）此裁判ハ訴訟ノ繋屬中ニ於テ中間ノ申立ニ因リ之ヲ爲ス其申立ハ不當利得返還請求ノ性質ヲ有スルモノニシテ之ニヨリ請求權ニ權利拘束ヲ生セシメ二四四條ニ依リ確定的ニ裁判セラルルモノトス然レトモ反訴ニアラサルヲ以テ控訴審ニ於ケル四一六條ノ制限ヲ受クルコトナシ此ノ請求權ノ目的物ハ支拂又ハ給付シタルモノノ返還卽チ原狀回復ニ在ルヲ以テ債務者カ債權者ニ支拂ヒタル金錢又ハ給付シタル物件訴訟費用及執行費用ハ其任意ニ出テタルト强制執行ニ依ルトヲ問ハス皆之ヲ包含スト雖モ損害ノ賠償ハ之ニ屬セス債務者カ損害賠償ノ請求ヲ爲スニハ民法ノ定ムル所ニ從ヒ別ニ訴ヲ提起セサルヘカラス支拂ヲ受ケタル日以後ノ利息ハ損害賠償トシテ請求スルコトヲ得ルニ止ルヲ以テ此請求權ノ目的タルモノニアラスト主張スルモノアルモ此訴ハ不當利得ヲ原因トスル原狀回復ヲ目的トスルヲ以テ利息ヲ支拂ハシムルニヨリ事物カ完全ニ執行前ノ原狀ニ回復シタルモノト云フコトヲ得ヘケレハ利息モ此訴訟ニ依リ請求スルコトヲ許ササルヘカラス。

此訴ハ五〇一條乃至五〇三條ニヨリ假執行ノ宣言ヲ付シタル判決及執行命令カ本案ニ於テ取消又ハ變更セラレタルコトヲ要ス單ニ假執行カ取消サレタルノミニテハ不十分ナリ唯原告ノ請求ヲ終局的ニ排斥セストモ苟モ取消裁判タル以上ハ請求權ヲ條件附又ハ期限附トシテ認メタルト或ハ訴

訟法上ノ理由ニヨリ却下又ハ條件附控訴判決ノ場合及四二二條四二三條四二七條ニ依ル差戻ノ場合ニ於ケル如ク一般ニ訴ニ付キ裁判セサルトヲ問ハス之ヲ以テ足ルモノトス。

申立ハ相手方ノ承諾ナクシテ控訴審ニ爲スコトヲ得ルノミナラス上告審ニ於テ之ヲ爲スコトヲ得而シテ四〇五條四四二條ニ依ル附帶ヲ必要トセス控訴裁判所ハ申立ニ關シ自ラ裁判スヘキナリ(四二二條)之ニ反シ上告裁判所ハ尚ホ進テ事實ノ確定ヲ待ツニアラサレハ裁判スルコト能ハサル限リ四四八條ニヨリ申立ニ關スル事案ヲ控訴裁判所ニ差戻サヽルヘカラス。

申立ハ取消又ハ變更スル判決ニ接着スル口頭辯論ノ終結ニ至ルマテ主張スルコトヲ得又訴訟ノ如何ナル程度ニ於テモ之ヲ爲スコトヲ得證書訴訟爲替訴訟ノ上級審ニ於テモ又此種ノ爾後手續ニ於テモ之レヲ爲スコトヲ得然レトモ各審級ノ終局判決言渡後ニ之ヲ爲スコトヲ得ス被告カ現ニ繫屬スル訴訟ニ於テ右申立ヲ爲サヽルトキハ其權利ヲ行使セントセハ新ニ訴ヲ提起セサルヘカラス。

申立ヲ爲シタル後ニ訴カ取下ケラレタルトキハ申立ハ完結スルコトヲ得サルモノトス。

申立ハ判決ヲ受クヘキ事項トシテ二二二條ニヨリ書面ニ基キ之ヲ爲スコトヲ要ス三八〇條二項ニヨリ明確ニスヘク二五二條一項二號ニヨリ通知スルヲ要ス通知アリタル後ニハ原告闕席スルモ此申立ヲ爲スコトヲ得而シテ二四八條ニ從ヒ申立ニヨリ原告ニ對シ闕席判決ヲ爲スコトヲ得被告闕

席シタルトキ二四六條ニアル申立ノ却下ハ反訴ノ場合ニ於ケル如ク申立カ前ノ口頭辯論ニ於テ爲サレタル限リ之レヲ爲スコトヲ得。

本案ノ判決ニ基キテ被告ノ辨濟シタルモノノ返還ヲ其申立ニヨリ原告ニ言渡ス裁判ハ本案ノ判決ヲ取消又ハ變更スル判決ニ於テ之ヲ爲シ又ハ其判決後ニ於ケル新ナル判決ニ於テ之レヲ爲スコトヲ得ヘシ又此裁判ハ一般ノ原則ニ從ヒ其確定シタルトキ又ハ假執行ノ宣言アルトキニ限リ之レヲ執行スルコトヲ得ルモノトス。

乙　不服申立ニ因ル假執行ノ停止

假執行ノ宣言ヲ付シタル判決ニ對シ不服ノ申立アルモ之カ爲メ其效力ハ直ニ消滅スヘキモノニアラス然レトモ故障又ハ上訴ヲ爲シタル者ハ其宣言ニ基ク强制執行ノ停止ヲ申立ツルコトヲ得ヘシ(五一二條五〇〇條改六三五條)。

此申立ハ故障又ハ上訴ヲ提起シタル裁判所ニ爲スヘキナリ五一二條及五〇〇條ニ基キ發シタル命令ハ假執行ニ關スル裁判ヲ取消スモノニアラスシテ單ニ强制執行ヲ一時停止シ又ハ强制執行ヲ保證ヲ立ツルコトニ繫ラシメ又ハ保證ヲ立テシメテ其爲シタル强制處分ヲ取消スコトニ關スルモノナリ此命令ハ假執行ヲ宣言シタル判決カ確定シタル限リ法律上當然其效力ヲ失フモノトス故障又

ハ上訴カ取下ケラレタルトキ亦同シ假執行ノ宣言ヲ附シタル判決又ハ假執行ノ宣言カ取消又ハ變更セラレタルトキハ此命令ハ五一〇條一項ニヨリ無對象トナルナリ。

判決カ保證ヲ條件トシテ假執行ノ宣言ヲ付シタルトキハ（五〇三條五〇五條）五一二條ニヨリ常ニ債務者ニ保證ヲ立テシメ又ハ保證ヲ立テシメスシテ强制執行ヲ停止シ若クハ保證ヲ立テシメ既ニ爲シタル强制處分ヲ取消スコトヲ命スルコトヲ得。

判決ニ於テ債務者ニ保證ヲ立テシメ又ハ供託ヲ爲サシメ假執行ヲ免カルルコトヲ許スヘキコトヲ宣言シタル場合（五〇五條二項）ハ常ニ保證ヲ立テシメスシテ執行ヲ停止シ又ハ保證ヲ立テシメ既ニ爲シタル强制處分ヲ取消スコトヲ命スルコトヲ得

假執行ノ宣言ヲ付シタル判決ニ基キ言渡タル訴訟費用確定決定ニ對シ其判決カ故障又ハ上訴ヲ以テ不服ヲ申立テラレタルトキ五一二條ヲ適用ス又執行命令ハ假執行ノ宣言ヲ付シタル闕席判決ト同一ナルヲ以テ同條ヲ適用スヘキナリ然レトモ同條ハ抗告ヲ以テ不服ヲ申立ツルコトヲ得ル裁判ニハ全然關係スルコトナシ（五五九條一號）此場合ニハ四六〇條二項三項ヲ適用スヘキモノトス假差押假處分命令ニ對スル不服ニ付テハ五一二條ノ適用ナシ蓋シ此裁判ハ假リニ執行スヘキモノニアラサレハナリ然レトモ假差押又ハ假處分命令ヲ取消ス判決ニ對シ不服ヲ申立テタルトキニハ同

條ノ適用アルコト勿論ナリトス。

第三　外國裁判所判決ニ對スル執行判決

强制執行ハ素ト帝國主權ニ基ク國家行爲ニシテ之レカ權利保護請求權ハ獨リ國家ニ對シテノミ存スルカ故其請求權モ亦帝國主權ノ認メタル執行名義ニ由ルニアラサレハ發生セサルモノト云ハサルヘカラス從テ外國裁判所ノ判決ハ本邦ニ於テ當然强制執行ノ基礎タル債務名義タルコトヲ得サルモノトス然レトモ現時交通頻繁ナル國際關係ニ於テ外國判決ニ因ル强制執行ヲ內國ニ於テ一切之レヲ許サスト爲スハ彼我共ニ不便甚シキヲ以テ我國民事訴訟法ハ勝訴者ヲシテ帝國裁判所ニ起訴シ執行判決即チ外國裁判所ノ言渡タル判決ヲ適法ナルコトヲ宣言スル判決ヲ得テ外國裁判所ノ判決ニ因ル强制執行ヲ爲スコトヲ得セシム(五一四條一項改六三七條一項)此執行判決ハ從來缺除シタル執行權ヲ創設スルモノナルカ故ニ外國判決ハ强制執行ノ債務名義トナルモノニアラスシテ內國ノ執行判決カ執行名義トナルナリ。

執行判決ヲ求ムル訴ハ既存ノ執行力ノ確定ヲ求ムルニアラス之レ蓋シ外國判決ハ前示ノ如ク內國ニ於テ執行力ヲ缺除シ而カモ執行判決ハ執行文ノ如ク執行ニ關シ證明書タルモノニアラスシテ却テ執行名義自體ナレハナリ。又此訴ハ實體權ニ執行力ヲ與フル爲メニ其實體權ヲ原因トスルモノ

ニアラス之執行判決總體ノ要件ハ外國判決ニ繋ルモノニシテ請求權ニ關係スルコトナク從テ請求ハ訴訟ノ直接ノ目的物卽チ一九〇條ノ意義ニ於ケル主張セラレタル請求タルモノニアラサレハナリ但シ該請求ノ確定ハ執行判決ノ條件ノ一ヲ爲スハ勿論ナリトス而シテ此訴ハ執行ノ宣言ヲ求ムル公法的請求權ヲ主張スルモノニシテ其判決ハ外國判決ニ從來缺除スル所ノ執行力ヲ與フル形成判決ナリ。

執行判決ハ獨リ外國判決カ給付ヲ言渡シタル場合ニ之ヲ必要トスルノミナラス又確定形成若クハ却下判決ニ於ケル廣義ノ執行力ヲ主張スル限リ就中訴訟費用確定ノ目的ノ爲メニ之レヲ必要トスルモノトス然レトモ單ニ實體的確定ヲ主張スル爲メニハ之レヲ必要トスルニハアラス。

一　執行判決ヲ求ムル訴及其管轄

執行判決ヲ求ムル債權者ハ債務者ニ對シ通常訴訟手續ニ依リ執行判決ヲ求ムル訴ヲ起サヽルヘカラス（五一四條二項改六三七條二項）此ノ訴ノ事物ノ管轄ハ裁判所構成法ニヨリ定ムヘキモノトス（構成法一四條二六條）但シ訴訟物ノ價格ノ算定ハ其訴訟ノ提起ノ日時ニ於ケル價格ニ依ルヘキモノニシテ外國ニ於ケル起訴當時ノ請求額ニ依リ算定スヘキモノニアラス故ニ外國裁判所ニ於ケル原告ノ請求額ハ本邦通貨ニ換算シ六百圓ナリシカ判決ノ結果四百圓トナリタルトキニ於テ其判

決ニ基キ執行判決ヲ求メントセハ之レヲ管轄スヘキ裁判所ハ地方裁判所ニアラスシテ區裁判所ナリトス而テ價格ノ算定ハ一般ノ規定ニ從ヒ第三條乃至第六條ヲ適用スヘキモノトス裁判所構成法第一四條二項ニ依レハ特種ノ事件ハ訴訟價格ニ拘ラス區裁判所ノ管轄ニ屬ス然レトモ執行判決ヲ求ムル外國裁判所ノ判決ハ此種ノ訴訟ニ關スルトキト雖モ前段ノ規定ニ拘ラス一般ノ原則ニ從ヒ金額五百圓ヲ限度トシ或ハ區裁判所或ハ地方裁判所ノ管轄ニ屬セシムヘキモノトス是レ蓋シ執行判決ヲ求ムル訴ハ、執行ニ關スル訴訟ニシテ裁構法一四條二項ノ訴ニアラサレハナリ又商事裁判所ノ設アル佛獨等ノ如キ外國ニ於テ言渡シタル判決ニ付執行判決ヲ求メタルトキハ外國裁判所ニ提起シタル訴カ商事ニ屬シタルモノト雖モ之レカ執行判決ヲ爲ス裁判所ハ我民事裁判所ナリ是唯ニ我邦ニ於テ商事裁判所ノ設ナキカ故ニ然ルニアラス執行判決ヲ求ムル訴訟其モノカ商事ニアラスシテ民事タルカ故ナリ。

土地ノ管轄ハ第一〇條一一條及一七條ニヨリ之ヲ定ム（五一四條二項五六三條改六三七條二項六九一條）。

二　辯論及裁判

執行判決ヲ求メラレタル內國裁判所ハ先ツ執行判決ヲ求ムル判決カ外國裁判所ノ終局判決タルヤ

又其內容ニ從ヒ執行判決ヲ言渡シ得ヘキカ否ヤヲ審査セサルヘカラス如何ナル外國ノ官廳カ外國ノ裁判所ナルヤ否ヤハ其官廳所屬國ノ法律ニ從ヒ裁判權ヲ行使スルヤ否ャニ依リテ之ヲ定ム故ニ外國行政官廳ノ行政處分及外國ニ於ケル仲裁判斷等ハ執行判決ヲ與ヘ得ヘカラス然レトモ外國裁判所ノ判決タル以上ハ其體裁名稱ノ如キハ素ヨリ問フ所ニアラス故ニ外國裁判所ノ支拂命令ナルモ苟モ確定判決ノ效力ヲ有スル以上ハ內國裁判所ニ於テ執行判決ヲ與ヘ得ヘシ之レニ反シ外國裁判所ノ留保判決假差押及假處分ノ命令ノ如キハ通常執行判決ヲ與ヘ得ヘキモノニアラス之レ此種ノ裁判ハ終局的ニ實體上ノ權利ヲ確定シタルモノニアラサルカ故ニ執行判決ノ基本ト爲スヘカラサレハナリ。

執行判決ハ外國裁判所ノ言渡シタル裁判ノ當否ヲ調査セスシテ之ヲ爲スヘキモノトス（五一五條一項改六三八條一項）故ニ外國裁判所ノ判決カ外國ノ法律ニ從ヒ訴訟條件具備シタルヤ訴訟手續カ適式ナリシヤノ事實ハ正當ニ認定判斷セラレシカ及該事實ニ對スル法律ノ適用ハ相當ナリシヤ否ヤヲ調査スルヲ得ス佛國ニ於テハ外國判決ヲ自國ニ於テ執行セシムルニ付テハ裁判官ハ更ニ事實上ノ辯論及裁判ヲ許スカ如シ（佛訴訟法五四六條佛民法二一二三條二一二八條）故ニ外國裁判所ノ裁判カ强行法ニ違背スル場合ト雖モ債務者ハ執行判決ヲ求ムル訴訟手續中其違法ヲ主張スルコ

トヲ得ス之カ違法ヲ主張セントセハ唯外國ノ訴訟法ニ從ヒ管轄外國裁判所ニ於テスルノ途アルノミ然レトモ外國裁判所ノ裁判ニ對シ再審ノ訴カ管轄外國裁判所ニ繋屬シタルトキハ內國裁判所ニ於ケル執行判決ヲ求ムル手續ハ之ヲ中止スルコトヲ得ヘシ(一二一條)但外國裁判所ニ於テ言渡シタル執行判決ノ確定以後ニ外國裁判所ノ確定判決カ其本國ニ於テ開カレタル再審ノ手續ニ依リ廢毀若クハ破棄セラレタルトキハ債務者ハ之ヲ理由トシ五四五條ニ依リ內國裁判所ニ對シ執行判決取消ノ訴ヲ起スコトヲ得ヘク執行判決ヲ求ムル訴訟ノ終結ニ至ルマテ抗辯トシテ之ヲ主張スルコトヲ得ヘシ。

執行判決ヲ求ムル手續ハ通常訴訟手續ニ依ルヘキモノトス故ニ訴ノ提起口頭辯論懈怠ニ因ル闕席判決其他ノ判決及上訴故障等ニ至ルマテ總テ判決裁判所ニ於ケル通常訴訟手續ニ依ルヘキナリ而シテ證書訴訟ノ如キ特別ノ訴訟手續ニ依ルコトヲ許サス之此種ノ訴訟ハ執行判決ヲ求ムルヲ目的トシ金錢其他代替物ノ給付ヲ目的トスル請求ヲ目的ト爲サザレハナリ。

執行判決ニ由リ强制執行ヲ爲スニハ確定シタルコト若クハ假執行ノ宣言アルコトヲ必要トスルハ他ノ判決ト異ルコトナシ又執行文ノ付與ハ執行判決ニ付與スヘキモノトス。

執行判決ハ外國裁判所ノ判決ノ當否ヲ調査セスシテ爲スヘキモノナリト雖モ外國判決ノ執行カ國

權ヲ侵害シ秩序ヲ紊リ若クハ國民ノ利益ヲ害スルトキハ之ヲ許容スルコトヲ得ス故ニ裁判所ハ左ノ列記スル事項ヲ職權ヲ以テ調査シ其事由ノ一ニ該當スル場合ニ於テ執行判決ヲ求ムル訴ヲ却下スヘキモノトス（五一五條改二八四條）

（イ）　外國ノ裁判所ノ判決ハ確定トナリタルコトヲ證明セサルトキ

茲ニ判決ノ確定トハ我訴訟法ノ意義ニ從ヒ形式的ノ確定卽チ其判決ニ對シ故障ヲ申立若クハ上訴ヲ提起スルコトヲ得サルコトヲ云フ（四九八條一項）而テ此形式的確定ノ存否ハ判決ヲ爲シタル外國裁判所所屬國法ニ從ヒテ判斷セサルヘカラス何トナレハ外國ニ於ケル訴訟行爲ノ效力ヲ生スルニ必要ナル條件ハ其外國法ニ從ヒ之ヲ定ムヘキモノナレハナリ。

（ロ）　本邦ノ法律ニ依リ强テ爲サシムルコトヲ得サル行爲ヲ執行セシムルトキ

我國ニ於ケル訴訟行爲ハ我國法ニ從ヒ之ヲ爲スヘキモノニシテ强制執行モ亦我國法ノ定ムル所ニ從ヒ之ヲ實施セサルヘカラス故ニ外國判決ノ內容カ我國法ニ從ヘハ强制執行トシテ强テ爲サシムルコトヲ得サル行爲ヲ目的トスル場合ニ之カ執行ヲ許スヘカラス。

（ハ）　本邦ノ法律ニ從ヘハ外國裁判所カ管轄權ヲ有セサルトキ。

本邦ノ法律ニ依レハ司法裁判所ト行政裁判所トハ各管轄ヲ異ニシ又司法裁判所ニハ事物ノ管轄ノ

定アリ然レトモ此管轄權ハ各國々法便宜ニ規定スルモノニ係リ各其規定ヲ異ニスルヲ以テ內國裁判所其國法ニ依リ無訴權若クハ管轄違ナルヤ否ヤヲ調査シ判斷スヘキモノアラス之此等ノ權限ニ相違アルモ其判決ノ效力ヲ認ムルニ於テ本邦ノ利害ニ何等ノ影響ヲ及ホスコトナケレハナリ然レトモ土地ノ管轄ニ付テハ自ラ趣ヲ異ニスルモノアリ若シ外國裁判所カ管轄ナキニ拘ラス裁判シタル判決ヲ以テ本邦ニ於テ執行ヲ許ストキハ其外國ノ裁判權行使ニヨリ我裁判權ヲ侵害セラルルノミナラス時トシテハ外國ニ在ル本邦人ハ裁判權ヲ有セサル外國裁判所ノ裁判權ニ服セサルヘカラサルノ虞ナシトセサレハナリ然ラハ斯カル判決ニ對シ執行ヲ許スヘカラサル亦多言ヲ要セサルヘシ故ニ爰ニ管轄權ヲ有セサルトハ外國裁判所カ我國法ニ從ヒ土地管轄卽チ裁判籍ヲ有セサルトキト解スヘキナリ從テ我裁判所ハ執行判決ヲ求メラレタルトキニハ外國ニ於テ爲シタル判決ノ被告カ外國裁判所ノ管轄區域內ニ住所ヲ有スルヤ若クハ永ク滯在スルヤ又ハ外國ハ契約履行地ナルヤ等ヲ調査セサルヘカラス故ニ例ヘハ本訴訟ノ目的物ハ不動産ニシテ不動産裁判籍ハ本邦ニ在ル事件ニ付テ外國裁判所カ判決シタル場合ニハ執行判決ヲ求ムル訴ヲ却下セサルヘカラス。

（二）　敗訴ノ債務者本邦人ニシテ應訴セサリシトキ但訴訟ヲ開始スル呼出又ハ命令ヲ受訴裁判所々屬ノ國ニ於テ又ハ法律上ノ共助ニヨリ本邦ニ於テ本人ニ送達セサリシトキニ限ル。

是レ外國裁判所ニ於テ開始シタル訴訟ヲ知ラスシテ且ツ何等ノ審理ヲ爲ス事ナクシテ敗訴ノ言渡ヲ受タル日本人ヲ保護スル條件ナリトス爰ニ應訴トハ被告カ原告ノ訴ニ對シテ答辯ヲ爲ス事ヲ云フ即チ辯論期日ニ出頭シ及答辯書ヲ提出スル如キ本案辯論前ニ爲スヘキ妨訴ノ抗辯ノ如キヲ云フ而テ該條件ニヨリ保護ヲ受クル敗訴者ハ訴訟開始ノ當時ニ於テ本邦人タル事ヲ必要トシ外國裁判所ニ於テ判決ノ言渡ヲ受ケタルトキ及執行判決ヲ求ムルノ訴起リタル時ニ於テ日本人タルヲ要セサルナリ故ニ外國ニ於ケル訴訟開始後外國人カ被告タル日本人ヲ承繼シタル場合ニ於テハ此承繼人ハ以上述ヘタル保護ヲ享クヘシト雖トモ之ニ反シ日本人カ被告タル外國人ヲ承繼シタル場合ニ在リテハ其保護ヲ享クヘキモノアラス。

又敗訴者ハ債務者ノ應訴セサリシモノニシテ其應訴セサリシ事ハ啻ニ其懈怠ニ出ツルノミナラス訴訟ヲ開始スル呼出又ハ命令ノ送達ヲ受ケサリシ爲メ訴訟ノ起リタル事ヲ覺知セサリシニ依ラサルヘカラス而シテ其送達ハ本人ニ爲スヘキモノナルカ故ニ公示送達又ハ補充送達ノ方法ニ依ラスシテ之ヲ爲シタルモノヲ云フ。

（ホ） 國際條約ニ於テ相互ヲ保セサルトキ。

外國ニ於テ我國ノ確定判決ノ當否ヲ調査スル事ナク執行力ヲ與フルトキ其國ニ於テ與ヘラレタル

判決モ亦我國ニ於テ執行ヲ許シテ可ナリ之國際法上相互主義ヲ通例トスレハナリ之ニ反シ外國ニ於テ我判決ノ執行ヲ許サヽルモノ在レハ我亦殊更ニ好意ヲ以テ彼ニ判決ノ執行ヲ許スノ要ナシ此場合ニ於テハ當然執行判決ヲ却下スヘキモノトス而シテ國際上彼我相互ヲ保スルモノハ或ハ法律ニ依リ或ハ慣習ニ依リ或ハ宣言ヲ以テス然レトモ我訴訟法ハ國際條約ヲ以テ相互ヲ保スルコトヲ條件トシタルヲ以テ外國ノ法律ニ於テ假令我訴訟法ト同一ノ規定ヲ設クルニ拘ラス未タ條約ヲ以テ執行判決ヲ保セサル以上ハ我裁判所ニ對シ執行判決ヲ求ムル訴起リタルトスルモ我國ノ裁判所ハ此ノ訴ヲ却下スルヲ妨ケス。

第四　仲裁判斷ニ對スル執行判決

仲裁判斷トハ係爭ノ法律關係ニ付キ當事者間ノ仲裁契約ニヨリ裁判所以外ノ第三者タル仲裁人ノ爲シタル判斷ヲ云フ而テ仲裁判斷ハ當事者間ニ於テ確定判決ト同一ナル效力ヲ有スルモノトス然レトモ之ヲ以テ直ニ强制執行請求權ノ基本ト爲ス事ヲ得サルヲ以テ仲裁判斷ハ强制執行ノ債務名義タルモノニアラス是ヲ以テ法律ハ當事者ニ管轄裁判所ニ起訴シ以テ仲裁判斷ニ因リテ爲ス强制執行ヲ許可スル判決即チ執行判決ヲ受ケ以テ强制執行ヲ爲スコトヲ得セシム

裁判所ハ此訴ヲ裁判スルニ當リ仲裁判斷カ其效力ヲ有スルカ否ヤヲ調査スヘキモノトス又當事者

カ仲裁判斷ノ取消ヲ求ムヘキ理由存スルトキハ裁判所ハ此訴ニ付テ執行判決ヲ爲ス事ヲ得サルモノトス（八〇二條二項改九九八條二項）然レトモ其訴適法ニシテ取消ノ原因存セサル限リ裁判所ハ仲裁判斷ノ內容如何ヲ調査スル事ナク常ニ執行判決ヲ爲サヽルヘカラス。

此執行判決ノ性質及效力ハ外國裁判所ノ判決ニ付言渡シタル執行判決ト同一ナレハ參照ス可シ。

第二款　判決以外ノ債務名義

判決以外ニシテ尙ホ强制執行ノ債務名義トナリ得ヘキモノ左ノ如シ（五五九條改六八五條）

第一　抗告ヲ以テノミ不服ヲ申立ツルコトヲ得ル裁判

抗告ヲ以テ不服ヲ申立ツルコトヲ得ヘキ裁判トハ判決以外ノ決定及命令ニシテ民事訴訟法ノ規定ニ從ヒ抗告ヲ以テ不服ヲ申立ツル事ヲ得ル裁判ナリトス（四五五條）而テ決定命令ニシテ普通ノ抗告ヲ許シ若クハ卽時抗告ヲ許スモノ其數多シト雖モ總テ執行シ得ヘキ債務名義トナルモノニアラス其性質上執行シ得ヘキモノカ債務名義トナルモノニシテ彼ノ訴訟手續ノミニ關スル裁判ハ唯訴訟手續ヲ進行セシムルニ止リ爰ニ所謂債務名義タラサルナリ。

今其裁判ニシテ强制執行ノ基礎タル債務名義タルコトヲ得ルモノヲ擧レハ裁判所書記法律上代理

人辯護士其他ノ代理人及執達吏ニ對シ其過失又ハ懈怠ニ因リ生シタル費用ノ辨濟ヲ負擔セシムル決定(八三條)訴訟費用確定決定(八五條)數額追拂義務ノ決定(一〇一條)費用賠償及罰金ノ決定(二九四條三〇二條三二八條)及ヒ費用豫納ノ決定(七三三條改九一四條)等之ナリ。

抗告ヲ以テ不服ヲ申立ツルコトヲ得ル裁判ハ直ニ之ヲ執行スル事ヲ得ルモノトス然レトモ抗告ヲ以テ不服ヲ申立テラレタル裁判ヲ爲シタル裁判長若クハ裁判所ハ抗告ニ關スル裁判アルマテ其執行ノ中止ヲ命シ又ハ抗告裁判所ハ抗告ニ關スル裁判ヲ爲ス前ニ抗告ヲ以テ不服ヲ申立テラレタル裁判ノ執行中止ヲ命シタルトキ又ハ二九四條三〇一條三〇二條及六八〇條ノ場合ニ於ケル如ク抗告ノ提起カ例外トシテ執行停止ノ效力ヲ生スルトキハ抗告ヲ以テ不服ヲ申立テラレタル裁判ニ基キ直ニ强制執行ヲ爲スコトヲ得ス(四六〇條)而テ茲ニ抗告ヲ以テノミ不服ヲ申立ツルコトヲ得ル裁判トハ本來抗告ヲ以テ不服ヲ申立ツルコトヲ得ル裁判ノ謂ニシテ抗告裁判所及大審院ノ裁判ノ如キ既ニ抗告ヲ爲スノ途ナキモノヲ包含スルモノトス之レ抗告裁判所若クハ大審院ノ裁判ハ本案抗告ヲ以テ不服ヲ申立ツルコトヲ得ルモノナレハナリ。

第二　執行命令

督促手續ニ依リ債權者ノ申請ニ對シ區裁判所カ支拂命令ヲ發シタル後債務者カ十四日ノ期間內ニ

異議ヲ申立ヲ爲サヽルトキハ區裁判所ハ債權者ノ申請ニヨリ假執行ノ宣言ヲ爲スコトヲ得此支拂命令ニ假執行ノ宣言ヲ付シタルモノヲ名ケテ執行命令ト云フ(三九三條)執行命令ハ假執行ノ宣言ヲ付シタル闕席判決ト同一ノ效力ヲ有ス(三九四條)故ニ故障期間經過セスシテ該裁判未タ確定セサルモ尙ホ之ニ基キ强制執行ヲ爲スコトヲ得又故障ノ申立アリタルカ爲メ斯カル效力ヲ喪失スルコトナシ然レトモ其執行力ハ故障ヲ適法ナリトシ且ツ本案ノ辯論ヲ經判決ヲ以テ執行命令ヲ取消變更シタル限リ其範圍ニ於テノミ其效力ヲ失フモノトス之ニ對シ反對說アリ執行命令ニ對シ故障ノ申立アリ口頭辯論ヲ經故障トスル旨ノ宣言アリタルトキハ性質上債務者カ適法ナル異議ヲ申立タルト同一ノ效力ヲ生シ支拂命令ハ其效力ヲ喪失スヘキモノナルカ故ニ執行命令モ亦法律上當然效力ヲ喪失スヘキモノナルヲ以テ强制執行ヲ爲スコトヲ得スト爲スモノナリ其說非ナリ

第三　裁判上ノ和解

和解ノ如何ナルモノヤハ實體法ニ依リ決スヘキモノトス而シテ强制執行ノ債務名義トナルヘキ和解ニ二種アリ一ハ訴ノ提起前區裁判所ニ於テ爲ス和解(三八一條)ニシテ一ハ訴ノ提起後受訴裁判所又ハ受命判事若クハ受託判事ノ面前ニ於テ爲ス和解(二二一條)是ナリ此和解ハ何レモ裁判所書記カ其和解ノ趣旨ヲ調書ニ記載シテ之ヲ的確ニスヘキモノナルカ故此等ノ和解ハ他ノ債務名義ト

同シク公正證書ノ形式ヲ有スルモノトス。

第四　公證人ノ作リタル公正證書

公證人ノ作リタル公正證書カ債務名義タルニハ左ノ要件ヲ必要トス。

一　公證人カ其權限内ニ於テ成規ノ方式ニヨリ作成シタル證書タルコト。

公證人ノ權限及文書作成ノ方式ハ公證人法ニヨリテ之ヲ定ム（公證人法一條二條一六條二六條以下）權限外若クハ違式ノ公正證書ハ公正ノ效力ヲ有セサルモノトス。

二　一定ノ金額ノ支拂又ハ他ノ代替物若クハ有價證劵ノ一定ノ數量ノ給付ヲ目的トスル請求ニ付テ作成シタルモノナルコト。

右條件ハ三八二條及四八四條ノ規定ト同一精神ニ出ツ而シテ右請求權カ證書作成ノ際存在スル以上ハ發生原因カ一方的法律行爲ナルト雙方的法律行爲ナルト又性質カ物權的ナルト債權的ナルト又體樣カ期限附ナルト條件附ナルト反對給付ニ繫ルト否トヲ問ハサルモノトス又請求權カ雙方的法律行爲ニヨリ發生シタル場合ニ於テ契約全體ヲ公證スルコトヲ得ヘク又ハ單ニ債務者ノ意思表示ノミヲ公證スルコトヲ得ヘシ。

三　證書ハ直ニ强制執行ヲ受クヘキ旨ヲ記載シタルコト

債務者カ債務履行ノ時期ニ至リ之ヲ履行セサルトキハ裁判所ノ裁判ヲ受クルコトナクシテ直ニ執行ヲ受クヘキ承諾ヲ表記セラルルコトヲ要ス此意思表示ハ訴訟法的ニシテ此表示カ强制執行ニ對スル權利保護請求權ヲ創設スルモノトス。

債權者カ公證人作成ノ執行シ得ヘキ公正證書ヲ有スルニ拘ラス債權者ニ對シ或ル一定ノ給付ヲ命スヘキ判決ヲ求ムルカ爲ニ給付ノ訴ヲ提起スルコトヲ得ルヤ否ヤ爭ノ存スル所ナリ然レトモ公正證書ニ依ル債務名義ハ判決ト異リ確定力ヲ有セサルノミナラス公正證書ニ基キ强制執行ヲ爲スモ强制執行開始ニ依リ權利拘束ヲ生セサルカ故ニ原告カ公正證書ニヨリ債務名義ヲ有シ又ハ之ニ基キ强制執行ヲ開始シタル場合ニ於テ更ニ訴ヲ提起シテ給付ヲ求ムルコトヲ妨ケサルモノトス。

第五　假差押命令及假處分命令

假差押及假處分ノ執行ニ付テハ强制執行ニ關スル規定ヲ準用（七四八條七五六條改九三三條九四〇條）スヘキモノナレハ右命令ハ强制執行ノ債務名義タルナリ。

第二節　執行力アル正本

强制執行ハ原則トシテ受訴裁判所ト全然異ナレル獨立ナル執行機關ニ委任スル結果トシテ執行機

關ヲシテ簡單ニシテ且ツ正確ニ實質要件タル債務名義ノ執行力アルコトヲ了知セシメ得ヘキ書面アルコトヲ要ス之レ法律カ形式的條件トシテ强制執行ハ執行文ヲ付シタル判決ノ正本即チ執行力アル正本ニ基キ之ヲ爲ズト規定シタル所以ナリトス(五一六條一項改六三九條一項)强制執行ハ執達吏若クハ執行裁判所之ヲ爲ス場合ハ勿論例外トシテ受訴裁判所之ヲ爲ス場合(五三一條五四三條五九四條七三三條七三四條改六五五條六八九條七二四條九一四條九一五條)ニモ執行力アル正本アルニアラサレハ之ヲ爲スコトヲ得ス執行機關ハ執行ノ實質的條件ニ付テ審査スルノ必要ナキモ若シ執行力アル正本ナクシテ執行シタル場合ニハ假令當事者間ニ執行力アル正本ニ基クコトヲ要セストノ合意アリトスルモ其執行ハ無效ナリ强制執行權ハ一ニ執行力アル正本ノ存否ニ繋ルモノトス。

執行文ハ一切ノ債務名義ニ之ヲ付セサルヘカラス五一四條八〇二條ニ依ル執行判決ニモ亦之ヲ必要トス唯例外トシテ執行命令假差押及假處分命令ハ執行文ヲ付スルヲ要セス但シ其命令ヲ發シタル債權者又ハ債務者ニ於テ承繼アリタル場合ニハ此限ニアラス六〇六條ノ差押命令モ亦執行文ヲ必要トセス。

執行文ハ債務名義ノ執行力ヲ證明スルモノニシテ個々ノ執行行爲ノ適否ヲ證スルモノニ非ス故ニ

一旦強制執行ヲ停止シタル後之ヲ續行スル場合ニハ新ナル執行文ヲ必要トセサルナリ。

判決ノ執行力アル正本ノ效力ハ之ヲ付與シタル裁判所ノ管轄區域ニ限ラス本邦ノ裁判區域即チ我司法權ノ範圍內ニ屬スル區域ニ及フモノトス（五二五條司法事務共通法三條共通法一一條）判決以外ノ債務名義ニ基ク執行力アル正本ノ效力亦然リ。

第一款　執行文付與ノ手續

執行力アル正本ハ裁判所書記又ハ公證人カ債權者ノ申立ニヨリ執行文ヲ付記シタル債務名義ノ正本ヲ交付シテ之ヲ付與ス。

第一　付與機關

執行文ノ付與ハ裁判所書記又ハ公證人之ヲ爲スヘキモノトス（五一六條二項五六二條一項改六四〇條六八八條一項）執行文ヲ付與スル裁判所書記トシテハ法律ハ第一審裁判所書記又訴訟カ上級審ニ繫屬スルトキハ其裁判所ノ書記ト定メ四九九條ニヨリ判決ノ確定證明書ヲ付與スル場合ト同一ニ規定セリ前同條ニ關スル說明ヲ參照スヘシ。

公證人ノ作リタル證書ノ執行力アル正本ハ其證書ヲ保管スル公證人之ヲ付與ス。

判決裁判所其他債務名義ノ作成機關ト執行機關ハ全然異ルヲ以テ債務名義ノ執行力アルコトヲ證明スル執行力アル正本ノ付與ニ付テモ亦債務名義ノ原本ヲ容易ニ閲覽シ得ル裁判所書記又ハ公證人ヲシテ之ヲ爲サシメ執行機關ヲシテ干與セシメサルモノトス之執行機關ニ執行力アル正本付與ニ關スル法定要件ノ存否ヲ審査スルノ困難ニシテ且ツ不適任ナルノミナラス執行行爲ヲ爲スニ先チ一々之ヲ審査スルカ如キハ强制執行ノ效能ヲ害スルコト少カラサレハナリ故ニ裁判所書記又ハ公證人ヲシテ執行文付與ノ機關ト爲シ一定ノ債務名義ニ基キ執行文ヲ付與セシメ以テ一定ノ債權ノ執行シ得ヘキコトヲ公證セシメ執行機關ハ一ニ此公正證書卽チ執行力アル正本ニ信賴シ何等實質的ノ調査ヲ爲スコトナク直ニ執行ヲ爲スコトヲ得セシムルナリ。

第二　付與申請者

債權者ハ口頭又ハ書面ヲ以テ執行力アル正本ノ付與ヲ求ムルコトヲ得（五一六條三項改六三九條二項）裁判所書記ハ訴訟記錄及申請人ノ提出シタル證書ニ基キ執行力アル正本ヲ付與スルニ付キ必要ナル條件ノ存否ヲ獨立シテ審査ス債務者ノ審訊ヲ要セス裁判所書記ハ先ツ判決ハ一般ニ强制執行ニ適當スル內容ヲ有スルカ確定シタルカ或ハ假執行カ宣言セラレシカ（假執行ハ判決自體ニ於テ宣言セラレタルノミナラス其後ニ於テ爲シタル受訴裁判所ノ特別ナル裁判（五〇八條）或ハ上

級審ノ裁判（五〇九條五一一條））ナリヤ否ヤヲ確定スヘキナリ判決カ訴訟手續中斷中ニ言渡サレタルコトハ執行文ヲ付與スルニ妨ケス然レトモ之ニ反シ確定判決ナリト雖モ四二七條四九二條ニ依リ確定的若クハ假執行宣言付裁判カ廢棄セラレ或ハ强制執行ノ一時停止カ無條件ニ命セラレタル時（五〇〇條）ニハ最早執行力アル正本ヲ付與スルコトヲ得ス假ニ執行シ得ヘキモノトシテ宣言セラレタル判決ハ假執行カ五一〇條ニ依リ效力ヲ失ヒ若クハ其言渡後ニ訴ノ取下アリシトキ又ハ五一二條ニヨリ執行ノ停止カ命セラレタルトキニハ執行力アル正本ヲ付與スルコトヲ得ス債務者ニ對シ破產手續開始シタルトキハ破產財團ニ屬スル財產ニ付キ爲シタル强制執行ハ破產財團ニ對シテハ其效力ヲ失フモノナルカ故ニ其强制執行ヲ中止セサルヘカラス然レトモ執行文ハ付與スルコトヲ妨ケス何ナレハ執行文付與ハ强制執行ノ開始ニ非サレハナリ。債務者カ五四五條ニ依リ主張シ得ヘキ裁判外ノ事實（例ヘハ和解）ハ訴訟記錄上明白ナルトキト雖トモ斟酌スヘキニアラス。

第三　付與ノ方式

執行力アル正本ハ强制執行ノ基本タル債務名義例ヘハ判決正本ノ末尾ニ執行文ヲ附記シ且裁判所書記カ署名捺印シ並ニ裁判所ノ印ヲ押シテ之ヲ作ルモノトス（五一七條改六四二條）公證人ノ作リ

タル證書ニ關シテ右規定ヲ準用スヘキモノナレハ（五六〇條改六八六條）此證書ノ執行文ニハ裁判所書記ノ署名捺印ニ代ユルニ公證人ノ署名捺印ヲ以テスヘク裁判所ノ印ニ代ユルニ公證人役場ノ押印ヲ以テスヘシ。

執行文ノ書式ハ五一七條二項改六四二條一項ニ規定セリ前記正本ハ被告某（若ハ原告某）ニ對シ強制執行ノ爲メ原告某（若ハ被告某）ニ之ヲ付與スト此文例ハ總テノ場合ニ於テ絶對的ニ必要ナル要件ヲ示シタルニ止マリ如何ナル場合ニモ此文面ニ從フヘキモノト爲セルニ非ス故ニ同一ノ意義ヲ有スル他ノ文面ヲ以テスルヲ得ヘク又特定ノ場合ニ於テ尙ホ他ノ特別ナル付記ヲナスコト得ヘシ

執行力アル正本ハ執行名義ヲ構成スル判決即チ債務者ニ給付ヲ命スル判決ニ付與スヘキモノニシテ確定判決若クハ假執行カ其後ノ裁判ニヨリ始テ生シタルコトハ最初ノ給付命令ヲ執行スルニ妨ケサルモノトス故ニ給付判決ニ對スル上訴カ適法ナラストシ又ハ理由ナシトシテ棄却セラレタル場合若クハ故障カ棄却セラレタル場合ニ在リテハ第一審ノ判決ニ執行文ヲ付スヘキナリ執行文ノ付與ヲ五二一條ノ判決ニヨリ命スル場合亦同シ之ニ反シ第一審ノ裁判ヲ變更スル場合ニハ第二審ノ裁判ハ執行名義タリ而シテ此場合ニハ必要ナル限リ第一審ノ主文ヲ執行文ニ記入スヘキモノトス。

第四　付與ノ場合

執行力アル正本ノ付與ハ素ト裁判所書記ノ獨立シテ爲シ得ヘキ權限ノ一ニシテ左ノ場合ニ之ヲ付與スルヲ通例トス（五一八條一項改六四三條一項）

一　判決カ執行力ヲ有スルトキ卽判決ノ確定シタルトキ若クハ判決確定セサルモ假執行ノ宣言アリタルトキ。

二　判決ニ表示シタル債權者ノ爲メニ又ハ判決ノ表示シタル債務者ニ對シ執行ヲ爲ストキ然レトモ或ル情況ニヨリ法律上特ニ裁判長ノ命令ヲ必要トスルモノアリ

1　判決ノ執行カ其趣旨ニ從ヒ保證ヲ立ツルコトニ繫ル場合ノ外他ノ條件ニ繫ル場合ニ在テハ裁判所書記ハ該條件履行ノ證明及裁判長ノ命令アルニアラサレハ執行文ヲ付與スルコトヲ得ス（五一八條二項五二〇條一項改六四三條二項六四六條二項）

（一）　判決ノ執行カ其趣旨ニ從ヒ條件ニ繫ルトハ判決文ノ內容自體ニヨリ其執行カ條件ニ繫ル場合ヲ指スノミナラス假執行宣言ノ趣旨ニ從ヒ執行カ條件ニ繫ル場合ヲ包含スルモノニシテ之ヲ概括的ニ云ヒハ實體上ノ請求又ハ執行カ條件又ハ期限ニ繫ル場合ヲ指スニ外ナラサルナリ故ニ債務者ノ給付カ債權者ノ豫告ニ繫リ特定人ノ死亡又ハ成年ニ達シタルコトニ繫リ或ハ債權者ノ豫先

的反對給付ニ繋ル判決文之ニ屬ス債務者ニ引換給付ヲ言渡シタル判決ハ債務者ニ對シ執行ヲ開始スルニハ債權者ニ於テ執行開始ノ時ニ於テ既ニ反對給付ノ履行又ハ提供シタルコトヲ要スルカ故ニ之カ履行又ハ其提供ハ執行ノ繋ル條件ナリトス然レトモ副位的法律關係ニ基キ複數ノ給付ノ負擔ヲ言渡シタル判決（例ヘハ馬一頭ヲ引渡スヘシ若シ之カ引渡ヲ爲スコト能ハサルトキハ其對價トシテ金三百圓ヲ支拂フヘシトアル判決）ニ關シテハ五一八條二項ノ適用ナシ何トナレハ主タル給付ノ執行カ不成功又ハ不履行ナリシヤ否ヤノ問題ハ執行手續中始テ發生スル事實ニシテ素ヨリ豫備執行ヲ爲ス條件ヲ爲スト雖モ執行機關カ執行手續中ニ於テ認識スルコトヲ得ルモノナレハ斯カル事實ハ本條ノ所謂條件ニ屬スルモノト爲スコトヲ得サレハナリ故ニ此場合ニハ執行又ハ主タル給付ニ關スル判決部分ニ付與スルト同時ニ豫備的給付ニ關スル判決部分ニ之ヲ付與スルコトヲ得ヘシ但シ豫備的給付カ第三者ノ行爲ニ繋カル場合ハ此限ニアラス。

（二）　判決ノ執行カ其趣旨ニ從ヒ條件ニ繋ル場合ニ於テハ債權者カ執行力アル正本ノ付與ヲ受クル爲メニ證明書ヲ以テ其條件ヲ履行シタルコトヲ證セサルヘカラス然レトモ一切ノ條件ニ付テ債權者ニ擧證責任ヲ負ハシメタルモノニアラスシテ判決手續ニ於ケルト同シク擧證責任ノ原則ニヨリ箇々ノ條件ニ付テ債權者擧證責任ヲ有スルヤ否ヤヲ定メサルヘカラス故ニ例ヘハ分割拂ノ一

同分ノ不拂アルトキ其全額ニ對シ利息ノ延滯アルトキ其元本ニ對シ告知ヲ須キス辨濟期到來スヘキ旨ヲ定メタル解約約款（kassatorische Klausel）存スル場合等ニ於テハ債權者ハ其主張スル分割拂若クハ利子ノ延滯ヲ證明スルヲ要セスシテ全額若クハ元本ニ對スル執行文付與ヲ請求スルコトヲ得ヘシ蓋シ斯カル解約約款拂ニ於テ毎期ノ分割拂若クハ利息カ定期ニ支拂ハルルコトカ次期ノ分割拂若クハ元本ノ支拂ヲ延期スル條件ト爲ルモノナルカ故ニ債務者ハ其條件ノ到來即チ定期ニ支拂ハレアルコトヲ證明セサルヘカラサレハナリ而シテ之ヲ理由トスル異議ハ五四五條ノ請求ニ關スル異議ヲ以テ之ヲ主張スヘキモノトス然レトモ利息ノ延滯アルトキハ其元本ニ對シ返還ノ催告ヲナシテ始テ請求シ得ル旨ヲ定メタル解約約款存スルトキハ債權者ハ執行文ノ付與ヲ得ル爲メニ單ニ催告ヲナシタルコトヲ證明スルヲ以テ足ル此場合ニハ債務者ハ定期ニ利息ヲ支拂ヒタルコトヲ證明シ以テ催告ノ無效ナルコトヲ明ニセサルヘカラス。

解除條件付給付ヲ言渡シタル裁判ニ關シテハ債權者ハ直ニ執行文ヲ請求スルコトヲ得ヘシ解除條件ノ到來ハ債務者之ヲ立證スヘキモノナレハナリ養料請求權ニ關スル裁判亦然リ之レ權利者ノ死亡ハ解除條件ト看做スヘク而シテ其債權ハ給付ヲ爲スヘキ當時ニ於テ權利者カ生存スルコトヲ以テ停止條件トスルモノニアラサレハナリ。

(三) 元來執行ニ繫ル條件ハ執行ノ開始ヲ制限スルモノナルヲ以テ理論上ハ執行開始ノ時ニ於テ到來シタルコトヲ要シ又之ヲ以テ足ルヘキナルヲ以テ其要件ノ存否ハ執行機關ノ調査スヘキモノナラサルヘカラス然レトモ法律ハ判決裁判所其他債務名義ノ作成機關ト執行機關トヲ別異ニシタルカ故ニ執行請求權ノ存否ト共ニ執行ノ繫レル條件ノ成否調査ハ之ヲ執行機關ニ任スコトナシ是前ニ說明シタル如ク執行機關ヲシテ斯カル調査ヲ爲シシムルハ不適當ニシテ且ツ强制執行ヲ遲緩ナラシメ其效用ヲ殺クカ爲ナリ然レトモ强制執行ハ債權者ノ保證ヲ立ツルコトニ繫ル場合（五一八條二項）及執行スヘキ請求權カ日時ノ到來ニ繫ル場合（五二九條第一項改六五三條一項）ハ同ク判決ノ執行カ條件ニ繫ルト雖モ曆日ノ到來及ヒ保證ノ供與ノ如キノ調査ハ簡單ニシテ且ツ明瞭ナレハ執行機關之ヲ爲スモ誤ルコトナキヲ以テ法律ハ執行機關ヲ以テ執行行爲ヲ爲スニ先チ之カ調査ヲ爲スヘキモノトセリ而シテ保證ノ供與ハ債權者ニ於テ公正ノ證明書ニアリテノミ之ヲ證明スヘキモノトス。

判決ノ趣旨ニ從ヒ執行カ條件ニ繫ル場合ニハ執行カアル正本ハ裁判長ノ命令アルトキニ限リ裁判所書記之ヲ付與スル事ヲ得（五二〇條一項改六四六條一項）故ニ裁判長ノ命令ナキトキハ裁判所書記ハ付與ヲ拒絕セサルヘカラス付與スル場合ニハ執行文ニ裁判長カ付與ヲ命令シタル旨ヲ明白ニ

記載セサルヘカラス(同條三項改同條二項 此記載ナキ若クハ裁判長ノ許可ナクシテ付與シタル執行文ハ無效ナリ。

(四) 裁判所書記ハ執行文付與ノ機關ナルコトハ前述ノ如シ執行文付與ノ要件存否ノ調査ハ理論上付與機關ノ權限ニ專屬セシムヘキモノナルヲ以テ裁判所書記ハ執行文ヲ付與スル場合ニ總テノ付與條件ニ付キ單獨ニ其存否ヲ調査シ得ヘク又固ヨリ裁判長ノ命令アルヲ要セサルノ理ナリ然レトモ法律ハ五一八條二項及五一九條ノ場合ニ限リ裁判所書記ノ權限ヲ制限シ此場合ノ特別要件タル條件履行ノ調査ヲ裁判長ノ權限ニ屬セシム然レトモ此場合ニ於テモ執行ノ繋レル條件及承繼ヲ除キ他ノ要件ハ總テ裁判所書記單獨ニ之ヲ調査スルヲ妨クルコトナシ。又前示特別要件タル條件履行ノ調査ハ裁判長之ヲ爲スヘキモノナレトモ裁判所書記ノ付與機關タルコト依然タリ故ニ執行文付與ノ申請ハ裁判所書記ニ就テ之ヲ爲サヽルヘカラス而シテ裁判所書記ハ直ニ其申請ヲ却下スルコトヲ得又執行文付與ニ付キ裁判長ノ許可ヲ必要トスルモ執行文ヲ付與スル者ハ裁判所書記ナリ然レトモ他方ニ於テ裁判長ハ裁判所書記ノ說明ニ羈束セラルルモノニアラス寧ロ裁判長ハ調査判定スルニ該リ口頭若クハ書面ヲ以テ債務者ヲ審訊スルコトヲ得ルナリ(同條二項改同條三項)故ニ裁判長ノ執行文付與ノ命令ハ形式上一ノ裁判ナリト云ハサルヘカラス

然レトモ其命令ハ單ニ付與要件タル條件履行ノ認識ノ表示タルニ止リ裁判所内部ノ行爲タリ執行文ノ付與ハ外部ニ對シ常ニ裁判所書記ノ處分トシテ現ハルルモノタリ唯該命令ヲ執行文ニ附記セサルトキハ執行文ノ無效タルハ法律カ該命令附記ヲ以テ裁判所書記カ執行文ヲ付與スル前提要件ノ一トナセハナリ。

以上ノ法則ハ判決以外ノ債務者名義ニ對シ準用セラル（五六〇條改六八六條）

2　判決ニ表示シタル債務者ノ承繼人ノ爲ニ又ハ判決ニ表示シタル債務者ノ一般承繼人ニ對シ强制執行ヲ爲ス場合ニ於テハ裁判所書記ハ承繼ノ證明アリタルトキ若クハ裁判所ニ於テ明白ナルトキ及裁判長ノ命令アルニアラサレハ執行文ヲ付與スルヲ得ス（五一九條五二二條改六四四條六四六條）

（一）　强制執行ハ執行力アル正本ニ表示シタル債權者ノ爲メニ又ハ債務者ニ對シテノミ之ヲ爲シ得ルノミニシテ執行力アル正本ニ表示シアル當事者以外ノ爲メニ若クハ對シテ爲シタル强制執行ハ債務者並第三者ニ對シテ無效ナリ故ニ執行機關ハ債務名義ハ何人ノ爲メニ若クハ何人ニ對シ執行力アルカノ實質的條件ヲ調査スルノ要ナク唯當事者ノ同一ナルコトヲ審査スレハ足レリ之執行機關ヲシテ實質的條件ノ調査ヲナサシムルヲ以テ不適當トナシタル爲ナルコト前述ノ如シ

當事者ノ承繼ニ因リ强制執行ハ承繼人ノ爲メニ若クハ對シテ爲スヘキトキハ承繼人ノ氏名ヲ表示スル執行力アル正本ヲ必要トス而シテ之レハ獨リ强制執行ノ開始ノ際ノミナラス續行スル時ニモ缺クヘカラサルモノナリ然レトモ强制執行開始後ニ債務者ニ承繼アルトキハ遺産ニ對シ之ヲ續行スヘキモノナルカ故ニ(五五二條一項五五三條改六七八條一項)更ニ執行文ヲ受クルヲ要セサルナリ。

承繼ノ有無ノ調査ハ前示條件履行ノ有無ノ調査ト同ク執行ノ實質條件ニ屬スルヲ以テ執行機關ハ之ヲ調査スル權限ナキカ故ニ裁判所書記ハ執行文付與機關トシテ承繼人ノ爲メニ又ハ承繼人ニ對スル强制執行ノ爲ニスル執行力アル正本ヲ付與スルナリ。

既ニ訴ノ提起アリタル以上ハ承繼ハ訴訟ノ繫屬中ニ生シタルト其終局後ニ生シタルトヲ問ハス又判決確定シタルト假執行宣言付ナルトヲ問ハス右執行力アル正本ヲ付與スヘキナリ。

(二)(イ)承繼カ債權者ニ生シタルトキハ其承繼ノ一般タルト特定タルトヲ問ハス承繼人ノ求ニヨリ其氏名ヲ表示シタル執行力アル正本ヲ付與セサルヘカラス。

遺産相續人數人アルトキハ執行力アル正本ハ遺産ノ分割アルマテハ總ノ遺産相續人ニ對シ共同ニ付與セサルヘカラス遺産ノ分割後ハ各自ノ所得部分ニ付キ承繼ノ爲メニスル執行文ヲ付與ス。

特定承繼トハ傳來取得及ヒ原始取得ヲ云フモノニシテ其取得ハ法律行爲ニ因ルト裁判上ノ轉付ニ因ルト若クハ法律ノ規定ニ因ルトヲ問ハサルヲ以テ第三者ハ差押タル債權ニ付キ轉付若クハ取立命令ヲ得タルトキニハ其名義ニ於テ執行文ヲ請求スルコトヲ得ヘシ債權者ニ辨濟シタル連帶債務者及ヒ保證人カ求償權ヲ有スル場合亦然リ指圖證劵ノ裏書讓受人無記名證劵ノ所持人モ亦然リ。債權者ノ財產ニ對シ破產開始シタル場合ニハ破產管財人ハ財團ニ屬スル請求權ニ關シ破產者ノ爲メニ言渡サレタル判決ニ因リ執行セントセハ自己ノ名義ニ執行文付與ヲ請求セサルヘカラス蓋シ破產管財人ハ破產者ノ代理人ニアラスシテ破產ノ目的ヲ遂行スル爲メ選任セラレタル獨立ナル機關ナリ其權限ハ法律ニヨリ與ヘラレタルモノニシテ訴訟上自己ノ資格ニ於テ當事者タリト雖モ其地位恰モ破產者ヲ承繼シタルト同一ナルヲ以テ五一九條ヲ準用シ承繼人ト看做シ執行力アル正本ヲ付與スヘキモノトス破產者カ破產手續終了後管財人名義ニ於テ言渡サレタル判決ニ基キ執行ヲ爲サントスル場合亦同シ然レトモ破產管財人ニ變更アルモ承繼カ生スルモノニアラサルヲ以テ新管財人ハ舊管財人ノ氏名ヲ記載シタル正本ヲ利用スルコトヲ得。

（ロ）　承繼カ債務者ニ生シタルトキハ其承繼カ一般タルト特別タルトヲ區別セサルヘカラス何トナレハ法律ハ執行力アル正本ハ判決ニ表示シタル債務者ノ一般承繼人ニ對シ之ヲ付與スルコト

ヲ得ト規定シタルヲ以テ單ニ義務ノミ特別ニ承繼シタル場合即チ債務者ニ特定承繼アリタルトキハ其承繼人ニ對スル强制執行ノ爲ニスル執行文ヲ付與スルコトナケレハナリ故ニ債權者カ斯カル承繼人ニ對シ强制執行ヲ爲サントセハ先ツ訴ヲ提起セサルヘカラス。

債務者ニ一般承繼アルトキハ債務者ノ一般承繼人ニ對スル執行文ヲ必要トス而シテ債務者ニ一般承繼アルカ否ヤハ民法相續法ニヨリ之ヲ定ム。

債務者ノ財產ニ對シ破產開始シタル時ニハ之ニ拘ラス破產者ニ對スル執行文ヲ付與スルコトヲ得然レトモ債權者ハ破產債權者ナルトキハ破產手續中ニ於テ其執行文ニ基キ財團ニ屬スル破產者ノ財產ニ對シ强制執行ヲ爲スコトヲ得ス然レトモ債權者ハ別除權者又ハ取戾權者ナルトキハ別除權又ハ取戾權ノ目的ニ付キ强制執行ヲ爲スコトヲ得ヘシ此場合ニ前述ノ理由ニヨリ破產管財人ニ對スル執行文ヲ必要トス。

破產宣告前ニ開始シタル强制執行ハ破產管財人ニ對シ付與シタル執行文ニアルニアラサレハ管財人ニ對シ續行シ得サルコト亦同シ別除權者又ハ取戾權者ノ爲メニ管財人ニ對シテ言渡サレタル判決ハ破產手續終了後破產者ニ對シ執行スルコトヲ得ヘシ然レトモ該判決ニハ舊破產者ニ對スル新ナル執行文ヲ必要トスルコト亦同シ。

以上ノ法則ハ判決以外ノ債務名義ニ準用スヘシ。

3　數通ノ執行力アル正本ヲ求メ又ハ前ニ一旦其付與ヲ受タル正本ヲ返還セスシテ更ニ同一判決ノ正本ヲ求ムル場合ニ於テハ裁判所書記ハ裁判長ノ命令アルトキニ限リ之ヲ付與スルコトヲ得

(五二三條改六四九條)

1　執行力アル正本ハ一回一通ヲ付與スルコトヲ通則トス然レトモ或ル情況ニヨリ債權者ノ爲メ數同若クハ數通ノ付與ヲ必要トスルコトアリ其場合ハ種々アレトモ主トシテ各地ニ散在スル債務者ノ財產ニ對シ同時ニ强制執行ヲ爲サントスル場合(五二六條改六五一條)前ニ付與シタル執行力アル正本ヲ喪失シタル場合債權者カ完全ナル辨濟ヲ受ケサルニ拘ラス誤テ執行力アル正本ヲ債務者ニ交付シタル場合執達吏カ正本ヲ債務者ニ交付シタル後ニ至リ其取立タル金錢其他ノ物件カ第三者ニ屬スルコト判明シタル爲メ更ニ債務者ニ對シ强制執行ヲナス場合及ヒ五一九條ノ場合ニ於ケル當事者ノ變更等之ナリ。

支拂命令若クハ執行命令ノ正本ヲ再度之ヲ付與スルコトヲ許サス之レ該命令ハ正本ヲ以テスルニアラスシテ其原本ヲ付與スルコトヲ常トスレハナリ故ニ若シ其原本存在セサルトキハ更ニ督促手續ニ依ルカ若クハ新ニ訴ヲ提起スルニアラサレハ執行力アル正本ヲ得ルコト能ハス。

2　執行力アル正本ハ强制執行權ノ負擔者ナルカ故ニ數通ノ正本ヲ付與スルハ二重ノ執行ヲ爲スノ危險アルヲ以テ果シテ眞ニ數通ノ正本ヲ要スヘキカ否カハ重要ナル事項ニ屬ス此ヲ以テ裁判長ハ之ヲ調査シ其命令アルトキニ限リ書記カ之ヲ付與スヘキモノトス裁判長ハ之カ爲メ債務者ヲ審訊スルコトヲ得若シ之ヲ審訊セスシテ數通又ハ數度ニ正本ヲ付與シタルトキハ其旨ヲ相手方ニ通知シ而シテ其正本ニハ數通ヲ付與シ又ハ更ニ付與シタルコトヲ明記スヘキモノトス（五二三條二項三項四項改六四九條二項三項四項）

執行力アル正本ヲ附與スルトキハ裁判所書記ハ其付與前ニ判決ノ原本ニ原告ノ爲メ若クハ被告ノ爲メニ之ヲ附與スル旨且之ヲ付與スル日時ヲ記載スヘシ（五二四條改六五〇條一項）

以上ハ判決以外ノ債務名義ニ對シテ準用セラル而シテ五二〇條五二三條ハ和解調書ニ準用セラルルモ公正證書ニハ五二三條ノ準用アルノミ（五六〇條五六二條二項改六八六條六八八條）

第二款　執行文付與ニ關スル不服申立

第一　裁判所書記執行力アル正本ノ付與ヲ拒絕シタルトキハ債權者ハ四六五條ニヨリ裁判所ニ對シ裁判所書記ノ處分ノ變更ヲ求ムル裁判ヲ求メ而シテ裁判所ノ裁判モ亦正本ノ付與ヲ拒ムトキニ

ハ之ニ對シ四五五條ニヨリ普通ノ抗告ヲナスコトヲ得然レトモ之ニ對シ即時抗告ヲ許サス蓋シ一面ニハ執行文ノ付與ハ執行ノ一部ニアラサルト同時ニ他面ニハ若シ五五八條ノ適用アリトセハ債務者モ亦付與ニ對シ抗告ヲ爲シ得ルモノトセサルヘカラサルニ債務者ハ五二二條五四六條ニヨリ異議ヲ主張シ得ルノミナレハナリ。

執行文付與ノ拒絶ニ對スル不服ハ該拒絶カ裁判所書記ノ單獨處分ナルト裁判長ノ付與ヲ拒ミタルカ爲メナルトヲ區別スルコトナク裁判所書記ノ處分トシテ之ニ對シ申立ツルコトヲ得ルモノトス何ナレハ執行文付與ノ拒絶ハ外部ニ對シ常ニ裁判所書記ノ處分トシテ存スルモノナレハナリ。

公證人カ執行文ノ付與ヲ拒絶シタルトキハ債權者ハ民訴四六五條ニヨリ裁判所ニ對シ公證人ノ處分ノ變更ヲ求ムルコトヲ得ス蓋シ債務名義カ公正證書ナルトキハ受訴裁判所ナキカ故ニ特ニ五六二條二項ノ如キ管轄裁判所ノ定メアル場合ハ格別其規定ヲ缺ク場合ニ於テ公證人ノ處分ヲ變更スルコトヲ求ムル申立ヲ爲ス途ナケレハナリ故ニ債權者ハ唯執行文ノ付與ヲ目的トスル債務者ニ對スル訴ニヨリ其目的ヲ達スルコトヲ得ルノミナリ。

第三　五一八條二項及五一九條ニヨリ必要ナル證明ヲ爲シ以テ執行文付與ノ目的ヲ達スルコト能ハサル債權者ハ訴ノ形式ヲ以テ執行文ノ付與ヲ求ムルコトヲ得（五二一條改六四七條）

（一）　此訴ハ債權者カ五二〇條ニヨリ執行文付與ノ申請ヲ拒絕セラルレハ足リ拒絕ニ對シ不服ノ途アルト否トヲ問ハサルナリ又爭アル場合ニ立證ニ必要ナル書面ヲ所持セサレハ足リ其訴ヲ爲ス爲メニ其書面ヲ所持セサリシコトヲ立證スル必要ナシ唯執行文ノ付與ヲ求ムル爲メ訴ノ方法ヲ取リタル債權者ハ他ノ方法ニヨリ其目的ヲ達シ得ル場合ニハ訴訟費用ヲ負擔セサルヘカラス。

此訴ハ特種ノモノニシテ五二一條アルニヨリ之ヲ提起シ得ルモノナリ同シク執行文ノ付與ヲ拒絕セラルルモ五二一條ニ規定スル場合ニ屬セサルトキハ此訴ノ提起ヲ許サス。

此訴ハ債權者ニ訴ノ方法ニヨリ債務名義ニ基キ强制執行ヲ爲スカ爲メ必要ナル條件カ現存スルコトヲ證明スヘキ機會ヲ與ヘ以テ從來執行文ニ缺除シタル條件ヲ補塡スルニ在リ而シテ證據方法ニ關シテハ何等制限アルコトナシ債權者カ立證ヲ盡シタルトキハ裁判所ハ創設ノ判決ニヨリ執行文カ付與セラルヘキ旨ヲ言渡スヘキナリ蓋シ此訴ハ前述ノ如ク執行文ヲ付與スル爲メ必要ナル條件ヲ補充スル爲メ裁判所ノ行爲ヲ目的トスル訴ニシテ私法上ノ給付ヲ主張スルニアラス又裁判外ニ成立シタル法律關係ノ確定ヲ目的トスル訴ニアラサレハナリ。

此訴ノ原因ハ執行ノ繫リタル條件ノ到來及承繼ノ存在ニシテ其目的ハ既ニ存在セル債務名義ニ基キ執行ヲ爲ス爲メニ執行文ノ付與ヲ求ムルニ在リ。

債權者ハ判決ニ執行文ヲ付セラルヘキ債務者ニ對シ訴ヲ提起スヘキモノニシテ遺產相續人數人アル場合ニ於ケル數人ノ承繼人カ共同執行債務者ナルトキハ必要的共同訴訟ナリ又執行文付與ノ請求權ハ五四六條ノ訴ニ對シ反訴ニヨリ之ヲ主張スルコトヲ得。

（二） 訴ト共ニ獨立ナル新訴カ始マルモノニシテ訴訟費用ノ關係ニ付テモ亦同シ然レトモ本案ノ訴訟代理人ハ此手續ニ付テモ亦代理權ヲ有ス之レ强制執行ニ屬スルコトナレハナリ此訴ハ第一審ノ受訴裁判所ニ專屬ス然レトモ執行命令及公證人作成ノ證書ニ關シテハ特ニ五六一條三項及五六二條四項ニ定アリ。（破產法二八七條ノ裁判所ハ同法二四五條）

裁判ハ口頭辯論ノ後判決ニヨリテノミ之ヲ爲スコトヲ得而シテ債務名義タル判決ハ執行文付與ノ訴ニ於ケル辯論及裁判ノ基礎トナリ裁判所ニ於テ之ヲ動スコトヲ得ス然レトモ債務者ハ判決ニヨリ確定シタル請求權自體ニ關スル異議ヲ五四五條二項ノ制限ノ下ニ此ノ手續ニ於テ主張スルコトヲ得ヘシ何トナレハ該異議ハ債務名義タル判決ノ再調查ヲ爲スニアラスシテ單ニ執行權カ基本タル請求權ノ消滅又ハ障碍ニヨリ消滅又ハ制限セラレサルヤ否ヤノ判定ヲ爲スモノナレハナリ然レトモ債務者ハ執行文付與ノ訴ニ於テ斯カル異議ヲ提出セサルモ爲メニ爾後五四五條ノ異議ノ訴ヲ提起スルノ妨トナルコトナシ。

（三）　裁判所ハ債權者ノ申立ヲ正當ト認メタルトキハ執行文ヲ付與スヘキ旨ノ判決ヲ言渡ス而シテ債務名義タル判決カ既ニ確定シ又ハ假執行ノ宣告アリタルトキハ裁判所書記ハ適當ナル證明ヲ得タル限リ裁判長ノ命令ヲ待タス債務名義タル第一判決ニ執行文ヲ付與スヘシ此場合ニハ第二ノ執行文付與ノ判決ヲ記載スヘキナリ判決ノ確定ニヨリ債務者ハ五二二條ノ異議並ニ五四六條ノ訴ヲ提起スルコトヲ得ス之ニ反シ債權者ノ申立ハ不當ト認メラレ訴ヲ却下セラレタルトキハ五二〇條五二一條ニヨリ再ヒ執行文ノ付與ヲ求メントセハ新ナル事實ニ依ルニアラサレハ之ヲ爲スコトヲ得ス。

第三、債務者ハ執行文ノ付與ニ對シ異議又ハ訴ヲ以テ不服ヲ申立ツルコトヲ得。（五二二條五四六條改六四六條一項六七一條）

（一）　强制執行ニ對スル債務者ノ異議ハ左ノ區別ニ從フ。

（イ）　請求權自體ニ對スル異議例ヘハ債務名義發生後ニ債務ヲ完濟シタルコト若クハ延期ヲ理由トスル場合ニハ强制執行中ニ主張スヘキナリ（五五〇條四號）又タ斯カル異議ハ執行文付與又ハ執行判決ヲ求ムル訴ノ手續ニ於テ提起スルコトヲ得尙外ニ此等ヲ措テ債務名義ニ對シ故障ノ申立ヲ爲スコトヲ得ル場合ニハ故障ニ依リテノミ異議ヲ主張スルコトヲ得又債務名義ニ對シ控訴若ク

ハ抗告ヲ許ス場合ニハ請求ニ關スル異議訴訟ト共ニ該不服ノ方法ヲ選擇的ニ主張スルコトヲ得而テ之等ノ場合ヲ除キテハ單ニ請求ニ關スル異議ヲ主張スルコトヲ得ルノミ。

（ロ） 債務名義ニ對スル異議即チ其效力ニ對スル異議ハ故障上訴原狀囘復及消極的確認訴訟ニヨリ之ヲ主張スヘキナリ。

（ハ） 附與セラレタル執行文ニ對スル異議ハ執行文カ確定判決ニヨリ付與セラレサル限リ（五二一條）五二二條ニ依ル形式的異議ニヨリ之ヲ主張スヘキナリ執行文ヲ付與スルトキ條件ノ到來又ハ當事者ノ變更カ證明セラレタルモノト爲シタル場合ニハ請求ニ關スル異議ト競合ス。（五四六條五六一條）

（ニ） 執行ノ方法ニ對スル異議ハ五四四條ニ依ル形式的異議ヲ主張スヘキナリ。

今玆ニ説明セントスルハ（ハ）ノ場合ナリ。

（一） 執行文付與ニ對スル形式的異議ハ形式的欠缺ヲ非難スル場合之ニ屬ス例ヘハ判決ハ未タ正本ヲ付與スヘカラサルモノナルコト（二三九條）判決確定セサルコト執行力消滅シタルコト裁判長ノ命令ナクシテ執行文ヲ付與シタルコト提出セラレタル證明書ハ條件ノ到來ヲ證明セサルコト等ノ如キ之レナリ然レトモ實體的異議就中債務名義ノ法律上ノ效力又ハ實體的請求權ノ存在ニ對

スル異議ハ執行文ニ對スル異議トシテ之ヲ申立ツルコトヲ許サス斯カル場合ニハ債務者ハ寧ロ五四五條ニ依リ請求ニ關スル異議訴訟ヲ提起スヘキナリ債務者カ五一九條ノ場合ニ於テ舊債權者カ權利承繼原因發生シタルニ拘ラス執行文ヲ付與セラレタルモノトシテ積極的當事者適格ヲ爭フ場合ニハ亦同シ而シテ債務者ハ五一八條二項ノ場合ニ於ケル條件ノ到來五一九條ノ場合ニ於ケル承繼ノ發生ヲ爭フ場合ニハ五四六條但書五二二條ノ規定ニ從ヒ執行文ノ付與ニ對シ異議ヲ申立ツルコトヲ認容セラル此場合ハ實體的條件ニ關係スルニ拘ラス其欠缺ヲ形式的トシテ五二二條ニ依リ主張シ得ルハ例外ニ屬ス。

又債務者ハ執行文ノ付與ニ對シ常ニ抗告ヲ爲スコトヲ得ス唯形式的異議ヲ主張スル爲メ五二二條ニ依ル異議ノ途ヲ取ル事ヲ得ルノミナリ然レトモ前示五一八條五一九條ノ例外ニ屬スル場合ニ於テハ五四六條ノ規定アル爲メ債務者ハ或ハ五二二條ニヨリ執行文ノ付與ヲ爭ヒ或ハ五四六條ニ依ル請求ニ關スル異議ニヨリ例ヘハ承繼人ノ爲メ又ハ承繼人ニ對スル强制執行ノ不許可ノ宣言ヲ求ムルコトヲ得ヘシ唯五四六條ニ依リ言渡サレタル裁判確定シタル場合ニハ五二二條ニ依ル異議ハ提起スルコトヲ得ス。

五二二條ニ依ル異議ハ執行文ノ付與セラレタルコトヲ前提トス債務者ハ執行文ノ付與セラレサル

ニ先チ豫メ其付與ヲ妨クル途ナシ債務者ハ異議ヲ申立ツルニ付キ期間ノ定ナシ然レトモ執行ノ終了後ハ異議手續ハ目的消滅ニ歸スヘシ。

執行文付與ニ對スル異議ハ執行文ヲ付與シタル裁判所書記ノ所屬裁判所ノ管轄ニ專屬ス異議ハ其管轄權ノ有無ヲ理由トスル時亦同シ。（五二二條五六三條五一六條二項四六五條一項）

公證人カ附與シタル執行文ニ對スル異議ハ公正證書ノ原本ヲ保管スル公證人ノ職務上ノ住所ヲ管轄スル區裁判所ノ管轄ニ專屬ス。（五六二條二項五六三條）

五二二條ニ依ル異議手續ハ裁判所ノ裁判ヲ求ムル限リ四六五條ノ異議手續ニ同シ裁判アリテ始テ之ニ對シ普通抗告ヲ爲スコトヲ得債權者ハ抗告アリタル後裁判ナキ限リ形式的法定要件ノ欠缺ヲ補正スルコトヲ得。

裁判所ノ裁判ハ付與シタル執行文ヲ取消スカ又ハ異議ヲ却下スルカノ二點ニ制限セラル卽チ異議ヲ不當ト認メタルトキハ債務者ノ異議ヲ却下シテ曩キニ付與シタル執行文ヲ維持ス之ニ反シテ債務者ノ異議ヲ正當ト認メタルトキハ執行文ヲ取消シ且ツ强制執行ヲ許サヽル旨ノ裁判ヲ爲スヘシ。

執行文付與ニ對スル債務者異議ノ申立ハ執行停止ノ效力ナキヲ以テ法律ハ事情ニ從ヒ急速ニ處分

セシムル目的ヲ以テ裁判長ニ許スニ執行文付與ノ當否ニ關スル裁判ノ前ニ申立ニヨリ又ハ職權ヲ以テ假處分ヲ爲スコトヲ得セシム特ニ保證ヲ立テシメ若クハ之ヲ立テシメスシテ强制執行ヲ一時停止シ又ハ保證ヲ立テシメテ强制執行ヲ續行スヘキコトヲ命スルヲ得セシム然レトモ既ニ爲シタル執行處分ノ取消ヲ許サス(五二二條二項改六四八條三項)茲ニ所謂假處分トハ應急手當ニシテ强制執行ノ結果ヲ保全スルコトヲ目的トスル七五五條ニ規定シタル假處分ト同シカラス此等ノ裁判ハ强制執行ニ付キ異議ニ關スル裁判アルマテ一時的ニ效力存スルモノニシテ異議ニ關スル裁判ト共ニ其效力ヲ失フモノトス。

此命令ハ執行文ニ關係スルモノニアラスシテ判決ノ執行ニ關係シ且ツ五〇〇條ニ於ケル如ク例外ヲ規定セサル故ニ之ニ對シ即時抗告ヲ爲スコトヲ得(五五八條)從テ此命令ハ卽時ニ執行力ヲ有スヘシ(五五九條一項)債務者ハ此命令ヲ五五〇條二號ニヨリ執達吏又ハ執行裁判所ニ提出スヘキナリ。

(三)債務者ハ五一八條二項及五一九條ノ場合ニ於テ執行文付與ノ條件タル事實ノ到來又ハ承繼ヲ爭ヒ以テ一旦付與セラレタル執行文付與ニ基ク强制執行ノ許スヘカラサル旨ノ宣言ヲ求ムル訴ヲ提起スルコトヲ得執行文付與ニ對スル實體的異議是ナリ(五四六條改六七一條)執行文付與ニ對

スル異議ノ訴ハ形成ノ訴トス蓋シ此訴ハ執行文付與ノ實體的前提要件欠缺ヲ理由トシ其執行文ヲ取消シテ付與セラレタル執行力アル正本ニ基ク執行ヲ許ササル旨ノ宣言ヲ求ムルモノニシテ執行權不成立ノ確認ヲ求ムルモノニアラサレハナリ。

執行文ノ付與ニ對スル異議ノ訴ノ原因トシテ債務者ハ執行ノ繋リタル條件ノ到來セサルコト及承繼ノ發生セサルコトヲ主張セサルヘカラス而シテ此訴ニ於テハ債務者ハ該訴提起ノ當時ニ主張スルコトヲ得ヘキ總テノ異議ヲ同時ニ主張セサルヘカラス(五四六條五四五條)然レトモ五四五條二項ニ從フコトヲ要セス之レ同項ハ其適用ノ目的ヲ缺クニ由ルモノトス。

執行文付與ニ對スル異議ノ訴ヲ提起スルニハ其付與ニ對スル異議ノ申立又ハ執行力アル正本ヲ付與シタル裁判所書記ノ屬スル受訴裁判所ニ其處分ノ變更ヲ求ムル申請カ却下セラレタルコトヲ必要トセス故ニ債務者ハ五二二條ニ依リ異議ヲ申立テ得ルコト其却下裁判ニ對シ抗告ヲ爲シ得ルコト及抗告裁判所ノ裁判ニヨリ異議ノ不當ナルコトヲ宣言セラルコトハ毫モ異議ノ訴(五四六條)ヲ提起スルニ妨トナラサルナリ之ニ反シ前述シタル如ク異議ノ訴(五四六條)ニ於テ言渡サレタル確定判決ハ五二二條ノ途ヲ杜絶スルモノトス

債權者カ執行文付與ノ訴ニ基キ(五二一條)執行力アル正本ヲ付與スヘキ旨ノ判決ヲ得タル場合ニ

於テハ債務者ハ執行文付與ニ對シ訴ヲ以テ異議ヲ主張スルコトヲ得ス然レトモ債務者ハ執行文付與ニ對スル異議ノ申立ニ付キ自己ニ利益ナル裁判ヲ得タル後ト雖トモ其付與ニ對スル異議ノ訴ヲ提起スルコトヲ得ヘシ蓋シ執行文付與ニ對スル異議ニ基キ爲ス裁判ハ既判力ヲ有セスト雖トモ執行文付與ニ對スル異議ノ訴ハ既判力ヲ有スルカ故ニ債務者ハ執行文ヲ取消シテ執行力アル正本ニ基ク執行ヲ許サヽル旨ヲ宣言スル判決ヲ得ルニ付キ利益ヲ有スルヲ以テナリ。

執行文付與ニ對スル異議ノ訴ハ執行文付與ニ對スル異議ノ申請ト同シク第一審ノ受訴裁判所ニ專屬ス。（五四五條五四六條五六三條）

執行文付與ニ對スル異議ノ訴ハ强制執行ノ開始セサルトキト雖モ之ヲ提起スルコトヲ得ヘク且ツ其提起ハ一定ノ期間內ニ制限セラルルコトナシ然レトモ强制執行ノ終了シタルトキハ此訴ノ提起ヲ許サス。

其他請求ニ關スル債務者ノ異議ノ說明ヲ參照スヘシ。

第三節　債務名義ノ送達

强制執行ハ假差押命令及處分命令ニ基ク執行ヲ除ク外（七四九條七五六條）執行スヘキ判決其他ノ

債務名義ヲ既ニ送達シ又ハ同時ニ送達シタルトキニアラサレハ之ヲ開始スルコトヲ得ス（五二八條一項五六〇條改六五二條六八六條）執行力アル正本ノ外ニ該形式的要件ヲ必要トスルハ一面ニハ債務者ヲシテ債務名義ノ內容及之ニ依ル强制執行アルヘキコトヲ知ラシメ以テ執行前任意ノ履行若クハ辨濟ノ提供ヲ促スニ在ルモ他面ニハ執行機關ハ債權者一方ノ申立ニヨリ行動スルモノナルカ故之レニ對シ確固タル基礎ヲ與フルカ爲ナリトス之ヲ以テ此形式的條件ヲ履踐セサルトキハ强制執行ハ絕對ニ無效ニシテ其後ニ送達ヲ爲シタレハトテ其欠缺ヲ補正スルコトヲ得ス而シテ此執行行爲ノ無效ハ債務者ハ勿論差押債權者ト利害相反スル債權者及差押物ヲ買得シタル第三者モ異議ヲ以テ之ヲ主張スルコトヲ得（五四四條）此執行ノ無效ハ形式的條件欠缺ノ結果ナレハ債務者ノ行動ニ關係ヲ有スルモノニアラス從テ債務者カ五四四條五五八條若クハ七三五條ニヨリ開始シタル口頭辨論ノ際欠缺ニ付キ責問權ヲ行使セサルモ執行行爲ハ有效トナルコトナシ。

强制執行ハ（一）執達吏之ヲ爲ス場合就中有體動產ノ差押（五六六條五七二條六〇三條）及有體動產ノ取上並ニ明渡（七三一條）等ニ付テハ債務者ニ對シ若クハ債務者ノ物件ニ對シ爲サレタル最初ノ執行行爲（例ヘハ五三六條）ト共ニ開始シ（二）執行裁判所之ヲ爲ス場合ニハ（五九四條七三三條等）執行裁判所カ執行行爲ニ着手スルカ又ハ之ヲ命スルト同時ニ開始シ此命令ノ送達ヲ俟テ始メテ開

始スルモノニアラス故ニ執行力アル正本若クハ執行文ノ付與ハ執行手續ニ屬セスシテ單ニ强制執行ノ準備行爲タルニ過キス。

第一　債務名義ノ送達

强制執行ハ之ヲ求ムル者及之ヲ受クル者ノ氏名ヲ判決其他ノ債務名義又ハ之ニ附記スル執行文ニ表示シ且判決其他ノ債務名義ヲ既ニ送達シ又ハ同時ニ送達シタル時ニ限リ之ヲ始ムルコトヲ得(五二八條一項五六〇條改六五二條一項六八六條)

(一)　强制執行ハ唯判決其他ノ債務名義又ハ之ニ附記スル執行文ニ於テ表示セラレタル者ノ爲メニ又ハ之ニ對シ始ムルコトヲ得ヘキモノナルヲ以テ執行機關ハ何人ノ爲メニ何人ニ對シ債務名義カ執行力アルカ否ヤ及强制執行ヲ申立テ又ハ申立テラレタル人カ判決其他ノ債務名義又ハ執行文ニ表示セラレタル者ト同一ナルカ否ヤヲ調査セサルヘカラス故ニ當事者ノ氏名カ判決其他ノ債務名義ニ於テ表示セラレサルトキハ强制執行ヲ爲スコトヲ得ス法定代理人及訴訟代理人ノ適格ノ審査亦同シ。

(二)　强制行ヲ開始スル爲メ必要ナル形式的條件トシテ爲スヘキ判決其他ノ債務名義ノ送達ハ其確定後ニ之ヲ爲スコトヲ必要トセス且ツ其假執行ノ宣言アリタル後又ハ其執行力アル正本ノ付

與セラレタル後ニ之ヲ爲シタルコトヲ必要トセス而シテ判決其他ノ債務名義ノ送達ハ執行ノ目的ノ爲メニ特ニ送達スル必要ナク既ニ判決確定ノ爲メニスル送達アレハ足ル法律ハ其送達ノ目的如何ヲ問ハス唯單ニ執行前ニ送達アルヲ以テ十分トスルナリ而カモ送達カ一旦有效ニナサレタルトキハ同一債務名義ニ基キテ強制執行ヲ再施スルニ付キ更ニ送達ヲ爲スノ要ナシ判決其他ノ債務名義ヲ同時ニ送達シタルトキトハ強制執行開始ノ際ニ送達ヲ爲スノ謂ニシテ此同時送達ハ執達吏カ強制執行ヲ爲ス場合ニ之ヲ見ルヲ通例トス執行行爲ヲ爲ス場所及ヒ其時ニ於テ送達ヲ爲スコト能ハサルトキハ送達ハ執行着手前豫メ之ヲ爲ササルヘカラス執行機關ハ執達吏ニアラスシテ執行裁判所ナルトキハ同時ニ送達ナキヲ通例トス而シテ裁判所カ執行機關トシテ強制執行ヲ爲ス場合ニハ債權者ハ執行ノ申立ト共ニ既ニ送達アリタルコトヲ立證セサルヘカラス。判決其他ノ債務名義カ適法ニ送達セラレタルヤ否ヤハ執行機關ノ獨立調査事項ニ屬スルコト前述ノ如シ。

第二　執行文及證明書ノ謄本ノ送達

（一）債務名義ノ執行カ其旨趣ニ從ヒ債權者ノ保證ヲ立ツルコトニ繫ル場合ノ外債權者ノ證明スヘキ他ノ條件ノ到來ニ繫リ（五一八條二項）或ハ執行ヲ判決ニ表示セル債權者ノ承繼人ノ爲メ又

ハ之ニ表示セル債務者ノ一般ノ承繼人ニ對シ爲スヘキトキ(五一九條)ハ執行スヘキ判決其他ノ債務名義ノ外尚之ニ附記スル執行文ヲ强制執行ヲ始ムル前ニ債務者ニ送達セサルヘカラス。(五二八條二項改六五二條二項)

右五一八條二項及五一九條ノ場合ニ於テハ債務名義存スルモ之ニ依リ執行ヲ卽時ニ爲スヘカラサル場合ニ該當ス卽チ債務名義不完全ナルヲ以テ執行權未タ存在セサルモノト云ハサルヘカラス然レトモ執行ノ條件タル事實ノ到來又ハ承繼アリシコトヲ債權者ノ證明ニヨリ認メラレタル限リ債權者ハ强制執行ヲナス爲メニ執行力アル正本ノ付與ヲ受クルコトヲ得ルナリ此執行文ハ普通ノ場合ニ於ケル執行文ト異リ單ニ債權者某カ債務者某ニ對スル執行ヲ請求シ得ルニ止マラス更ニ其執行請求ヲ卽時ニ爲スコトヲ得セシムルモノニシテ債務者名義ヲ補充スルモノト云ハサルヘカラス是レ此場合ニ於テ執行文ヲ債務者ニ送達スルコトヲ强制執行ノ條件ト爲シタル所以ナリ。

執行文ノ送達ハ判決自體ト共ニ爲スコトヲ得ヘク判決カ既ニ送達セラレタルトキハ特ニ執行文ノミヲ送達スレハ足ル又執行力アル正本ヲ付與スヘキ旨ヲ宣言スル判決(五二一條)ノ送達アリタルトキハ强制執行ヲ爲ス爲メニ執行シ得ヘキ判決ノ執行力アル正本ヲ更ニ送達スルコトヲ要セス之蓋シ五二一條ニ依ル判決ヲ送達シタル場合ニハ執行文ヲ送達シタルト同一ノ目的ヲ達スルカ故更

ニ執行文ヲ送達スル必要ナケレハナリ。

（二）　證明書ニ依リ執行文ヲ付與シタルトキハ亦證明書ノ謄本ヲ强制執行ヲ始ムル前又ハ之ト同時ニ債務者ニ送達セサルヘカラス（五二八條三項改六五二條三項）執行文ノ付與ニ必要ナル條件ヲ證明スルカ爲メニ債務者ノ提出シタル證明書ノ謄本ヲ債務者ニ送達スルハ債務者ニ執行文ノ付與カ正當ナルカ否ヤヲ調査スル機會ヲ與フルニ在リトス。

第三　保證ヲ立テタルコトノ證明書ノ提出及謄本ノ送達

判決其他ノ債務名義ノ執行カ債權者ヨリ保證ヲ立ツルコトニ繫ルトキハ債權者ハ保證ヲ立テタルコトヲ示ス公正ノ證明書ヲ執行機關ニ提出シ且ツ其謄本ヲ既ニ債務者ニ送達シ又ハ强制執行ト同時ニ之ヲ債務者ニ送達セサルヘカラス（五二九條二項五六〇條改六五三條二項六八六條）然レトモ此場合ニ於テハ執行文ヲ送達スル必要ナシ何トナレハ此場合ニ於テ保證ヲ立テタルコトノ證明ハ執行文付與ノ要件タラサルヲ以テ（五一八條）執行文ハ債權者カ保證ヲ立テタルヤ否ヤヲ調査スルコトナクシテ之ヲ付與スヘキモノトス故ニ此ノ場合ニ於ケル執行文ハ債權者カ履行スヘキ其他ノ條件ノ到來又ハ承繼アリシ場合ニ付與スヘキ執行文ノ如ク債務名義ヲ補充スルコトナキヲ以テ債務名義ノ送達アルヲ以テ足リ更ニ執行文ヲ送達スル必要ナケレハナリ而シテ債權者カ保證ヲ立テ

タルカ否ヤハ執行機關ハ强制執行開始前之ヲ調査セサルヘカラス故ニ此場合ニ於テハ債權者ハ强制執行ヲ爲ス前ニ保證ヲ立テタルコトニ付キ公正ノ證明書ヲ執行機關ニ提出シ之ヲ證明セサルヘカラス尚債權者カ保證ヲ立テタルコトヲ示ス公正ノ證明書ノ謄本ヲ債務者ニ送達セシムルハ債務者ニ强制執行ノ條件カ存在スルヤ否ヤヲ調査スルノ機會ヲ與フルニ在リトス此形式的條件ヲ缺クトキハ强制執行ヲ許スヘカラサルコト前述ノ如シ。

第四　豫備又ハ後備ノ軍籍ニ在ラサル軍人又ハ軍屬ニ對スル强制執行

豫備又ハ後備ノ軍籍ニ在ラサル軍人又ハ軍屬ニ對シ强制執行ヲ爲ス場合ニ在リテハ豫メ其上班司令官廳ニ强制執行ノ通知ヲナササルヘカラス（五三〇條五六〇條改六五四條六八六條）强制執行ノ通知ハ債權者又ハ强制執行ヲ爲スヘキ執達吏若クハ裁判所之ヲ爲スコトヲ得ヘシ而テ債權者カ通知ヲ爲シタル場合ニ於テハ其旨ヲ執行前執行機關ニ立證セラルヘカラス是ヲ以テ强制執行ノ通知ヲ受ケタル上班司令官廳ハ債權者ノ要求ニヨリ其通知ヲ受ケタル旨ノ證明書ヲ付與スヘキモノトス。（五三〇條二項改六五四條二項）

第三章　執行ノ異議

強制執行ハ債權者ノ申立ニヨリ執行機關直ニ之ヲ開始スルヲ通例トス債權及他ノ財產權ニ對スル強制執行ハ豫メ債務者ヲ審訊スル事ナクシテ之ヲ爲スヘク（五九七條）有體動產ニ對スル強制執行ハ債務者ニ其差押ヲ爲シタルコトヲ通知スルヲ以テ足リ（五六六條）唯獨リ七三三條七三四條ノ場合ニ限リ執行前豫メ債務者ヲ審訊スヘキナリ故ニ執行行爲ハ偶々違法ナキヲ保セス之或ハ強制執行カ法定要件ヲ具ヘスシテ付與セラレタル執行力アル正本ニ基クアリ或ハ強制執行ノ方法ニ違反スルコトニ因ルコトアリ或ハ債務名義ハ請求權ノ消滅其他ノ原因ニヨリ執行ノ基本ト爲シ得サルコトアリ或ハ第三者カ讓渡又ハ引渡ヲ妨クル權利ヲ有スル財產ニ對シ執行ヲ爲シタルニ因ルコトアリ故ニ法律ハ其執行行爲ニ對スル各利害關係人ニ不服ヲ申立ツルコトヲ得セシメ違法ナル強制執行ヲ排斥スルモノトス執行行爲ニ對スル不服ノ申立ノ方法ハ其執行行爲カ違法ナル所以ノ事由如何ニ依リ定ムルモノトス（一）執行文付與ニ對スル異議（二）強制執行ノ方法ニ關スル異議（三）請求ニ關スル異議（四）執行ノ目的物ニ關スル第三者ノ異議之レナリ（一）ハ既ニ說明シタルヲ以テ（二）以下ニ付キ說明スヘシ。

第一節　强制執行ノ方法ニ關スル異議

强制執行ノ方法又ハ執行ニ際シ執達吏ノ遵守スヘキ手續ニ關スル申立及異議ニ付テハ執行裁判所之ヲ裁判ス。(五四四條一項改六六九條)

第一　當事者

1　債務者

(一)　債務者カ執達吏ノ爲シタル强制執行ノ方法ニ關シテ爲ス申立ハ執達吏カ債務者ノ爲メニ辨濟ヲ受領シタルニ拘ラス執行力アル正本及受取證ノ交付ヲ拒ミ或ハ執行處分取消ヲ拒ミタル場合執達吏ノ記錄閲覽許可及記錄ノ謄本ノ付與ヲ拒ミタル場合五八五條及五四四條二項ノ處分ヲ拒ミタル場合ニ於テ之ヲ爲スモノトス。

(二)　債務者ハ五四四條ニヨリ債務名義其他强制執行ノ實體要件ノ欠缺執行文其他ノ形式的要件ノ欠缺實質的障礙若クハ形式的障礙ノ存在ヲ主張シ又ハ遵守スヘキ執行手續ノ違背ヲ主張スルコトヲ得例ヘハ强制執行カ債務名義ノ内容ニ一致セサルコト債務名義ニ表示セラレタル當事者ニ疑義アルコト執行開始ニ關スル法規ノ違背及五五〇條ノ規定ニ反シ執行ヲ續行シタルコトヲ理由

トシ異議ヲ主張スルコトヲ得又執行裁判所又ハ執達吏ノ權限ノ有無ヲ理由トシ異議ヲ主張スルコトヲ得執行處分ニ付テモ亦然リ例ヘハ五六四條ノ制限ヲ越ヘタル場合ノ如シ又執行ノ目的物ニ關シテモ亦異議ヲ主張スルコトヲ得差押フルコト能ハサルモノヲ差押ヘタル如キ又ハ債務者ハ遺言執行者破產管財人ニシテ單ニ他人ノ財產ニ付テノミ責任アル場合ニ本人固有ノ財產ヲ差押ラレタル如キ場合之ナリ。

純然タル手續違背例ヘハ夜間ノ執行(五三九條)證人ノ立會ナクシテ爲シタル執行(五三七條未タ土地ヨリ離レサル果實ノ差押(五六八條)差押命令ノ形式違背債務者ノ財產ニ對スル破產開始ノ爲メニ强制執行ヲ許スヘカラサルコト等ノ如キハ方法ニ關スル異議ニヨリ之ヲ主張スヘキナリ强制執行カ破產財團ニ屬スル物件ニ付キ爲サレタルトキハ破產管財人異議訴訟ヲ提起スヘキナリ。

2 債權者

(一) 債權者カ執達吏ノ爲シタル强制執行ノ方法ニ關シテ爲ス申立ハ執達吏カ記錄閱覽及其謄本ノ付與ヲ拒ミタル場合執行ノ遲延及執達吏カ債權者ノ同意ナクシテ執行ノ延期ヲナシタル場合ニ之ヲ爲スモノトス。

(二) 債權者カ執達吏ノ爲シタル强制執行ノ方法ニ關シテ爲ス異議ハ執達吏カ强制執行ヲ停止

スヘカラサルニ之ヲ停止シ又ハ執行處分ノ取消ヲ爲スヘカラサルニ其取消ヲ爲シタル如キ場合ニ之ヲ爲スモノトス。

執達吏ノ遵守スヘキ手續トハ啻ニ法律規定ノミナラス其他執達吏ノ職務ニ關スル規則ヲモ包含スルモノトス而シテ五四四條二項(改六六九條一項後段)ハ特ニ執達吏カ執行委任ヲ受クルヲ拒ミ若クハ委任ニ從ヒ執行行爲ヲ實施スルコトヲ拒ミタルトキ債權者ハ執行裁判所ニ申立ヲ爲スコトヲ得ヘク又執達吏ノ計算セル手數料ニ付キ異議アル債權者又ハ債務者ハ執行裁判所ニ異議ヲ提出スルコトヲ得ル旨規定セリ。

執達吏ハ如何ナル場合ニ執行委任ヲ受クル事ヲ拒ミ若クハ委任ニ從ヒ執行行爲ヲ實施スル事ヲ拒ム事ヲ得ルヤ否ヤハ裁判所構成法九七條執達吏規則一條八條執達吏手數料規則一九條ノ規定ニ依リ之ヲ定メサルヘカラス又執達吏カ計算セシ手數料トハ執達吏手數料規則ニ基キ執達吏ノ領收スヘキモノノミナラス五五四條ニ規定シタル執行費用モ併セテ包含スルモノトス而シテ執達吏カ强制執行ヲ爲シタル場合ニ於ケル費用計算ニ付キ債權者カ其立替タル費用ヲ執達吏カ計算ニ組入ルルコトヲ拒ミタルトキ或ハ債務者カ過當ナリト思惟シタルトキニ異議ヲ主張スル場合ハ法律ノ例示シタル異議ナリ。

3　第　三　者

（一）第三者カ執達吏ノ爲シタル强制執行ノ方法ニ關シテ爲ス申立ハ執達吏カ執行記錄及其謄本ノ付與ヲ拒ミタルカ如キ場合之ヲ爲スモノトス。

（二）第三者カ執達吏ノ爲シタル强制執行ノ方法ニ關シテ爲ス異議ハ第三者カ判決又ハ之ニ附記スル執行文ニ債務者トシテ表示セラレサルニ拘ラス債務者トシテ取扱ハレタルカ爲メニ（五二八條）第三者カ其占有スル有體動產ノ提出ヲ拒ミタルニ之ヲ差押ヘラレタルカ爲メニ（五六七條）第三債務者カ執行裁判所ノ管轄違ナルカ如キ理由ニヨリ自己ニ對シ實施セラレタル手續ノ不適法ナル爲メ又ハ第三債務者カ差押フヘカラサル債權ニ關シ差押命令ノ送達ヲ受ケタル場合ニ之ヲ爲スヘキモノトス。

五四四條ハ獨リ執達吏ニ依ル執行ニ關スルノミナラス執行裁判所ノ執行就中差押命令强制競賣ノ命令ニモ適用アリ此等ノ場合ニ於テ債務者若クハ第三者ハ裁判所カ五四四條ニ依リ異議ニ付テノ裁判ヲ爲シタル後始メテ五五八條ニ依リ卽時抗告ヲ爲スコトヲ得蓋シ異議ニ付テノ裁判ナキ以前ニ於テ抗告ヲ爲スヘキ裁判存セサレハナリ然レトモ裁判所カ判定スルニ當リ假令裁判所ノ任意的ナルニセヨ當事者雙方ヲ豫メ審訊シタルトキニハ其裁判ニ對シ抗告ヲ許スヘキモノトス卽七三五

條ノ場合之ナリ抗告裁判所カ四六四條ニ從ヒ執行裁判所ニ更ニ裁判ヲ委任スル命令ヲ發シタル場合ニハ該命令ニ對シ五四四條ニヨリ異議ヲ主張スヘキナリ之ニ反シ債權者ハ執行裁判所ノ決定カ其委任ヲ拒ミ若クハ其決定ハ五四四條ニ依ル債務者ノ異議ニ基キ言渡サレタル時ニハ當初ヨリ即時抗告ヲ爲スコトヲ得。

第二　裁判手續

强制執行ノ方法又ハ手續ニ關スル申立及異議アリシトキハ口頭辯論ヲ經スシテ之ヲ裁判スルコトヲ得又裁判ノ形式ハ決定ナリ故ニ異議及申立ニ關スル裁判ノ手續ハ所謂任意的口頭辯論ノ原則ニ依ルヘキモノトス。

異議又ハ申立ヲ却下シタル決定ハ之ヲ申立人ニ又之ヲ認可シタル決定ハ總利害關係人ニ職權ヲ以テ送達スヘシ蓋シ卽時抗告ヲ爲サシムル必要アレハナリ。（五五八條二四五條）

執行裁判所ニ對シ異議及申立ヲ爲スニ付キ一定期間内ニ制限セラルルコトナシ然レトモ之ヲ爲スニ當リ强制執行手續カ旣ニ開始セラレ且ツ其裁判前ニハ終局セサルコトヲ必要トスルナリ異議及申立カ强制執行ノ終局後ニ提起セラレタル時ニハ不適法トシテ却下スヘク執行ノ終局カ其提起後ニ生シタルトキニハ無對象トナルヲ以テ理由ナシトシテ却下スヘキナリ。

强制執行ノ方法及手續ニ關スル申立又ハ異議ハ强制執行ヲ停止スルノ效力ヲ有セス唯タ執行裁判所ハ之カ裁判ヲ爲ス前ニ五二二條ニ規定シタル命令ヲ發スルコトヲ得（五四四條一項末段改六六九條二項）而テ此命令ハ五〇〇條五一二條五四七條五四九條ノ規定ト異リ既ニ爲シタル執行處分ヲ取消スノ效力ナシ然レトモ異議又ハ申立ニ關スル裁判ニヨリ執行處分ノ取消ヲ宣言スルコトヲ得。

第三　五四四條ニ依ル異議ト他ノ權利救濟方法トノ關係

（一）　五四四條ノ規定ハ執達吏ニ對スル懲戒處分ヲ妨クルモノニアラス同條ハ執達吏ノ職責アルコトヲ知ラシメ又ハ之ヲ監督スルコトヲ目的トセサルヲ以テ懲戒訴追ニ於ケル審査ハ五四四條ニ依ル手續ト全然獨立シテ之ヲ爲スヘキナリ。

（二）　五四四條ノ場合ニ屬スヘキ異議又ハ申立ハ同條ニ規定シタル方法ニ依リテノミ當事者之ヲ主張スルコトヲ得ルモノナリ債權者ハ訴ノ形式ニヨリ債務者ハ請求ニ關スル異議ノ訴ニヨリ該異議又ハ申立ヲ爲スコトヲ得ス然レトモ債務者ハ債權者カ辨濟ヲ受ケ又ハ履行ノ猶豫ヲ承諾シタルニ拘ラス執行シタル場合ニハ五五〇條四號ニ基キテ執行裁判所ニ强制執行ノ方法ニ關スル異議ヲ提出スルカ又ハ請求ニ關スル異議ヲ提起スルコトヲ得。

（三）第三者ハ五四四條ノ救濟方法ニ依ルコトヲ得ル限リ一般ノ差押ノ不許可ヲ求ムル訴又ハ占有妨害ノ訴ヲ許サス然レトモ五四四條ニ規定セル異議ノ要件カ同時ニ五四九條及五六五條ニ規定シタル要件トナル場合ニ於テハ第三者ハ五四四條ニ依リ執行ノ方法ニ關スル異議ヲ提出スルカ又ハ執行異議ノ訴ヲ提起スルコトヲ得ヘシ例ヘハ或有體動産ヲ占有スル第三者ハ其提出ヲ拒ミタルニ拘ラス之ヲ差押ヘタル場合（五六七條）ノ如シ。

（四）强制執行終局後ニハ執行カ無效ナル限リ五四四條ノ規定ニ拘ラス不當利得返還請求權存スルモノトス。

第二節　請求ニ關スル異議

第一　性質

債務名義存スルトキハ債權者ハ國家ニ對シ執行請求權ヲ有ス執行請求權ノ内容ハ（イ）執行文付與機關ニ執行文ノ付與（執行命令カ債務名義タルトキハ執行文ノ付與ヲ要セサル場合ナキニアラス五六一條一項）（ロ）執行力アル正本ニ基キ執行機關ヲシテ差押以下ノ執行行爲ヲ爲サシメンコトヲ要求スルニ在リ之即チ債務名義カ形式的ニ有スル效力ナリ債務名義ハ執行セラルヘキ私法上ノ

請求權ノ存在及ヒ其範圍ヲ公證シタル證書ナリト雖モ私法上ノ請求權ハ執行權ヲ生スルモノニアラスシテ債務名義ニ執行力アルナリ私法上ノ請求權存スル爲ニ債務名義生スルモ其私法上ノ請求權カ現ニ存スルコトノ條件ヲ必要トスルモノニアラサルヲ以テ執行ト私法上ノ請求權トノ間ニハ連絡ヲ缺クモノト云フヘシ不存在若クハ消滅シタル請求權ノ强制執行ハ素ヨリ實體法上不當ニシテ不當利得及損害賠償ノ原因タリ然レトモ債務名義存スル以上ハ實體法上ノ請求權ノ欠缺ハ執行ニ對スル債權者ノ權利及執行ノ形式的效力ノ上（五五〇條四號ノ範圍ニ於ケル完濟又ハ延期ノ場合ハ例外トス）ニ重要ナル意義ヲ有スルモノニアラス故ニ債務名義存スル場合ニハ執行セラルヘキ請求權消滅シ又ハ行使スルコト能ハサルニ至リタル後ニ於テモ債務者ハ執行文ノ付與ヲ求メ又ハ執行行爲ヲ要求シ得ルモノト云ハサルヘカラス私法上ノ請求權カ消滅シ又ハ行使スルコト能ハサルニ拘ラス執行請求權ノ存スルハ實體法上不當ナリ故ニ債務名義カ形式的ニ有スル執行力ヲ永久又ハ一時廢棄シ形式上ノ狀態ヲ實體上ノ狀態ニ一致セシムル手段ナカルヘカラス民事訴訟法ハ此目的ヲ以テ請求ニ關スル異議ノ訴（五四五條改六七〇條一項）及異議ノ訴（五四六條改六七一條一項）ヲ認メ前者ニヨリ執行請求權ノ作用トシテ生スル債務名義ノ執行力ヲ排斥シ後者ニヨリ執行文ノ付與ヲ妨クルモノトス。

請求ニ關スル異議ノ訴ノ性質ニ關スル學說區區タリ或ハ之ヲ以テ確認ノ訴ナリトシ或ハ給付ノ訴ナリトシ或ハ形成ノ訴ナリトス又確認ノ訴ナリト主張スル者ノ中或ハ(1)私法上ノ請求權ノ不存在確認ノ訴ナリトスルモノアリ然レトモ請求ニ關スル異議ヲ理由アリトスル判決ハ事實上給付義務ヲ否認スル結果ヲ生スルモ私法上ノ請求權ノ消極的確定ハ此訴ヲ許ス實際ノ目的ニ對シ必要又ハ十分ナラサルナリ蓋シ執行セラルヘキ請求權ハ消滅シタル後ニ於テモ債務名義ノ形式的ニ執行力ヲ有スルカ故ニ執行セラルヘキ請求權ノ不存在カ判決ヲ以テ確定セラルルモ債務名義カ其執行力ヲ有スル限リ債務者ハ執行ヲ免ルルコトヲ得サレハナリ(2)或ハ執行請求權ノ不存在ヲ確認スル判決ヲ要求スル訴ナリトスルモノアリ然レトモ執行セラルヘキ請求權カ消滅スルモ債務名義カ形式的ニ執行力ヲ有スル限リ執行ハ適法ニシテ且ツ認容スヘキモノト云ハサルヘカラス(3)或ハ此訴ヲ以テ執行行爲ヲ停止シ又ハ取消スコトヲ執行機關ニ命スル給付判決ヲ要求スル訴ナリト爲スアリ然レトモ此說ニ依ルトキハ執行行爲開始前ハ債務者ハ此訴ヲ提起スルコトヲ得スシテ其保護ヲ缺クノミナラス債務名義ノ執行力存續スル限リ債權者ハ反覆シテ執行スルコトヲ得ヘシ(4)或ハ此訴ヲ以テ執行ニ因リテ得タル物又ハ財産ヲ債務者ニ返還スヘキコトヲ債權者ニ命スル給付判決ヲ要求スル訴ナリト爲スアリ然レトモ此說ハ執行行爲ノ開始前タルト其後タルトヲ問ハス債務者ハ執

行行爲ヲ妨止スルコトヲ得サルナリ(5)或ハ請求ニ關スル異議ノ訴ハ執行權ノ條件カ消滅シタルコトヲ理由トシ其廢棄ヲ目的トスル形成判決ヲ要求スル訴訟法上ノ訴ナリト爲スアリ此説ヲ正當トス何トナレハ前ニ説明シタル如ク執行セラルヘキ請求權消滅シタルコト又ハ行使スルコト能ハサルニ拘ラス債務名義カ形式的ニ執行力ヲ有スルコト換言スレハ債權者カ國家ニ對シ執行請求權ヲ有スルコトハ不當ナリトシテ請求ニ關スル異議ノ訴ヲ認メタルモノナルヲ以テ此ノ訴ハ請求權カ消滅シタルコト又ハ行使スルコト能ハサルニ至リタルコト即チ執行請求權ノ條件ノ消滅ヲ理由トシ債務名義カ形式的ニ有スル執行力ヲ廢棄スル形成判決ヲ要求スル訴ナリト解スヘケレハナリ。此訴ハ執行請求權ノ條件ノ消滅ヲ理由トシ執行力ノ廢棄ヲ求ムルヲ目的トスルモノニシテ債務名義タル判決ノ取消ヲ求ムルモノニアラス又箇箇ノ執行行爲（Vollstreckrngsmassregeln）ノ廢棄ヲ求ムルモノニアラス。

此訴ハ執行債務者卽給付ノ言渡ヲ受ケタル最初ノ債務者タルト其承繼人タルトヲ問ハス債務名義カ效力アル者ニ對スル救濟方法ナリ第三者ハ此救濟方法ニ依ルコトヲ得ス判決ニヨリ債權者タルモノ若クハ五一九條ニヨリ執行力アル正本ヲ付與セラルヘキ承繼人タル所ノ執行債權者ハ此訴ノ正當ナル被告ナリトス。

第二　要件

一　債務者カ請求權ニ對シ主張シ得ル異議ハ或ハ債務名義ノ發生後ニ完濟若クハ辨濟ノ猶豫ヲ理由トシ强制執行ノ範圍內特ニ七三五條ニ依ル手續ニ於テ之ヲ主張スヘク（五五〇條四號改六七五條四號）或ハ執行文付與ノ訴若クハ執行判決ノ言渡ニ關スル手續（五一四條五二一條八〇二條）ニ於テ之ヲ提起スヘシ又債務名義ニ對シ故障ヲ申立テ得ル場合ニハ（二五五條三九四條）異議ノ主張ハ故障ノ申立ニヨリテノミ之ヲナスヘク債務名義ニ對シ控訴若クハ抗告ヲ許ス場合ニハ異議ヲ主張スル爲メ此不服申立方法ト請求ニ關スル異議トヲ選擇スルコトヲ得ヘク其他ノ場合ニ於テハ獨リ請求異議ノ訴ノミニヨリ異議ヲ主張スヘキモノトス而シテ五四五條ノ異議ハ執行ニ對シテ爲シ得ル異議ノ中判決ニ因リ確定シタル請求ニ關スル異議ノ謂ヒナリトス。

判決ニ因リ確定シタル請求ニ關スル異議ハ（イ）私法上ノ請求權カ消滅シタルコト（ロ）請求權カ一時行使スルコト能ハサルニ至リシコト（ハ）執行債權者若クハ執行債務者ニ對シ請求權ヲ行使スルヲ得サルニ至リタルコト換言スレハ執行債權者カ請求權ヲ行使シ得ル適格ヲ失ヒ若クハ執行債務者カ請求權ノ行使ヲ受クル適格ヲ失ヒタルコトヲ原因トスルモノナリ之等ノ原因ノ發生ハ民法其他ノ實體法規ニヨリ之ヲ定ム請求權カ時效辨濟相殺免除若クハ解除條件ノ成就ニヨリ消滅シタル

時又ハ請求權カ辨濟ノ猶豫ニ依リ現ニ其辨濟ヲ爲スコトヲ要セサル時又ハ債務者カ債權者ニ對シ留置權ヲ有スル爲メニ然ル時又ハ請求權カ讓渡ニヨリ債權者ノ爲メニ存在セサルニ至リタル時又ハ債權者ニ破產宣告アリタル時又ハ債務ノ引受アリタル時債務者カ相續人トシテ限定承認ヲ爲シタルカ爲メ請求權ノ全部又ハ一部カ債務者ニ對シ存在セサル時若クハ債務者カ破產ノ宣告ヲ受ケタル時ハ債務者ハ請求ニ關スル異議ノ訴ヲ提起スルコトヲ得ヘシ然レ共債務名義自體カ違法ナルコト又ハ絕對ニ無效ナルコトヲ理由トシテ請求異議ノ訴ヲ提起スルコトヲ得ス蓋シ債務名義タル判決カ違法ナル時ハ上訴又ハ再審ノ訴ヲ以テ之ヲ主張スヘク又債務者名義タル判決カ絕對ニ無效ナル時ハ判決自體ヲ無效ナリトシテ攻擊スルモノニシテ判決ニ因リテ確定シタル請求ニ關スル異議ヲ主張スルモノニアラサレハナリ。

債權者カ絕對ニ無效ナル確定判決ヲ執行セントスル場合ニハ債務者ハ執行文付與ニ對スル異議ヲ以テ判決ノ無效ヲ主張スヘク無效ノ判決ニ執行文ヲ付與セラレタル場合ニハ債務者ハ執行文付與ニ對スル異議ノ訴ヲナスヘク若シ强制執行ヲ開始シタル場合ニハ債務者ハ其違法ヲ强制執行ノ方法ニ對スル異議ヲ以テ主張セサルヘカラス。

二　請求ニ關スル異議ハ民事訴訟法ノ規定ニ從ヒ遲クトモ之ヲ主張スルロ頭辯論ノ終結後ニ其原

因ヲ生シタルコトヲ要ス。(五四五條二項前段改六七〇條二項前段)
口頭辯論ノ終結トハ第一審判決ニ接着スル口頭辯論若シ適法ノ控訴アリタル時ハ第二審判決ニ接着スル口頭辯論ノ謂ナリ上告審ニ於テ新ニ成立セル實體上ノ異議ハ之ヲ上告審ニ於テ防禦方法トシテ提起スルコトヲ得サルヲ以テ茲ニ所謂口頭辯論ノ終結中ニ上告審ニ於ケル口頭辯論ノ終結ヲ包含スルモノトナスコトヲ得ス然レトモ控訴ヲ不適法トシテ却下シタル場合又ハ控訴審ニ於テ本案ニ關スル辯論ノ開始前控訴ノ取下ケラレタル場合ニ第一審ノ判決ニ接着スル口頭辯論ノ終結後ニ異議ノ原因生シタルコトヲ要ス準備手續ヲ命シタル場合ニハ二七二條二項ニヨリ異議ヲ主張スルコトヲ得サル時以後ニ異議ノ原因生シタルコトヲ要ス證書訴訟及爲替訴訟ニ於テ留保判決ヲ爲ス場合ニハ被告ハ爾後ノ手續ニ於テ一切ノ防禦方法ヲ提出スルコトヲ得ルカ故ニ爾後ノ手續ニ於テ爲サレタル判決ニ接着スル口頭辯論ノ終結後ニ異議ノ原因生シタルコトヲ要ス反之四二六條ノ規定ニヨリ留保判決ヲナス場合ニ在リテ爾後ノ手續ニ於テハ留保セラレタル防禦方法以外ノモノハ提出スルコトヲ得サルカ故ニ此場合ニハ留保判決ニ接着スル口頭辯論ノ終結後異議ノ原因生シタルコトヲ要ス再審ノ手續アリタル場合ニ於テハ先ツ再審ノ訴カ適法ナルヤ否ヤヲ區別シ前者ノ場合ニハ再審ノ訴ノ口頭辯論ノ終結後又後者ノ場合ニハ再審ノ訴ヲ以テ攻撃シタル判決ニ接着ス

ル口頭辯論終結後ニ異議ノ原因生シタルコトヲ要ス。

異議ノ原因カ口頭辯論以後ニ發生シタルヤ否ヤハ民法ノ規定ニ依テ之ヲ定ム相殺ニ付テハ特ニ説明ヲ要スルモノアリ相殺ハ相殺適狀ヲ生シタル時ニ法律上當然效果ヲ生スルモノニアラスシテ相手方ニ對スル意思表示アルコトヲ要ス故ニ請求ニ關スル異議ヲ主張スルコトヲ要スル口頭辯論ノ終結前ニ相殺適狀ヲ生シタル場合ニ於テ苟クモ相殺ノ意思ナカリシ時ハ債務者ハ其辯論ノ終結後ニ相殺ノ意思表示ヲ爲シ依テ請求異議ヲ爲シ得ルカ如シ(四三、十一、二六、大民聯判決)然レトモ相殺ノ適狀生シタル時ハ意思表示ヲ爲スト否トハ債務者ノ意思ニ繫ルモノニシテ裁判上之ヲ爲スハ相殺ノ抗辯タリ五四五條ハ訴訟ノ遲延ヲ防ク爲メ口頭辯論終結ニ至ルマテ之ヲ提出スルコト能ハサリシ抗辯ノ主張ノミヲ許スモノナルカ故ニ債務者カ相殺適狀ノ生シタルニ拘ラス右口頭辯論ノ終結ニ至ルマテ相殺ノ意思表示ヲ爲サヽリシ場合ニハ終結後ニ至リ初メテ相殺ノ意思表示ヲ爲シ以テ異議ノ訴ヲ提起スルコトヲ得サルモノト爲サヽルヘカラス蓋シ斯ル異議訴訟ヲ許ス時ハ訴訟遲滯ヲ防止スルヲ目的トヌル五四五條ノ法意ニ背馳スレハナリ。

債務者カ一方的意思表示ニヨリテ爲スコトヲ得ル法律行爲ノ取消契約ノ解除ヲ抗辯トスル場合亦同シ故ニ請求ニ關スル異議ヲ主張スルコトヲ要スル口頭辯論終結前ニ取消ノ原因又ハ解除ノ條件

カ具備シタル時ハ其終結ニ至ルマテニ之カ意思表示ヲ爲サヽルトキニハ其後ニ至リ此意思表示ヲ爲シ以テ異議ノ訴ヲ提起スルコトヲ得サルモノトス。(反對四二。五、二六、大判)

請求ニ關スル異議ノ原因ノ發生ハ訴訟法ノ規定ニ從ヒ遲クトモ異議ヲ主張スルコトヲ要スル口頭辯論ノ終結後ニアルコトヲ要ス而シテ口頭辯論終結前ニ發生シタル異議ノ原因ハ縱令債務者カ其發生ノ當時之ヲ知ラス若クハ知ルコト能ハサル時ト雖モ請求ニ關スル異議ノ訴ヲ以テ之ヲ主張スルコトヲ得ス唯此場合ニハ債務者ハ强制執行ヲ爲シタル債權者ニ對シ不法行爲ヲ原因トシ損害賠償ヲ請求スルヲ得ルノミ。

三　闕席判決ニ付テハ故障ヲ申立ツルコト得サルヲ要ス(五四五條二項末段改六七〇條二項末段)債務名義カ闕缺判決ナル時ハ債務者ハ之ニ對シ故障ノ申立ヲナス事ヲ得故障ノ申立適法ナル時ハ訴訟ハ闕席前ノ程度ニ復スルヲ以テ債務者ハ其後ノ辯論ニ於テ闕席判決ニ接着シタル口頭辯論終結以後ニ生シタル異議ヲ抗辯トシテ提出スルコトヲ得故ニ債務名義カ闕席判決ナル場合ニ於テハ請求ニ關スル異議ハ民事訴訟法ニ從ヒ遲クトモ異議ヲ主張スルコトヲ要スル口頭辯論ノ終結後ニ其原因ヲ生シタル外尚ホ故障ノ申立ニ依リテ之ヲ主張スルコトヲ得サル時ニ非サレハ債務者ハ異議ノ訴ヲ以テ之ヲ主張スルコトヲ得ス。

故障ヲ以テ異議ヲ主張スルコトヲ得サル時ト云フ規定ノ解釋ニ付キ疑議アリ或ハ故障ヲ以テ異議ヲ主張スルコトヲ得サル時トシ單ニ故障期間カ既ニ經過シタルコトノ謂ニシテ苟クモ故障期間經過シタル以上ハ縱令債務者カ期間經過前適當ナル時期ニ故障ヲ申立テ請求ニ關スル異議ヲ抗辯トシテ提出シ得ヘカリシ時ト雖モ尙ホ請求ニ關スル異議ノ訴ヲ起シ得ルモノト解シ法文上ノ根據ヲ四六八條ニハ故障ヲ以テ取消ヲ主張シ得サル時トアルニ求ムルナリ然レトモ之レ條文ノ字句ニ拘泥シタル說ニシテ何故ニ異議ノ原因アルコトヲ知ル債務者ヲシテ特別ナル訴訟ニ於テ其異議主張ノ追完ヲ許スヘキカ實體的根據ヲ有セス寧ロ五四五條ハ訴訟ノ遲滯ヲ防止スルヲ目的トスルモノナルカ故ニ異議提起ノ當時ニ於テ故障ヲ申立テ得ル場合ハ勿論縱令既ニ故障ノ申立ヲナスコトヲ得サル場合ニ於テモ苟クモ其前適當ナル時期ニ故障ヲ申立テタル時ハ主張スルコトヲ得ヘカリシ異議ニ基キテ請求異議ノ訴ヲ爲スコトヲ得サルモノト解スルニ如カサルナリ。

控訴期間經過セサル間ハ債務者ハ第一審ノ口頭辯論終結後ニ成立シタル異議ノ原因ヲ或ハ控訴ニヨリ或ハ異議ノ訴ヲ以テ主張スルコトノ選擇權ヲ有ス然レトモ債務者カ控訴ヲ提起シタル後更ニ請求異議ノ訴ヲ提起シタル場合ニハ律法上ノ利益ナキモノトシテ棄却セサルヘカラス反之債務者カ請求異議ノ訴ヲ提起シタル後更ニ控訴ヲ提起シタル場合ニハ其控訴ハ理由ナキ控訴ナリト云フ

コトヲ得ス蓋シ控訴ハ判決自體ノ取消ヲ目的トスルモノナレハナリ而シテ此場合ニ於テ請求異議ノ訴ヲ裁判スヘキ裁判所ハ其訴訟ヲ中止スルヲ可トス。（一二一條）

債務名義カ判決以外ノモノナル時ハ以上ノ説明ヲ準用スヘキモノトス。（五六〇條）

（イ）抗告ヲ以テノミ不服ヲ申立ツルコトヲ得ル裁判カ債務名義ナル場合ニハ若シ此裁判カ口頭辯論ニ基キテ爲サレタル場合ニハ異議ハ其裁判ニ接着シタル口頭辯論ノ終結後ニ生シタル原因ニ因ルコトヲ要ス若シ此裁判カ書面上ノ陳述ニ基キテ爲サレタル場合ニハ異議ハ其書面提起後ニ生シタル原因ニ因ルコトヲ要ス然レトモ訴訟費用確定手續ニ付テハ實體的異議ノ提起ヲ許サス何トナレハ此手續ハ訴訟費用ノ負擔義務ニ關スル裁判ヲ爲スモノニアラスシテ單ニ其額ヲ確定スルモノナレハナリ。

請求ニ關スル異議ヲ抗告ヲ以テ主張シ得ルコトハ請求異議ノ訴ヲ主張スルニ妨トナラス之レ債務名義カ判決ナル場合ニ請求ニ關スル異議ハ控訴ノ提起ヲ妨ケサル場合ニ準スヘケレハナリ。

（ロ）執行命令カ債務名義タル場合ニハ執行命令ノ送達後ニ生シタル原因ニ因ル異議ニ限リ主張スルコトヲ得蓋シ送達前ニ成立シタル異議ノ原因ハ故障ノ申立ニヨリ之ヲ主張スルコトヲ得ルカ故ニ確定シタル請求ニ關スル異議ヲ許ス必要ナケレハナリ而シテ異議ノ原因カ執行命令ノ送達

以後ニ生シタル以上ハ故障ノ申立ニヨリ之ヲ主張シ得ルト否ト又ハ得タリシト否トヲ問ハス異議ノ訴ヲ爲スコトヲ得ルモノト解スルモノアルモ前掲三ニ説明シタル如ク送達後ニ生シタル異議ノ原因ハ故障ノ申立ニヨリ之ヲ主張スルコトヲ得又ハ得ヘカラサリシ場合ニ限リ之ニ基キテ異議ノ訴ヲ起スコトヲ得ルモノト解スルヲ以テ正當トス。

（ハ） 訴訟上ノ和解カ債務名義タル場合ニハ五四五條二項ノ制限ノ適用ヲ受クルコトナク其請求ニ關スル異議ハ何レノ時ニ生シタルヲ問ハス之ヲ主張スルコトヲ得ヘシ蓋シ同條ノ制限ハ判決ノ既判力ト關係ヲ有スルカ故ニ既判力ヲ生セサル和解ノ場合ニ準用スヘカラサルヲ以テナリ。

（ニ） 執行シ得ヘキ公正證書カ債務名義タル場合ニハ請求ニ關スル異議ノ主張ニ付キ五四五條二項ニ規定シタル制限ヲ受ケス（五六二條三項改六八八條三項）是レ公正證書ノ記載ハ執行セラルヘキ請求權ノ存在ニ付キ既判力ヲ生セサルヲ以テナリ故ニ公正證書ノ作成前ニ生シタル原因ナルト其作成後ニ生シタル原因ナルトヲ問ハス之ニ基キ請求異議ノ訴ヲ提起スルコトヲ得ヘシ。

（ホ） 破産手續ニ於ケル債權表カ債務名義タル場合ニハ（破二八七條三二八條及舊破一〇四九條）左ノ區別ニ從フ。

(1) 破産債權カ承認ニヨリテ確定シタル場合

破產債權ノ存在ハ債權調査會ニ於テ破產管財人及他ノ破產債權者ヨリ異議ナカリシ事卽チ承認ニヨリ確定シタル場合ニ於テハ破產者若クハ其代理人カ其調査會ニ出頭シテ異議ヲ述ヘタルト否トヲ區別スルヲ要ス破產者若クハ其代理人カ調査會ニ出頭シテ異議ヲ述ヘタル場合ニハ債務者ハ請求異議ノ訴ニ於テ其異議ノ原因ヲ主張スルコトヲ得然レトモ之ニ反シ債務者若クハ其代理人調査會ニ出頭シテ異議ヲ述ヘサリシ場合ニハ其調査會終結後ニ生シタル原因ニ基キテ異議ノ訴ヲ主張スルコトヲ得ルノミ。

(2) 破產債權カ判決ヲ以テ確定シタル場合

債權調査會ニ於テ債權ノ存在ニ付キ破產管財人又ハ他ノ債權者ヨリ異議ヲ受ケタル破產債權者ハ債權確定ノ訴ヲ提起シ判決ヲ以テ債權ノ確定ヲ得サルヘカラス（破二四四條舊破一〇二六條一〇二七條）異議アル債權ニ付破產宣告ノ當時訴訟カ繫屬スル場合ニ於テ債權者カ其債權ノ確定ヲ求メムトスルトキハ異議者ヲ相手方トシ訴訟ヲ受繼シ其訴訟ヲ以テ債權ヲ確定セサルヘカラス（破二四六條）執行力アル債務名義又ハ終局判決アル債權ニ付テハ異議者ハ破產者カ爲スコトヲ得ヘキ訴訟手續ニ依リテノミ其異議ヲ主張シ債權ノ存否ヲ確定スルコトヲ得（破二四八條）此場合ニハ破產者カ債權調査會ニ於テ異議ヲ述ヘタルト否トヲ問ハス右債權確定ノ判決ニ接着スル口頭辯論

ノ後ニ生シタル原因ノミヲ以テ請求異議ノ訴ヲ主張スルコトヲ得ルモノトス。

四　債務者カ請求ニ關スル異議ノ訴ヲ提起スルニ當リ數個ノ異議ヲ有スル時ハ此訴ヲ以テ同時ニ之ヲ主張スルコトヲ要ス（五四五條三項改六七〇條三項）本項ノ異議ハ第二項ノ異議ノ原因ト異ルコトハ論ヲ俟タス而シテ異議トハ訴訟法上ノ異議權（債務名義カ形式的ニ有スル執行力ノ廢棄ヲ求ムヘキ形成權）ノ發生事實ニシテ即チ（一）請求權カ消滅シタルコト（二）請求權カ一時行使スルコト能ハサルニ至リシコト（三）執行債權者カ請求權ノ行使シ得ル適格ヲ喪ヒシコト（四）執行債務者カ請求權ノ行使ヲ受クル適格ヲ喪ヒシコトヲ云フモノナリト解スル說明ヲ至當トス故ニ請求ニ關スル異議ノ訴ノ原因ハ右四種ノ發生事實中何レカ一ニ據ラサルヘカラス請求權ノ消滅原因タル事實例ヘハ消滅時效相殺免除辨濟ノ如キ、請求權カ一時行使スルコト能ハサリシ原因タル事實例ヘハ猶豫契約及當事者カ適格ヲ喪ヒタルコトヲ示ス原因例ヘハ請求權ノ讓渡債務ノ引受等ハ請求ニ關スル異議ノ理由アルコトヲ示ス原因タルニ過キス此種ノ事實ハ異議ノ訴ノ原因ニアラス又訴狀ノ要素ニモアラスシテ單ニ準備書面トシテノ訴狀ニ記載セラルヘキ事項タルナリ。

債務者カ請求異議ノ訴ヲ提起スルニ當リテ其有スル或異議ヲ他ノ異議ト共ニ主張セサルトキハ後日其異議ヲ主張スルコトヲ得サルモノトス是レ執行ノ延滯ヲ防止スルノ目的ニ外ナラス然レト

モ異議ノ理由アルコトヲ示ス前示列記原因ハ同時ニ之ヲ主張スヘキ要ナシ例ヘハ請求異議ノ訴提起ノ際主張スルコトヲ得ヘキ異議權發生事實タル異議カ二以上存シタルニ拘ラス訴狀ニ於テ或異議ヲ主張セサリシ場合ニハ後ニ至リ之ヲ追完スルコトヲ許ササルモ苟クモ訴狀ニ於テ請求權ノ消滅シタルコトヲ主張セラレタル以上ハ其消滅シタルコトヲ示ス原因タル時效相殺免除辨濟等ハ口頭辯論ニ於テ主張スルコトヲ得ルモノニシテ之等ノ事由カ訴狀ニ記載セサルト雖モ失權ヲ受クルコトナシ。

債務者カ請求異議ノ訴提起ノ當時ニ於テ主張スルコトヲ得サリシ異議ハ訴狀ニ於テ同時ニ提出セサルモ之レカ爲メ失權ヲ受クルコトナシ故ニ異議ノ訴提起後ニ生シタル異議及債務者ノ過失ニヨラスシテ訴提起ノ際知ルコトヲ得サリシ異議ハ異議訴訟ノ口頭辯論ノ終結ニ至ルマデ訴ノ原因ノ變更ニ關スル規定ニ從ヒ之ヲ提起スルコトヲ得ルモノトス。

五　請求ニ關スル異議ハ强制執行ノ終結前ニ於テ訴ヲ以テ主張スルコトヲ要ス

請求ニ關スル異議ハ請求權ノ消滅シ又ハ其效力ノ停止セラレタルニ拘ラス債務名義カ形式的ニ其執行力ヲ有スルコトヲ不當トシ之ヲ永久又ハ一時廢棄スルコトヲ目的トスル訴ナルヲ以テ既ニ强制執行カ終了シタルトキハ此訴訟ヲ提起スルノ目的ヲ失フモノナルカ故ニ之レカ提起ヲ許サス然

レトモ債務者ハ請求ニ關スル異議ヲ主張セス又ハ强制執行カ既ニ終了シタル時ニハ債務名義タル判決ニ牴觸セス且ツ確定力ニ依リ妨ケラレサル所ノ新ナル異議ヲ理由トスル限リ不當利得返還請求ノ訴ヲ提起スルコトヲ得故ニ請求ニ關スル異議訴訟繫屬中强制執行終了シタルトキニハ債務者ハ一九六條第三號ニヨリ不當利得ヲ原因トシテ賠償ヲ求ムル申立ニ變更スルコトヲ得。

債務者ハ强制執行ノ開始セサル時ト雖モ執行異議ノ訴ヲ提起シ以テ强制執行ヲ許サヽル旨ヲ宣言スル判決ヲ求ムルコトヲ得ヘシ蓋シ債務名義カ形式的ニ執行力ヲ有スル限リ債務者ハ債權者ヲ滿足セシメ又ハ猶豫ヲ受ケタルニ拘ラス何時執行ヲ受クルヤモ知ラレサル危險ニアルカ故ニ斯カル判決ヲ受クルニ付キ利益ヲ有スルヲ以テナリ。

第三　裁　判

債務名義タル判決ニ因リテ確定シタル請求ニ關スル異議訴訟ハ債務者ハ第一審ノ受訴裁判所ニ提起スヘキナリ(五四五條一項改六七〇條一項)故ニ此訴ハ該裁判所ノ土地ノ管轄ニ專屬スルノミナラス(五六三條)訴訟物ノ價額ニ關係ナク該裁判所ノ事物ノ管轄ニ專屬スルモノト云フヘシ。

此訴ノ申立ハ强制執行ヲ全部又ハ一部若クハ此當事者ニ對シ(請求權讓渡ノ場合)許サストノ宣告ヲ求ムヘキモノニシテ判決ノ取消又ハ請求ノ辨濟ノ確定ヲ目的トスヘキモノニアラス又强制執行

ノ停止及執行處分ノ取消ヲ求ムル申立ヲ必要トセス蓋シ本條ノ裁判アレハ五五〇條一號ニヨリ當然其效果ヲ生スヘケレハナリ。

此訴ト共ニ執行力アル正本引渡ノ請求及既ニ給付シタルモノノ返還若クハ損害賠償ノ請求ヲ併合スルコトヲ得。

請求異議ノ訴カ理由アルトキハ異議アル請求ヲ確定セル判決ニ依ル强制執行ヲ許サストスル判決ヲ爲スヘキモノトス債務者ハ此判決ノ假執行ノ宣言アルトキ又ハ此判決カ確定シタルトキハ其正本ヲ執行機關ニ提出シテ强制執行ヲ妨クルコトヲ得（五五〇條一號五五一條改六七五條一號六七六條）然レトモ請求異議ノ訴ノ提起アリシノミニテハ債務名義ハ執行力ヲ失フコトナキカ故ニ强制執行ノ開始又ハ續行ハ妨ケラルルコトナシ（五四七條一項）但シ異議ノ爲メ主張シタル事情カ法律上理由アルト見エ且ツ事實上ノ點ニ付キ疏明アリタル時ハ受訴裁判所ハ申立ニヨリ强制執行ニ關シ假ノ處分ヲ爲スコトヲ得即チ受訴裁判所ハ申立ニヨリ判決ヲ爲スニ至ルマテ保證ヲ立テシメ若クハ之ヲ立テシメスシテ强制執行ヲ停止スヘキコトヲ命シ又ハ保證ヲ立テシメテ取消スヘキコトヲ命スルコトヲ得ヘシ（五四七條二項改六七二條一項）玆ニ所謂受訴裁判所トハ訴訟カ第一審又ハ上級審ニ於テ現ニ繫屬スル裁判所ノ謂ニシテ假ノ處分ヲ求ムル申立アレハ異議ノ訴訟カ提起セ

ラレシカ否ヤ及ヒ其訴訟ニ關シ管轄權ヲ有スルカ否ヤヲ調査セサルヘカラス然レトモ受訴裁判所ハ五四五條ノ訴ニ於テ右命令ヲ發スル場合ニハ五四五條ノ訴自體ト同ク强制執行ノ開始シタルコトヲ必要トセサルナリ强制執行終了後ハ命令ヲ發スル餘地ナキハ論ヲ俟タス此裁判ハ請求異議ノ訴ニ付キ判決アルニ至ルマテ爲ス假ノ處分ニシテ受訴裁判所カ請求異議ニ付キ判決ヲ爲シタル時ハ當然其效ヲ失フモノトス從テ異議ノ訴ニ付キ爲ス判決ニ於テハ此假ノ處分ヲ取消ス必要ナシト雖モ疑ヲ拒クタメ之ヲ取消シ得ルモノトセリ（五四八條一項改六七三條）而シテ急迫ナル場合即チ受訴裁判所ノ裁判ヲ待ツノ暇ナキ場合ニハ裁判長ハ前示命令ヲ發スルコトヲ得（五四七條三項改六七二條二項前段）受訴裁判所ノ裁判ヲ待ツノ暇ナキニ至リシコトハ申立人ノ過失ニ因ルカ否ヤハ問フ所ニアラス蓋シ此場合ニ於テ原狀囘復ニ類スル救濟方法ハ問題トナラサレハナリ然レトモ急迫ノ存否ハ疏明セサルヘカラス。

急迫ナル場合ニ於テハ執行裁判所ハ亦申立ニヨリ此裁判ヲ爲スコトヲ得（五四七條三項前段改六七二條二項後段）此場合ニ於ケル申立ハ受訴裁判所ニ對スル申立ト異ナリ必スシモ訴ノ提起アリタル後ニ爲スヲ用ヒサルモ執行裁判所カ此裁判ヲ爲スニ當リ債務者ニ受訴裁判所ノ裁判ヲ提出スヘキ期間ヲ定ムヘキモノトス此期間中受訴裁判所ノ裁判ヲ提出サレスシテ經過シタル時ハ執行裁

判所ノ裁判ハ當然其效力ヲ失ヒ强制執行ハ債權者ノ申立ニヨリ續行サルヘキモノトス（五四七條三項末段改六七二條二項末段）然レトモ債務者カ前述ノ期間ヲ經過シタル後ト雖モ五四七條二項ノ受訴裁判所ノ裁判ヲ得テ之ヲ執行機關ニ提出スル時ニハ五五〇條五五一條ノ適用アルハ論ヲ俟タサル所ナリトス。

假處分ヲ求ムル債務者ノ申立ハ受訴裁判所ト執行裁判所トニ論ナク口頭辯論ヲ經スシテ之ヲ爲スコトヲ得ルモノトス（五四七條三項改六七二條三項）而シテ此裁判ハ元ト決定ナルモ急迫ナル場合ニ於テ裁判長ノ爲ス裁判ハ命令ナリトス此裁判ニ對シ即時抗告ヲ爲スコトヲ得五四七條二項ノ假處分ハ異議ノ訴ニ付キ裁判ヲナシタル第一審判決ニヨリ當然其效力ヲ失フモノナルコト前述ノ如シ又此判決ハ五〇一條ニヨリ假執行ノ宣言ヲ付スルコトヲ得ヘシ然レトモ受訴裁判所ハ之等ノ規定アルニ拘ラス異議ノ訴ニ付キ裁判スル判決ニ於テ職權ヲ以テ五四七條二項ニ掲ケタル命ヲ發シ又ハ既ニ發シタル命ヲ取消シ之ヲ變更シ若クハ之ヲ認可スルコトヲ得ヘシ（五四八條一項改六七三條）此處分ハ異議ノ訴ニ付キ爲ス判決カ確定スルニ至ルマテノ假ノ處分ナリ而シテ此ノ假ノ處分ニハ假執行ノ宣言ヲ爲スコトヲ得（五四八條二項）此假ノ處分ハ異議ノ訴ニ對スル判決ノ一部ヲナスモノナルカ故ニ其判決ト共ニ上訴ヲ以テ不服ヲ申立ツルコトヲ得而シテ第二審ニ於テハ申

立ニヨリ先ツ假執行ニ付キ辯論及裁判ヲ爲サヽルヘカラス第二審カ假ノ處分ノ當否ニ付キ爲シタル裁判ニ對シテハ不服ヲ申立ツルコトヲ得ス。(五四八條三項五一一條改六三四條二項)

判決以外ノ債務名義ニ付キ特ニ說明スヘキモノ左ノ如シ。

(一) 請求カ抗告ヲ以テノミ不服ヲ申立テ得ル債務名義ニ因リ確定シタル場合ニ於テハ請求ニ關シ異議ヲ主張スル訴ハ債務名義タル裁判ヲ爲シタル第一審裁判所之ヲ管轄スルナリ而シテ上級裁判所カ此裁判ヲ爲シタル時ハ其下級ノ第一審裁判所其訴ヲ管轄スルモノトス。

(二) 請求カ債務名義タル執行命令ニヨリ確定セル場合ニ於テハ請求ニ關シ異議ヲ主張スル訴ハ執行命令ヲ發シタル區裁判所ニ之ヲ提起スヘキモノトス然レトモ區裁判所カ事物ノ管轄權ヲ有セサル時ハ執行命令ヲ發シタル區裁判所ノ上級地方裁判所ニ之ヲ提起スヘキモノナリ。(五六一條三項改六八七條三項)

(三) 請求カ債務名義タル和解ニヨリテ確定シタル場合ニ於テ五五九條三號ノ和解ニヨリ確定シタル請求ニ關シ異議ヲ主張スル訴ハ第一審ノ受訴裁判所之ヲ管轄スルモノトス同條四號ノ和解ニヨリ確定シタル請求ニ關シ異議ヲ主張スル訴ハ和解ヲ爲シタル區裁判所之ヲ管轄ス。

(四) 請求カ債務名義タル公證人ノ作成ニ係ル公正證書ニ因リ確定セル場合ニ於テハ請求ニ關

シ異議ヲ主張スル訴ハ債務者カ普通裁判籍ヲ有スル地ノ裁判所又此裁判所ナキ時ハ十七條ノ規定ニ從ヒテ債務者ニ對シ訴ヲ起シ得ヘキ裁判所之ヲ管轄ス。(五六二條三項改六八八條三項)

(五) 請求カ債務名義タル破産手續ノ債權表ニ依リ確定セル場合ニ於テハ請求ニ關シ異議ヲ主張スル訴ハ破産裁判所之ヲ管轄ス但シ訴カ地方裁判所ノ權限ニ屬スルトキハ破産裁判所ノ所在地ヲ管轄スル地方裁判所ノ管轄ニ屬ス。(破二八七條二項三二八條二項二一五條三項

第三節　第三者ノ執行異議ノ訴

第一　性　質

强制執行ハ唯タ債務者ノ財産ニ對シテ之ヲ爲スコトニ於テノミ有效トス債務者以外ノ第三者ノ財産ニ對シテ之ヲ爲スコトヲ許サス而シテ事實上斯カルコトアリタルトキハ其執行行爲ハ違法行爲ナリト云ハサルヘカラス然レトモ强制執行ノ實施ヲ迅速ニシ且ツ執達吏ヲシテ執行機關トナシタルカ爲メニ執行實施前ニ差押フヘキ財産ノ所屬ノ調査ヲナスコトナシ動産ニ關シテハ通常唯債務者ノ占有中ニアルコトノミヲ確メ其權利ノ存否ノ問題ニ觸ルルコトナシ(五六六條改六九五條)不動産ニ關シテハ登記判事ノ認證書若クハ債務者ノ所有タルコトヲ證スヘキ證書アルヲ以テ足レ

リトシ（六四三條、改七八二條）債權其他ノ財產權ニ關シテハ全然調査ヲナスコトナクシテ差押ヲ爲スナリ（五九七條改七二六條）故ニ事實上强制執行ハ第三者ノ財產ニ屬スル所ノ物若クハ權利ノ上ニ行ルルコトアリ此場合ニ於テ第三者ハ自己ノ財產權ヲ侵ス所ノ危害ヲ防衞スル爲メ原告トシテ訴ヲ以テ强制執行ノ不許ヲ主張スルコトヲ得之ヲ第三者ノ執行異議ノ訴又ハ執行參加訴訟ト云フ此訴ハ第三者カ權利範圍ヲ侵害セラレタルコトヲ理由トシ各個ノ强制執行ヲ許ササル旨ノ確認ヲ求ムルニ外ナラサルヲ以テ消極的確認訴訟ナリト云ハサルヘカラス請求ニ關スル異議ノ訴ハ前述スル如ク債務名義カ其文言ニ依リ形式的ニ有スル執行力ヲ排除センコトヲ目的トスル訴ナルヲ以テ當該ノ債務名義ニ基ク强制執行ハ一般ニ之ヲ許サストスル判決ヲ求ムルニ在リ然レトモ第三者執行異議ノ訴ハ各個ノ執行處分ニ付キ之ヲ許ササル旨ノ宣言ヲ求ムルモノナリ。

或ハ此訴ヲ以テ第三者ノ權利ヲ侵害スル差押ノ排除ヲ請求スル給付ノ訴ナリト說クモノアルモ此場合ニ於テ一面差押債權者ニ對シ給付ヲ命スルコトヲ得サルノミナラス他面ニハ五五〇條一號五五一條ノ規定アルヲ以テ特ニ差押ヲ違法ナリトシテ其解除ヲ命スル給付ノ判決ヲ執行機關ニ對シテ執行シ以テ執行處分ヲ取消サシムルコトヲ必要トセサルヲ以テ此見解ハ不當ナリ、或ハ第三者ノ執行異議ノ訴ハ訴訟法カ所有權其他讓渡若クハ引渡ヲ妨クル權利ノ存在ヲ法律要件トシテ成立

ヲ認ムル異議權ヲ訴訟物トシ之ヲ原因トシテ所有權其他讓渡若クハ引渡ヲ妨クル權利ノ目的物ニ對シテ爲サレタル執行行爲ヲ許サストスル形成判決ヲ要求スル訴ナリト解スルモノアレトモ第三者ノ財產ニ對スル强制執行ハ當初ヨリ之ヲ許スヘキモノニアラサルヲ以テ更ニ形成判決ヲ以テ執行行爲ヲ許サストス宣言スル理由ヲ欠クモノト云ハサルヘカラス。

此訴ニ於ケル確認ノ目的ハ第三者ノ權利ニモアラス又債務者ノ權利不存在ニモアラサルナリ何トナレハ五四九條並ニ五五〇條一號ニ徵スルトキハ裁判上斯カル宣言ヲ得タリトテ訴ノ實果ヲ充スコトヲ得サレハナリ

此訴ハ强制執行ノ許スヘカラサル旨ノ宣言ヲ求ムル限リ訴訟法上ノ訴ナリト云フヘシ蓋シ執行ハ訴訟ニ屬スル國家機關ノ行動タレハナリ然レトモ此訴ハ訴訟法上ノ原因ニ基キ執行處分ヲ攻擊スルモノニアラスシテ實體法上ノ理由ヨリ執行處分ヲ爭フモノナルカ故ニ實體權保護ノ用ニ供セラルヘキモノト云ハサルヘカラス從テ Stein カ主張スル如ク此訴ヲ以テ單ニ訴訟法上ノ爲メニ存スル訴ナリト解スヘキモノニアラサルナリ。

第二　要件

（一）原告タル第三者カ强制執行ノ目的物上ニ執行當時所有權ヲ主張シ其他讓渡若クハ引渡ヲ

妨クル權利ヲ有スルコトヲ要ス。（五四九條一項改六七四條一項）

强制執行ノ目的物上ニ第三者カ其讓渡ヲ妨クル權利ヲ有スルトハ第三者カ債務者ヲシテ目的物ヲ處分シ其債權者ヲ滿足セシムル用ニ供スルコトヲ妨クルニ適當ナル權利ヲ有スルノ謂ニシテ此權利ハ以テ該目的物ト債務者カ處分シ得ルモノニシテ且ツ債權者カ差押フルコトヲ得ル所ノ債務者ノ財產トヲ區別スルモノニス債務者ハ目的物ノ處分ヲナスモ第三者カ其物ニ對シ一定ノ權利ヲ有スルカ爲メ其處分ハ無權利者ノ處分トナリ從テ處分ノ效力ヲ生スルコトヲ得サルモノナリ又引渡ヲ妨クル權利トハ債務者ニ依ル占有ノ移轉ヲ妨クル權利ノ謂ナリ。

金錢債權ノ執行ノ爲メニ差押ヘタル有體物或ハ金錢ノ支拂ヲ目的トセサル權利ノ執行トシテ債權者ニ引渡スカ爲メニ執達吏カ債務者ヨリ取上ケタル物件ニ關シ第三者カ債務者ヲシテ右目的物ヲ處分シ其債權者ヲ滿足セシムルコトヲ妨クル權利ヲ有スルトキハ爰ニ所謂讓渡若クハ引渡ヲ妨クル權利アリト云フヘシ。

强制執行ノ方法ハ必スシモ其目的物ノ讓渡又ハ引渡ヲ爲スニ限ラス例ヘハ債權ノ轉付モ亦强制執行ノ一方法ナリ第三者カ差押ヘラレタル債權ヲ差押前ニ讓受ケタル場合ニハ債權ノ前主ハ之カ處分權ヲ喪失シ從テ之ニ對シ執行裁判所モ處分ヲ爲スコト能ハサルヲ以テ第三者ハ强制執行ノ目的

物ヲ處分スルコトヲ妨クル權利ヲ有スルモノト云ハサルヲ得ス然レトモ五四九條ノ法文ニハ目的物ヲ讓渡シ若クハ引渡ヲ妨クル權利ヲ主張スルトキトアリテ强制執行ノ方法トシテ其目的物ヲ讓渡シ又ハ引渡ス場合ノミニ關スルモノニシテ其他ノ執行方法例ヘハ債權ヲ轉付スル場合ノ如キハ之ニ屬セサル觀ナキニアラサルモ第三者カ强制執行ノ目的物上ニ一定ノ權利ヲ有スルカ爲メ債務者ノ處分行爲無效トナリ從テ執行機關ノ處分行爲ヲ妨クル以上ハ其强制執行方法ノ何タルヲ問ハス第三者ハ其强制執行ヲ妨クルニ足ル權利ヲ有スルモノト云ハサルヘカラサルノミナラス五四九條ノ規定ハ强制執行ノ總則ニ在ル點ヨリモ推論シテ强制執行ノ方法如何ヲ問ハス其執行ノ目的物上ニ存スル第三者ノ權利アルカ爲メ債務者ノ處分行爲ヲ無效トスル以上ハ其强制執行ヲ妨クル權利ヲ有スルモノトシテ第三者ニ執行異議ヲ許スモノト解セサルヘカラス。

（イ） 第三者カ强制執行ノ目的物上ニ有スル所有權ハ異議訴訟ノ原因タリ第三者ノ地上權地役權等カ强制執行ノ目的物タル限リ亦同シ然レトモ强制執行ハ第三者ノ權利ニ關係ナク單ニ權利ノ目的物ニ實施セラルルトキハ異議ハ理由ナシ。第三者ノ共有權ハ有體動產ノ場合ニ差押ヘラレ不動產ノ場合ニハ競賣セラルル限リ異議訴訟ノ原因ナリ。

(ロ) 第三者カ强制執行ノ目的物上ニ占有權ヲ有スル時異議訴訟ヲ起スコトヲ得蓋シ强制執行ニヨリ或物ノ占有ヲ奪フヘキ場合ニ於テ第三者カ其物ヲ占有スル時ハ其强制執行ニヨリ第三者ノ權利ヲ害スルモノニシテ債務者ノ債權者ハ特別ナル法律上ノ原因アラハ格別斯カル權限ナキヲ通例トスルモノナルカ故ニ第三者ハ其强制執行ヲ妨クヘキ權利ヲ其執行ノ目的物ニ付キ有スルモノト云フヲ得ヘケレハナリ(大正三、五、二〇大審反對)第三者ハ自己ノ占有中ニアル物件ニ付キ其提出ヲ拒絶シタルニ拘ラス五六七條七三二條ノ規定ニ反シ差押ラレ又ハ取上ケラレタル時ハ民事訴訟法上ノ法規ニ違背スル强制執行ナル爲メ之ニ對シ五四四條ニヨリ異議ヲ提起スルコトヲ得ルハ既ニ述ヘタル如シ然レトモ第三者ハ此權能アル爲メ五四九條ニ從ヒ執行異議權ヲ有スルコトヲ妨ケサルモノトス。

(ハ) 强制執行ノ方法トシテ差押ヘタル債權其他ノ財産權カ第三者ニ屬スル場合ニ於テ第三者ハ執行異議ノ訴訟ヲ起スコトヲ得元來執行異議ハ第三者カ債務者ヲシテ執行ノ目的物ヲ處分シ其債權者ヲ滿足セシムルコトヲ妨クル權利ヲ有スル場合ニ於テ强制執行ノ不許可ヲ求ムル救濟方法ナリ換言スレハ此救濟方法ハ强制執行カ債務者ノ財産範圍ヲ超越シテ爲サレタルコトヲ理由トシテ之カ不許可ノ宣言ヲ求ムルモノナルカ故ニ苟クモ經濟的意義ニ從ヒ債務者ノ處分權ト相一致セ

サル所ノ權利ヲ有スルモノハ强制執行ノ不許可ノ宣言ヲ求ムル權利ヲ有スルモノト云ハサルヘカラス五四九條ノ法文上異議ノ原因ハ第三者カ强制執行ノ目的物ニ付キ所有權ヲ主張シ其他執行ノ目的物ノ讓渡若クハ引渡ヲ妨クル權利ニ基クコトヲ要スル旨ヲ規定シアルヲ以テ此異議ハ常ニ第三者カ物權ヲ主張スル場合ニ限ル如ク解セラレサルナキニアラサルモ之レ單ニ文字ニ拘泥シタル解釋ニシテ亦實際上ノ必要モ斯ク狹義ニ解スヘキニアラサルヲ以テ前段ノ理由ニヨリ獨リ物權的權利者ノミナラス債權的權利者モ亦强制執行ヲ妨クヘキ權利ヲ强制執行ノ目的物ニ付キ有スルモノトシテ異議ノ訴訟ヲ提起スルコトヲ得ルモノトス故ニ債權讓受人ハ其讓受ケ債權ヲ尚ホ讓渡人ニ屬スルモノトシテ差押ヘラレタルトキハ異議訴訟ヲ提起スルコトヲ得ヘシ。

（二）　第三者カ債務者ニ對シ其財産ニ屬セサル物件ノ引渡ヲ求ムル債權的請求權モ亦異議訴訟ノ原因タリ故ニ第三者カ委任寄託貸借等ノ契約ニヨリ債務者ニ交付シタル物件上ニ强制執行實施セラレタルトキハ第三者ハ之ニ對シ所有權又ハ占有權ヲ主張スルコトナク債權的請求權者トシテ異議訴訟ヲ提起スルコトヲ得然レトモ第三者カ債務者ノ財産ニ屬スル目的物ノ給付ヲ目的トスル對人的權利例ヘハ賣買交換等ニ基ク請求權ハ異議訴訟ノ原因ト爲スコトヲ得ス何トナレハ此等ノ場合ニ於テ第三者ハ强制執行ヲ妨クヘキ權利ヲ强制執行ノ目的物ニ付テ有スルモノト云フコトヲ

得サレハナリ。

民法四二四條ニ依ル詐害行爲ノ取消權及破產法上ノ否認權ヲ有スルモノハ債務者ノ處分シタル目的物ノ上ニ實施セラレタル强制執行ニ對シ第三者トシテ執行異議ヲナスコトヲ得ス(三七、四、二五、大審反對)何トナレハ取消權又ハ否認權ヲ有スル者ハ債務者ノ處分シタル目的物ニ付キ返還請求權ヲ有スルモ其權利行使ノ結果ニ於テ返還ヲ受クル者ハ該權利者自身ニアラスシテ債務者本人ナレハナリ又執行處分自體カ債權者ヲ害スル爲メ獨立シテ取消若クハ否認セラルル場合ニ於テモ異議訴訟ヲ提起スルコトヲ得ス何トナレハ執行ハ取消權若クハ否認權ヲ有スル者ノ財產ヲ侵害スルモノニアラサレハナリ。

(二) 第三者ノ執行異議ノ訴ハ强制執行ノ繼續中訴ノ形式ヲ以テ主張スルコトヲ要ス。第三者ノ執行異議ノ訴ハ强制執行カ既ニ開始セラレタル後ニアラサレハ之ヲ提起スルコトヲ得ス是レ蓋シ强制執行開始前ニハ特定ノ執行行爲ノ不當ナルモノアリト云フコトヲ得サレハナリ此訴ハ强制執行カ既ニ終了シタルトキハ之ヲ提起スルコトヲ得ス何トナレハ此訴ハ强制執行ヲ許ササル旨ノ確認ヲ求ムルモノナルヲ以テ强制執行カ既ニ終了シタル限リ確認ノ利益ヲ缺キ寧ロ給付訴訟ヲ提起シ得レハナリ强制執行カ終了シタルヤ否ヤハ五七四條五七九條六〇一條六一五條六三〇

條等ニ依リ之ヲ定メサルヘカラス。

強制執行ハ執行參加ノ訴繫屬中ニ終了シタルトキハ異議訴訟ノ原告タル第三者ハ民法ノ規定ニ從ヒ主張スルコトヲ得ヘキ目的物ノ取戻賣得金ノ償還及損害賠償ヲ求ムル申立ニ變更スルコトヲ得ヘシ(一九六條三號)又第三者ハ強制執行ヲ實施セラレタルカ爲メ其目的物ニ付キ有スル權利ヲ失フコトナキカ故ニ強制執行終了後ニハ民法ノ規定ニ從ヒ或ハ第三取得者ニ取戻ヲ求メ或ハ債權者ニ不當利得若クハ不法行爲ニ基ク請求ヲ爲スコトヲ得ヘシ。

第三者ノ執行異議ノ訴ハ第三者カ權利範圍ヲ侵害セラレタルヲ理由トシ各個ノ執行處分ノ不許ノ確認ヲ求ムルモノナルカ故ニ異議ノ對象トナルヘキモノハ強制執行ノ目的物タラサルヘカラス異議ノ原因ハ種種アルモ其目的ハ事實上存スル侵害ヲ排除スルニアルヲ以テ強制執行ノ方法カ適法ナルト否トハ區別スル要ナシ故ニ五四四條ニヨリ方法ニ關スル異議ヲ主張スルコトヲ得ルハ第三者ノ執行異議ヲ主張スルニ妨ケトナラサルコトハ前述ノ如シ從テ裁判所ハ形式的關係ニ於テ執行カ適法ナリヤ否ヤハ審査スヘキモノニアラス。

(三) 原告ハ常ニ強制執行ニ關シテハ第三者ニシテ其執行ノ目的物ニ付キ所有權其他讓渡若クハ引渡ヲ妨クル權利ヲ有スルモノナラサルヘカラス。

第三者トハ執行債務者ニ非サル者即チ債務名義ニ於テ給付ヲ命セラレタル者若クハ執行文ニヨリ債務名義カ執行力アル者（五一九條）以外ノ者ヲ云フ然レトモ例外トシテ執行債務者ハ其責任ヲ一定ノ財産部分ニ制限セラレ若クハ其部分ヲ限シテ責任ナキトキハ第三者タルコトヲ得即チ遺言執行者破産管財人ノ如キハ其私財ヲ差押ラレタルトキハ執行異議ノ訴ヲ起スコトヲ得ヘシ。第三債務者ハ債權差押ノ場合ニ執行異議ノ訴ヲ起スコトヲ得ス何トナレハ第三債務者ハ差押ヘラレタル債權ニ付キ何等ノ權利ヲ有スルモノニアラサレハナリ。

（四）　第三者執行異議ノ訴ハ常ニ强制執行ヲ爲シタル債權者ヲ被告トナササルヘカラス執達吏若クハ辯護士カ九九條ニ依リ自己ノ爲メニ執行ヲ爲シタル限リ執達吏若クハ辯護士ヲ相手取リテ此訴ヲ爲スヘキモノトス債權者ノ承繼アリタルトキハ執行文ニ之ヲ表示シタル承繼人ヲ被告トナササルヘカラス何トナレハ强制執行ハ承繼人ノ爲メニノミ行ハルルモノナレハナリ（五一九條）又數人ノ債權者アルトキハ其數人ノ債權者ニ對シ同時ニ異議ノ訴ヲ起スコトヲ得。

執行異議ハ强制執行ヲ妨クルコトヲ目的トスルニアルカ故ニ債務者ハ此訴ヲ以テ相手取ラルヘキモノニアラス何トナレハ債務者ハ債權者ノ權限ナクシテ生セシメタル結果ニ對シ責任ヲ有スルモノニアラス又此關係ニ於テ第三者ヲ滿足セシムル處置ヲモ取ルコト能ハサレハナリ然レトモ第三

者カ債務者ニ對シ自己ノ權利ヲ强制執行ノ目的物ノ返還ヲ目的トスル給付訴訟ニヨリ若クハ確認訴訟ニヨリ主張セントスルトキニハ債權者ニ對スル訴訟法上ノ異議訴訟ト債務者ニ對スル實體法上ノ訴ノ二者併存スヘキナリ此二種ノ訴ハ四八條ノ要件ヲ缺クモ法律ハ同一訴訟ニ於テ辯論及裁判ヲ爲スヲ得セシムル爲メ此兩訴ノ併合ヲ許シ以テ債權者及債務者ヲ共同被告ト爲シタリ（五四九條二項改六七四條二項）此共同訴訟ハ訴ノ申立及原因ヲ異ニスル爲メ五〇條ノ意味ニ於ケル必要的共同訴訟ニアラサルナリ。

第三　裁判手續

（一）管　轄

土地ノ管轄ハ執行行爲ヲ爲シタル地ヲ管轄スル裁判所ニ專屬ス（五四九條三項五六三條改六九四條三項六九一條）蓋シ執行異議ハ特定ノ執行行爲ニ對シテ之ヲ爲スモノナレハ其攻擊セラルル所ノ個個ノ執行行爲ヲ爲シタル地ヲ管轄スル裁判所之ヲ裁判スヘケレハナリ故ニ差押物件カ他ノ裁判所ノ管轄ニ移轉セラレタルトキト雖モ差押ヲ爲シタル地ヲ管轄スル裁判所ハ管轄權ヲ有ス何トナレハ差押ハ原告カ其權利ヲ侵害スルモノトシテ攻擊スル所ノ執行行爲タレハナリ債權若クハ其他ノ權利ノ差押ヲ爭フ所ノ訴ハ差押命令ヲ第三債務者若クハ債務者ニ送達シタル地ヲ管轄スル裁

ニ提起スヘキモノニアラスシテ差押命令ヲ發シタル地ニ在ル裁判所ニ提起スヘキモノトス既ニ配當手續開始シタル場合ニ於テハ配當手續ニ付キ管轄權ヲ有スル裁判所ノ在ル地ヲ管轄スル裁判所ニ提起スヘキモノトス何ナレハ此場合ニ於ケル異議訴訟ハ差押ニ對シテ爲スヘキモノニアラスシテ賣得金ノ配當若クハ債權者ニ支拂フコトニ對シテ爲スモノナレハナリ。事物ノ管轄ハ訴訟物ノ價格ニ從テ之ヲ定ム故ニ其ノ管轄ハ區裁判所或ハ地方裁判所タリ。

二　訴ノ提起

訴ノ申立ハ五五〇條一號ヲ斟酌シ强制執行ノ取消ヲ求メスシテ特定セラレタル物件ニ對スル個個ノ强制執行ヲ許スヘカラストシテ宣言シ若クハ停止センコトヲ求メサルヘカラス此申立ニ他ノ申立ヲ併合スルコトヲ得例ヘハ被告ニ差押物件ノ解除ヲ命スル言渡ヲ求ムルコトハ妨ケサルモ無用ノコトニ屬ス何トナレハ執行ハ許スヘカラスト宣言サレタルトキニハ五五〇條一號五五一條ニヨリ執行行爲ハ取消サルルモノナレハナリ純然タル差押解除ノ申立ハ形式上正當ナラス然レトモ權利關係ノ成立若クハ不成立ヲ承認スヘシトノ申立ヲ確認ノ申立トシテ解スヘキカ如ク上示ノ意義ニ解スヘキナリ。

訴ノ原因ハ强制執行ノ事實及事實上明確ニセラレタル第三者ノ所有權其他讓渡若クハ引渡ヲ妨ク

ル權利ノ存在ナリ。

第三者ハ原告タル訴訟ノ地位上其主張スル權利ヲ債權者ニ對シテ立證セサルヘカラス差押ラレタル物件カ債務者ノ占有中ニ在ルコト若クハ物件ヲ差押ラレタル第三者カ差押ニ付キ異議ヲ述ヘサリシコトハ差押ラレタル物件カ債務者ニ屬スルコトノ推定ヲ爲サシメ差押ヲ正當ナラシム之ニ對シ第三者ハ强制執行カ不當ニ係爭物件ニマテ及ヒシコトヲ證明セサルヘカラス。

强制執行ハ訴ノ提起ニヨリ當然妨ケラルルモノニアラス其停止及取消ニ付テハ五四七條五四八條ノ規定ヲ準用シ特別命令ヲ必要トスルモノナリ而シテ此場合ハ五四七條ノ場合ト異ナリ執行處分ノ取消ハ保證ヲ立テシメスシテ之ヲ爲スコトヲ得(五四九條三項改六七四條四項)。

第四　判決

執行異議ヲ理由アリトシテ認メタルトキハ判決ハ單ニ個個ノ强制執行ノ不許可ヲ宣言スヘキモノトス執行ノ取消ハ之ニヨリ自ラ生スルナリ(五五〇條一號)取消ノ宣言ハ五四八條ニ從ヒ單ニ一時的ニ之ヲ必要トスルノミ故ニ判決ハ執行機關ニ對スルモノニシテ債權者ニ對シ執行(狹義)ニ適當スル給付ノ言渡ヲ含ムコトナシ然レトモ假執行ノ宣言ヲ付シ得ルコトハ前述ノ如シ其實行ハ之カ爲メニ五二八條ニ從ヒ送達ヲナスコトナクシテ五五〇條五五一條ニ從ヒ爲サルヘキモノトス。

强制執行ヲ許サスト宣言スル判決ニヨリ執達吏モ債權者モ共ニ執行開始前ノ原狀ニ回復スル義務ヲ負擔スルコトナシ就中差押物件ヲ債權者ノ側ニ於テ費用ヲ負擔シテ債務者ニ返還スル義務ナシ債務者若クハ其他ノ受領權限者ヲシテ其物件ヲ處分シ得ル狀態ニ置ケハ十分ナリ債權者ハ差押物件ヲ自ラ解除スルトキ亦同シ斯カル場合ニハ訴訟費用ハ一般ニ被告ニ負擔セシムヘキモノトス(七二條)然レトモ債權者カ其作爲ニヨリ訴ヲ起スニ至ラシメタルニ非サル場合ニ於テ其請求ヲ直ニ認諾シタルトキハ第七四條ノ適用アリ第三者カ其主張ヲ疏明シタルニ拘ラス債權者カ明カニ拒絕シ若クハ推定的行爲ニヨリ拒絕シタルカ如キ場合ニハ債權者カ其作爲ニヨリ訴ヲ起スニ至ラシメタルモノト云フヘシ。債權者カ差押物件ヲ解除シタル場合ニ於テ之ヲシテ訴訟費用義務ニ關シ有效ナラシメンニハ之ヲ第三者ニ通知セサルヘカラス。

執行異議ヲ理由ナシトシテ却下シタルトキニハ判決ハ五四八條ニ從ヒ執行停止ノ假處分ヲ取消スコトヲ得此取消命令ナキ時ニハ債權者ハ却下判決ノ確定後若クハ假執行ノ宣言アリシトキ五五〇條一號ヲ準用シ執達吏ニ强制執行ノ續行ヲ求ムルコトヲ得第三者ハ執行ノ遲延ニヨリ生シタル損害ニ對シ民法ノ規定ニ由リ賠償責任アリ。

第五　執行異議訴訟ト他ノ救濟方法トノ關係

一　第三者ハ其權利ヲ主張スル爲メ普通五四九條ノミニ依ルヘキモノトス唯例外トシテ五四四條ニ依ル異議トノ競合ヲ許スヘキモノトス。

二　差押債權ニ付キ權利ヲ主張スル者ハ五四四條ノ異議訴訟ニ依ラスシテ第三債務者ニ對シ給付ノ訴ヲ提起シ第三債務者カ債權ノ差押ヲ抗辯トシタルトキニハ再抗辯トシテ其差押ノ不許可ヲ主張スルコトヲ得ヘシ。

三　主參加訴訟ト第三者ノ執行異議即チ執行參加訴訟トハ區別スルヲ要ス兩者ノ別ハ主參加訴訟ハ本訴訟確定ノ裁判アルマテ之ヲ爲スコトヲ得、執行參加訴訟ハ本訴訟ノ裁判ノ確定シタル後ニ於テ始メテ之ヲ爲シ得ルト云フコトニ存スルモノニアラス何トナレハ假執行ノ宣言ヲ付シタル判決ノ執行ニ付テハ判決ノ確定前ニ於テ執行參加訴訟ヲ爲スコトヲ得レハナリ然レトモ此兩者ノ訴訟ハ其提起ノ原因ト目的トニヨリ區別スルコトヲ得ヘシ主參加訴訟ハ主參加人カ權利ヲ主張スルモノヲ訴訟物トシテ他人ノ間ニ訴訟カ繫屬スルニ因リ訴ヲ提起スルモノトス執行參加訴訟ハ之ニ反シ執行行爲カ執行參加人ノ財產ヲ侵害シタルニ因リ訴ヲ提起スルナリ主參加訴訟ハ物若クハ權利ニ關シ三人ノ當事者間ニ統一シタル判決ヲ得ルコトヲ目的トシ執行參加訴訟ハ之ニ反シ强制執行ノ不許可ノ確定ヲ求ムルモノニシテ間接ニハ强制執行ノ停止並ニ執行處分ノ取消ヲ目的トスル

ノナリ是ニ由リ之ヲ見レハ主參加訴訟ハ他人間ニ權利拘束トナリタル訴訟ノ目的物ニ對シ第三者カ權利ヲ主張スルモノニシテ民法的訴訟ナリ執行參加訴訟ハ之ニ反シ訴訟ノ目的物ニ對スル第三者ノ權利ヲ訴訟ノ目的物トスルモノニアラス唯強制執行ノ當否ヲ爭フモノニシテ訴訟法的訴訟ナリ故ニ主參加訴訟ハ本訴訟カ第一審トシテ繫屬シタル裁判所ニ之ヲ爲スモノナレトモ執行參加訴訟ハ常ニ執行手續開始地ノ裁判所ノ管轄スル所ナリ然レトモ訴訟物ハ特定ノ物件ニシテ且ツ被告カ假執行宣言付ノ判決ニヨリ引渡ヲ命セラレタルトキニハ此兩種ノ參加訴訟ハ酷似スルナリ此場合ニ於テ假執行宣言付ノ判決ニ基キ七三〇條ニ從ヒ強制執行カ開始シタルトキニハ判決ノ確定ニ至ルマテ主參加訴訟ヲ爲スコトヲ得ヘク強制執行ノ終了ニ至ルマテハ執行參加訴訟モ亦之ヲ爲スヲ得ヘキヲ以テ第三者ハ或ハ執行參加ノ訴ヲ以テ強制執行ニ對シ異議ヲ主張スルト同時ニ強制執行ヲ一時停止スルノ申立ヲ爲スコトヲ得ヘク或ハ主參加訴訟（五一條）ニヨリ其權利ヲ主張スルコトヲ得ヘシ此場合ニハ第三者ハ假處分（七五五條以下、改九三九條以下）若クハ本訴訟ノ中止（五二條改二四條六四條）ニヨリ其權利ヲ保護スルコトヲ得ヘシ。

第六　以上述ヘタル第三者ノ執行異議ノ訴ニ關スル說明ハ判決以外ノ債務名義ニ依ル強制執行ニ準用セラルルモノトス。

第四章　强制執行手續ニ於ケル抗告

第一　即時抗告ヲ爲シ得ル裁判

强制執行手續ニ於テ口頭辯論ヲ經スシテ爲スコトヲ得ル裁判ニ對シテハ即時抗告ヲ爲スコトヲ得ヘシ（五五八條改六九〇條）而シテ實際口頭辯論ヲ經タルヤ否ヤ又ハ申立カ却下セラレタルヤ否ヤハ問フ所ニアラス强制執行手續ニ於テ爲ス裁判トハ强制執行實施手續ニ關スル終局裁判ニシテ强制執行準備手續ニ關スル裁判ニアラス强制執行實施手續ニ關スル終局裁判ハ其性質上永ク未確定タラシムヘキモノニアラス短期間ノ内ニ取消シ得ヘカラサルモノト爲ス必要アルヲ以テ法律ハ之カ不服申立方法トシテ即時抗告ヲ選ヒ普通ノ抗告ニ依ラシメサルナリ。

執行裁判所ノ總テノ裁判（五四三條三項）五二二條（改六四八條）五四四條（改六六九條）五四七條（改六七二條）五四九條（改六七四條）六一三條（改七四九條）七三三條（改九一四條）七三四條（改九一五條）ノ場合ノ裁判ハ强制執行實施手續ニ關スル終局裁判ニ屬ス然レトモ强制執行準備手續ニ屬スル四九九條（改二八三條）五二三條（改六四九條）五三四條（改六五九條）等ニ基ク裁判及口頭辯論ヲ命スルコト若クハ證據ニ決定等ノ如キ强制執行手續ノ進行中ニ爲シタル訴訟指揮ノ裁判ハ之

ニ屬セス又執行裁判所カ審訊スルコトナクシテ爲シタル限リ裁判所ノ執行行爲ニ對シ五五八條ノ適用ナシ執行手續ニ於テ口頭辯論ヲ經スシテ爲スコトヲ得ル裁判ニシテ法律上不服申立ヲ許ササル明文アルモノ例ヘハ五〇〇條末項(改六三三條末項)五一一條末項(改四五九條)五一二條(改六三五條)五四八條(改六七三條)モ亦然リ。

五〇一條等ニ依ル假執行ニ關スル裁判ハ判決ノ成分トシテ判決ニ對シ爲スコトヲ得ル上訴方法ヲ以テ攻擊スヘキモノトス。

判決確定證明書若クハ執行文付與ノ場合ニ於ケル裁判所書記ノ處分ノ變更ヲ求ムルニハ先ツ裁判所ノ裁判ヲ求ムヘク然シテ此裁判ニ對シ初メテ普通抗告ヲ爲スヘキモノトス執達吏ノ行爲ニ對シテハ五四四條ニ從ヒ執行裁判所ニ裁判ヲ求メ此裁判ニ對シ卽時抗告ヲ爲スヘキモノトス。

第二　卽時抗告ヲ爲スコトヲ得ル場合

强制執行手續ニ於ケル裁判ニ對シ卽時抗告ヲ爲スコトヲ得ル者ハ債權者及債務者ハ勿論其裁判ニ依リ利益ヲ害セラレタル第三者モ亦之ニ對シテ卽時抗告ヲ爲スコトヲ得ヘシ例ヘハ債權差押ノ場合ニ第三債務者ハ卽時抗告ヲ爲スコトヲ得執達吏ハ職務行爲ノ命令若クハ禁止ニ對シ卽時抗告ヲ爲スコトヲ能ハサルモ手數料ニ關シ利害關係ヲ有スル裁判ニ對シ卽時抗告ヲ爲スコトヲ得。

第三　手續

卽時抗告ハ四六六條(改四九九條)ノ規定ニ依ルモノトス卽時抗告ハ執行停止ノ效力ナシ然レトモ不服ヲ申立テラレタル裁判ヲ爲シタル(裁判所又ハ裁判長ハ抗告ニ付テノ裁判アルマテ其執行ノ中止ヲ命スルコトヲ得(四六〇條改四九四條)此假處分ニ對シテハ抗告ヲ許サス。

第五章　執行ノ停止及制限

既ニ說明シタル五〇〇條五一二條五二二條二項五四四條一項五四七條五四八條五四九條四項ハ受訴裁判所若クハ執行裁判所カ强制執行ノ進行中ニ於テ强制執行ヲ妨クル爲メニ發スル命令ヲ規定セリ之ニ反シ五五〇條(改六七五條)ハ當事者カ强制執執ノ停止又ハ制限ヲ求ムル時ニ執ルヘキ準據ヲ定メタルモノトス强制執行手續ニ於テモ亦處分權主義行ハルルカ故ニ强制執行ハ債權者ノ申立ニヨリ直ニ之ヲ停止若クハ制限セサルヘカラス之レ事物ノ性質上然ラシムルモノニシテ法律ハ特ニ明文ヲ揭クルコトナシ然レトモ債務者若クハ第三者カ强制執行ノ停止又ハ制限ヲ求ムル場合ハ之ト同ウシテ論スルコトヲ得ス强制執行ノ實施ハ債務者若クハ第三者ノ異議ニヨリ妨ケラレサルヲ通例トス債務者若クハ第三者ハ之ヲ妨ケントスルニハ既ニ說明シタル方法ニヨリ裁判所ノ裁判ヲ求メ之ヲ執行機關ニ提出セサルヘカラス(五五〇條一二號改六七五條一、二號)例外トシテ執行免除ノ條件履行ノ證明書及ヒ請求ニ關スル實體的異議ヲ提出スルコトヲ得(同條三、四號改同條三、四號)債務者ノ財產ニ破產宣告アリタル場合ニハ其破產財團ニ屬スル財產ニ對シ爲シタル强制執行ハ破產財團ニ對シ其效力ヲ失フヘキモノニシテ此例外ノ一種ニ屬ス、以上五個ノ場合ニ於テ

ハ執行機關ハ强制執行ヲ停止若クハ制限スル義務アルモノトス强制執行ノ停止トハ既ニ開始シタル强制執行ヲ續行セサルコトヲ云ヒ强制執行ノ制限トハ其範圍ヲ限ルコトヲ云フ故ニ前者ノ場合ニ於テハ强制執行ヲ其全體ニ於テ續行スルコトヲ得サルモ後者ノ場合ニ於テハ强制執行ヲ適當ニ減縮シタル範圍内ニ於テ續行スルコトヲ得ヘシ右五個ノ場合ヲ除キテハ如何ナル場合ニ於テモ執行機關ハ債務額及執行費用ノ任意的給付ヲ受ケタルカ或ハ債權者ノ指圖アルニアラサレハ强制執行ヲ停止スル權限ナシ、故ニ執行機關ハ執行停止ノ效力ヲ有スル抗告ノ提出アリシトテ或ハ破産開始カ目前ニ迫リシトテ或ハ訴カ控訴審ニ於テ取下ケラレ若クハ闕席判決ノ言渡後取下ケラレシトテ强制執行ヲ停止スルコトヲ得ス訴ノ取下ハ一旦付與シタル執行文ヲ直ニ滅却スルモノニアラス又執行機關ニ執行ヲ停止スル權限ヲ與フルニ十分ナラサルナリ、斯カル場合ニハ債務者ハ寧ロ五二二條若クハ五四五條ニ從ヒ異議ヲ主張セサルヘカラス執行機關カ專斷ニ執行行爲ヲ中止スルコトハ爾後其執行行爲ハ形式的欠缺ニヨリ執行ヲ開始スヘカラサリシモノナリト確定スルモ之ヲ正當ト爲スモノニアラス。

債權者カ債務者ニ義務履行ノ猶豫ヲ承諾シタルトキハ猶豫期間ノ經過スルマテ强制執行ヲ停止セサルヘカラス。

債務者カ債權者ニ對シ辨濟ヲ完全ニ爲サヽルトキ就中執行費用カ支拂ハラレサルトキハ執行ハ唯其部分ニ制限スヘキモノトス。

第一節　停止及制限ノ場合

强制執行ハ左ノ場合ニ於テ債務者又ハ第三者ノ要求ニ依リ之ヲ停止シ又ハ制限スヘキモノトス（五五〇條）

第一　執行スヘキ判決若クハ其假執行ヲ取消ス旨又ハ强制執行ヲ許サス若クハ其停止ヲ命スル旨ヲ記載シタル執行力アル裁判ノ正本ヲ提出セラレタルトキ（第一號）

執行力アル裁判ノ正本トハ執行スルコトヲ得ヘキ裁判ノ正本ノ意義ニシテ執行力アル正本ト區別セサルヘカラス（五一六條）故ニ裁判カ判決ナルトキハ執行シ得ヘキカ爲メニハ原則トシテ確定シタルコト若クハ假執行ノ宣言アルコトヲ要ス例外トシテ上告審ノ對席判決訴訟費用ノミニ付テノ判決假差押並ニ假處分ヲ取消ス判決及五一〇條一項ノ場合ニ於ケル判決ハ確定若クハ假執行ノ宣言ヲ得スシテ法律上當然執行シ得ヘキモノトス。

執行スヘキ判決ヲ取消ス旨ヲ記載シタル裁判トハ上訴故障ノ申立原狀回復ノ申立又ハ再審ノ訴ニ

基キ又ハ留保判決ノ言渡後ニ於ケル手續ニ於テ爲シタル裁判ニシテ執行スヘキ判決ノ假執行ヲ取消ス旨ヲ記載シタル裁判トハ控訴故障ノ申立ニ基キ又ハ留保判決ノ言渡後ニ於ケル手續ニ於テ爲シタル裁判ナリトス(四二六條四二七條四九一條四九二條五一〇條五一一條)又强制執行ヲ許ストシテ宣言シタル旨ヲ記載シタル裁判ハ五二二條一項五四五條五四六條五四九條ノ場合ニ於テ爲スヘキモノトス抗告ニ依リ裁判ヲ取消シタル決定モ亦玆ニ所謂裁判ニ屬ス(五五九條一號)又强制執行ノ停止ヲ命シタル旨ヲ記載シタル裁判ハ五四四條一項五四七條二項五四八條五四九條四項ノ規定ニ依リ裁判スル場合ニ生スヘシ。

執行スヘキ判決ヲ取消ス判決ハ其確定シタルトキ又ハ其假執行ノ宣言アルトキニ限リ之ヲ執行スルコトヲ得ルモノトス故ニ執行スヘキ判決ヲ取消ス判決ノ確定ヲ俟ツテ强制執行ノ停止又ハ制限ヲ求ムルニハ其判決ノ正本ヲ提出スルト同時ニ四九九條ニ基キテ此判決確定ノ證明書ヲ提出セサルヘカラス蓋シ執行機關ハ斯カル證明書ヲ提出セラレサルトキハ判決カ確定シタルコトヲ確認シ難ケレハナリ然レトモ判決ニ假執行ノ宣言アリシ時若クハ法律上當然執行シ得ヘキトキニハ執行機關ハ判決自體ニヨリ之ヲ知ルコトヲ得ルヲ以テ特ニ之カ證明書ヲ提出スル必要ナシ又强制執行ヲ許サヽル旨ヲ宣言スル決定又ハ其停止ヲ命スル決定モ證明書ヲ俟タスシテ直ニ之ヲ執行スルコ

トヲ得ヘシ。蓋シ之等ノ決定ハ抗告ヲ以テ不服ヲ申立テラレタルトキト雖モ之ヲ執行スルコトヲ得ヘキヲ以テナリ。然レトモ之等ノ決定ニ對スル抗告ノ提起後ニ執行中止ヲ命スル裁判アリタルトキハ此決定ヲ直ニ執行スルコトヲ得サルハ多言ヲ要セス（四六〇條）

第二　執行又ハ執行處分ノ一時ノ停止ヲ命シタル旨ヲ記載シタル裁判ノ正本ヲ提出セラレタルトキ（五五〇條二號）

執行又ハ執行處分ノ一時停止ヲ命シタル旨ヲ記載シタル裁判ノ正本トハ四六〇條二項三項五〇〇條五一二條五二二條二項五四四條一項五四七條二項五四八條一項五四九條末項等ノ規定ニ從ヒ爲シタル裁判ノ正本ナリ。

五五〇條二號末段ニ執行力アル裁判タルコトヲ明示セスシテ單ニ裁判ノ正本トシタル所以ノモノハ執行又ハ執行處分ノ一時停止ヲ命スル決定ハ抗告ヲ以テ不服ヲ申立テタルトキト雖モ執行停止ノ效力ナキヲ以テ直ニ之ヲ執行スルコトヲ得ヘク（四六〇條）又五四八條ニ從ヒ判決ニ於テ執行ノ一時ノ停止ヲ命スルトキハ此點ニ關シ假執行ノ宣言ヲ付スヘキモノナルカ故ニ此判決ハ未タ確定セサルトキト雖モ此點ニ關シテハ直ニ之ヲ執行スルコトヲ得ヘキヲ以テ其執行力ヲ有スルコトヲ要スル旨特ニ規定スルノ必要ナケレハナリ。

第三　執行ヲ免ルル爲メ保證ヲ立テ又ハ供託ヲ爲シタル旨ヲ記載シタル公正ノ證明書ヲ提出セラレタルトキ(第三號)
保證ヲ立テ又ハ供託ヲ爲シテ執行ヲ爲スコトヲ許ス裁判ハ五〇〇條五〇五條二項五一二條五二二條二項五四四條一項五四七條二、三項及五四九條四項等ニ於テ爲スヘキモノトス而シテ該裁判ニ基キテ保證ヲ立テ又ハ供託ヲ爲シタル旨ヲ記載スル公正ノ證明書ヲ提出シタルトキハ强制執行ヲ停止シ又ハ之ヲ制限セサルヘカラス。
第四　執行スヘキ判決ノ後ニ債權者カ辨濟ヲ受ケ又ハ義務履行ノ猶豫ヲ承諾シタル旨ヲ記載セル證書ヲ提出セラレタルトキ(第四號)
債務者カ債權者ニ辨濟ヲ爲シ(代物辨濟相殺等廣ク債務消滅原因ヲ包含ス)又ハ債權者ヨリ義務履行猶豫ノ承諾ヲ受ケタルコトハ公正證書若クハ債權者カ作成シタル私署證書(受取書延期書)ニヨリ之ヲ立證スルコトヲ得執行機關ニ對シ疏明其他ノ方法ニヨリ該證書ノ眞正ナルコトヲ證スルハ債務者ノ責任ニシテ執行機關ハ其證書ノ眞否ヲ調査セサルヘカラス若シ債權者ノ代理人カ證書ヲ交付シタルトキハ其代理權ノ有無ヲ調査スルコトヲ要ス債權者ノ主張又ハ他ノ事情ニ依リ債務者ノ提出セル證書ヲ眞正ト認ムヘカラサルカ又ハ無效ト認ムヘキトキハ執行機關ハ强制執行ヲ續

行セサルヘカラス。

第五　債務者ノ破産

破産カ債務者ノ財産ニ對シ開始セラレタルトキニハ其手續中破産財團ニ屬スル財産ニ對シ爲シタル强執執行ハ破産財團ニ對シテハ其ノ效力ヲ失フモノナルカ故該財産ニ對シ破産債權者タルヘキ債權者ノ爲メニ强制執行ノ續行ヲ爲スコトヲ得ス（破七〇條舊破九八五條）故ニ執行機關ハ職權ヲ以テ執行ヲ停止セサルヘカラス然レトモ執行カ別除權若クハ取戻權ノ行使トシテ行ハレタルトキハ此限ニアラス何トナレハ此等ノ權利ハ破産手續ニ依ラスシテ之ヲ主張スルモノナレハナリ。破産財團ニ屬スヘキ破産者ノ財産ニ對シ强制執行ヲ續行シ若クハ開始シタルトキハ破産管財人ハ民訴五四四條ニ從ヒ異議ヲ主張スルコトヲ得然レトモ五四九條ニヨリ之ヲ爲スコトヲ得ス。

第二節　停止及制限ノ效力

强制執行ノ停止及制限ハ唯强制執行ノ續行ヲ止ムル意義ヲ有スルニ過キス既ニ爲シタル執行行爲ノ效力ヲ遡及的ニ左右スルコトヲ得ルモノニアラス然レトモ前ニ述ヘタル第一及第三ノ場合ニ於テハ執行機關ハ獨リ其行動ヲ停止スルノミナラス特別ノ命令ヲ俟タスシテ既ニ爲シタル執行處分

ヲモ取消サヽルヘカラス蓋シ此場合ニ於テ强制執行ハ終局的ニ許スヘカラサルモノナレハナリ。

既ニ爲シタル執行處分ノ取消ハ其執行處分ニヨリテ各差異アリ有體物差押ノ取消ハ執達吏差押物件ヲ解放シ若クハ債務者ノ保管ニ任シタル差押物件ノ封印ヲ除去スルコトニヨリテ之ヲ爲ス其取消ニ付テハ執達吏之カ調書ヲ作ルヘキモノトス。

物件カ既ニ競賣ニ付セラレ賣得金供託セラレタルトキニハ賣得金ヲ返還スヘキモノトス。

債權又ハ其他ノ權利カ差押ラレタルトキニハ債務者ハ第三債務者ニ裁判若クハ保證ヲ立テタル公正ノ證明書ヲ提出シテ差押及轉付ノ不當ヲ逃フルコトヲ得差押等ヲ取消ス爲メニ爾餘ノ裁判上ノ宣言ヲ要スルコトナシ。

不動產若クハ船舶ノ差押ヲ取消ス時ハ差押ヲ解除スル旨宣言スル執行裁判所ノ決定ヲ必要トス。

執行處分ヲ取消シタル後ニ其取消ヲ宣言シタル裁判カ取消若クハ變更セラレタルトキニハ執行ヲ再ヒ爲スコトヲ得執行處分ハ事實上取消サレサル前ニ强制執行カ再ヒ許スヘキモノト爲サレタルトキニハ債務者ハ取消ヲ再ヒ請求スルコトヲ得ス。

第二ノ場合ニ於テハ裁判所カ其裁判ヲ以テ從前ノ執行行爲ノ取消ヲ命シタルトキニ限リ之カ取消ヲ爲ス裁判ニ於テ特ニ取消命令ナキ場合ニハ既ニ爲シタル執行處分ヲ一時保持ス是此場合ノ執行

停止ハ一時停止ナル當然ノ結果ナリトス。

第四ノ場合ニ於テハ既ニ爲シタル執行處分ハ債權者カ執行委任ヲ取下クルカ若クハ執行處分ノ取消ヲ命スル執行シ得ヘキ裁判ノ提出アルマテハ其效力ヲ有スルモノトス之蓋シ債權者カ辨濟ヲ受ケス又ハ義務履行猶豫ノ承諾ナキニ拘ラス斯カル文書カ執行機關ニ提出セラルル虞ナシトセサレハナリ(五五一條改六七六條)

第三節　停止及制限ノ手續

債務者又ハ第三者カ强制執行ノ停止又ハ制限ヲ求ムル爲メ五五〇條ニ從ヒ前節ニ說明シタル書面ヲ提出シタルトキハ執達吏ハ調書ニ其書面ノ旨趣ヲ記載シ以テ前節ニ說明シタル如キ適當ナル處分ヲ爲サヽルヘカラス强制執行ノ停止及制限ノ爲メ執達吏ニ右書面ヲ提出スルハ證明ノ方法トシテ執達吏ニ示スノ意ニ過キスシテ之ヲ交付スルモノニアラス而シテ强制執行ノ停止及制限アリタルトキハ之ヲ債權者ニ通知セサルヘカラス執達吏カ强制執行ヲ停止又ハ制限シタルコトニ對シ債權者ハ執行裁判所ニ異議ヲ提出スルコトヲ得ヘク執達吏カ强制執行ノ停止又ハ制限ヲ拒絕シタルトキハ債務者又ハ第三者ハ執行裁判所ニ異議ヲ提出スルコトヲ得(五四四條)執行裁判所カ强制執

行ヲ停止シタルトキ（例ヘハ債權差押ノ場合）ハ五五八條ノ適用アリ。五五〇條ニ從ヒ停止又ハ制限セラレタル强制執行ノ續行ニ關シテハ法律上何等ノ明文ナシ然レトモ强制執行ノ停止又ハ制限カ裁判上ノ命令ニ基クトキ（五五〇條一、二號ノ强制執行ノ停止又ハ制限スル場合ハ裁判ニ基クモノナルコト論ヲ俟タス三號ノ場合ニ於テ强制執行ヲ停止シ又ハ制限スルモ亦之ニ同シ蓋シ執行ヲ免ルル爲メ保證ヲ立テ又ハ供託ヲ爲シタル旨ヲ記載シタル公正ノ證明書ノ提出アリタル場合ニ於テ强制執行ヲ停止シ又ハ制限スルハ保證ヲ立テ又ハ供託ヲ爲シテ執行ヲ免ルルコトヲ許ス裁判ニ基クモノナルヲ以テナリ）ハ更ニ强制執行ヲ爲スニハ債權者ノ申立アルノミニテハ足レリトセス尚ホ續行ヲ命シ若クハ停止ヲ取消ス裁判上ノ裁判ヲ提出スルコトヲ必要トス此裁判ヲ爲スヘキ裁判所ハ强制執行ノ停止又ハ制限ノ基礎トナリタル裁判ヲ爲シタル裁判所トス。唯假處分トシテノ停止ニ付テハ特ニ之ヲ明カニスル裁判在ルノ用アラサルモノトス然レトモ例外トシテ五四七條末項ノ規定ニ基キ執行裁判所ノ特別命令ヲ認可スル受訴裁判所ノ裁判ヲ提出スヘキカ爲メニ相當ノ期間ヲ定メタル場合ニハ該期間ノ徒過ニ依リ又ハ强制執行ノ續行カ債權者ノ保證ヲ立ツヘキ條件ニ繫リタルトキハ債權者カ執行機關ニ保證ヲ立テタルコトノ公正ノ證明書ヲ提出シテ之ヲ證明シ且ツ其ノ謄本ヲ相手方ニ送達シタルコトノ證明ニ依リ（五二九條）强制執行ヲ續行スルコト

ヲ得ルモノトス。執行スヘキ判決ノ後ニ債權者カ辨濟ヲ受ケタル旨ヲ記載シタル證書ノ提出アリタルカ爲メ强制執行ヲ停止シ又ハ制限シタル場合ニ於テ債權者ノ要求アルノミニテ更ニ强制執行ヲ續行スヘキモノナリト說明スル者アルモ五五〇條ハ其一號乃至四號ノ書面ヲ提出シタルトキハ强制執行ヲ停止又ハ制限ストアリテ各號ノ書類ノ差別ニヨリ之ヲ區別セサルノミナラス三號ノ場合ニ於テハ債務者ハ單ニ供託ヲ爲シタル場合ナリト雖モ强制執行ヲ續行スル爲メニハ債權者ノ申立アルノミニテハ足レリトセス尙强制執行ヲ命スル裁判アルコトヲ必要トスルニ拘ラス四號ノ場合ニ於テ辨濟ヲ爲シタル債務者ハ一ニ債權者ノ申立ニ放任セラルルコトニ歸スルヲ以テ債權者カ已ニ辨濟ヲ受ケナカラ更ニ强制執行ヲ求ムルコトアル結果ヲ生シ彼是債務者ヲ保護スル方法公平ヲ缺クニ至ルヘシ故ニ此場合ニ於テモ更ニ强制執行ヲ爲スニハ之ヲ命スル裁判アルコトヲ必要トスルモノト云ハサルヘカラス此裁判ハ五四四條ノ規定ニ從ヒ債權者ノ申立ニヨリテ執行裁判所之ヲ爲スモノトス然レトモ執行スヘキ判決ノ後ニ債權者カ義務履行ノ猶豫ヲ承諾シタル旨ヲ記載シタル證書ヲ提出シタル爲メ强制執行ヲ停止シ又ハ制限シタル場合ニ於テ一定ノ猶豫期間ノ定メナキトキハ債權者ハ何時ニテモ强制執行ヲ續行スルコトヲ得ルモノトス此場合ニ於テハ債權者ハ執達吏ニ對シ執行ノ續行ニ關シテノミ指圖ヲ爲スヘキモノトス之ニ反シ一定ノ猶豫期間ノ定メアル

トキハ期間ノ滿了後ニ至リ債權者ノ指圖ヲ俟タスシテ執行ヲ續行スヘキヤ否ヤハ各場合ノ事情就中債權者ノ推測スヘキ意思ニ繫カルモノトス故ニ例ヘハ猶豫期間ノ定メ短期ナルトキハ執達吏カ事情執行ヲ續行スル爲メ新ニ委任ヲ受クル要ナキヲ通例トス。

強制執行ノ停止又ハ既ニ爲シタル執行處分ノ取消ニ關スル五五〇條及五五一條ノ規定ハ判決ニ依ル強制執行ニ關スルモノナリト雖モ此規定ハ他ノ債務名義ニ依ル強制執行ニ準用セラルヘキモノトス（五六〇條）

第六章　強制執行ノ開始及終了

第一節　汎論

強制執行ノ開始及終了ハ強制執行法上重要ナル關係ヲ有スルモノニシテ就中五〇〇條五一二條五二二條五二八條五二九條五四三條五四五條五四九條五五二條五五八條五九八條等ニ於テ然リトス

強制執行ハ執行裁判所之ヲ爲ス場合ナルト執達吏之ヲ爲ス場合ナルトヲ問ハス債權者カ執行力アル正本ニ基キ執行着手ノ要件ヲ具ヘテ執行機關ニ強制執行ノ申立ヲ爲シ執行機關之ニ基キ執行處分ニ着手スルニ因リテ始マルモノナリ然レトモ強制執行ノ開始前之カ準備ノ爲メニ行フ所ノ多數ノ行爲ノ存スル在ルヲ以テ之ヲ區別スルヲ要ス此等ノ行爲ハ強制執行ノ準備行爲ナルカ故ニ執行行爲トハ組織的ニ相關聯スルモ毫末モ國家ノ強制力ノ存スルコトナシ卽チ確定證明書ノ附與（四九九條）執行力アル正本ノ付與（五一六條五二三條）保證ヲ立ツルコト或ハ債務名義ノ送達或ハ證明書ノ謄本ノ送達（五〇三條五二八條）等ハ準備行爲ニ屬スルモノトス準備行爲ハ強制執行ノ開始ニアラサルヲ以テ債務者ヲ保護スル爲メ強制執行ノ開始ヲ制限スル所ノ規定ノ適用ヲ受クルコト

ナシ(五二八條五二九條)又準備行爲ニ關シ言渡サレタル裁判ノ取消ニ付テハ五五八條ノ適用ナシ即チ確定證明書及執行文付與ノ拒絶ニ對シテハ五五八條ノ適用ナク唯普通ノ抗告ニヨリ不服ヲ申立ツヘキモノトス。

第二節　强制執行ノ開始

强制執行ハ債權者ノ要求アルトキニ限リ之ヲ始ムヘキモノトス執行機關タル執行裁判所又ハ第一審ノ受訴裁判所ニ對スル强制執行ノ要求ハ之ヲ强制執行ノ申請又ハ申立ト稱シ執達吏ニ對スル强制執行ノ要求ハ之ヲ强制執行ノ委任ト云フ。

强制執行ハ執行ノ處分ニ着手スルニ因リテ始マルヲ以テ

第一　執達吏カ執行行爲ヲ爲ス場合特ニ動産ノ差押(五六六條五六七條六〇三條)動産ノ引渡(七三〇條)及不動産又ハ人ノ住居スル船舶ノ引渡又ハ明渡(七三一條)ニ付テハ債務者ニ對シ(債務者ノ物件ニ對シ)爲サレタル最初ノ執行行爲例ハ(五三六條)ヲ以テ强制執行ノ開始スルモノト云フヘシ。

第二　裁判所カ强制執行ヲ爲ス場合(五九四條五九八條六一五條七三三條)ニ於テハ執行處分

タル裁判ヲ爲シタル時ヲ以テ强制執行ノ開始アルモノト云ハサルヘカラス故ニ此場合ニ於テハ强制執行ハ斯カル裁判ノ送達ヲ竢テ開始スルモノニアラサルナリ然レトモ强制執行ヲ開始スルカ爲メニ必要ナル條件ハ斯カル裁判ヲ爲スニ當リテ存在スルコトヲ要スルヲ以テ例ハ債權ノ差押命令ヲ發スル爲メニハ五二八條ニヨリ先ツ之カ前提トシテ債務名義ヲ送達セサルヘカラス。不動產若クハ船舶ニ對スル强制執行モ亦同シク競賣手續開始決定若クハ强制管理ノ開始決定ヲ發スルコトニ因リテ執行ヲ開始ス(六四四條七〇六條七一七條)有體物ノ引渡又ハ給付ノ請求ニ關スル强制執行(六一四條)ハ差押命令ヲ以テ引渡スヘキ物件ニ對スル執行ヲ開始ス。

第三節　强制執行ノ終了

强制執行ノ終了トハ執行ノ字義ニヨリ區別シテ解スルコトヲ要ス執行トハ債權者ノ滿足ヲ目的トスル國家行動ノ全體ト槪括スルコトヲ得ヘシ。此場合ニ於テハ債權者カ安全ニ滿足ヲ享有スルトキハ强制執行終了スルモノト云ハサルヘカラス然レトモ又執行トハ債權者ノ强制執行ノ要求ニ因リ漸次展開シ且執行ヲ完結スル爲メニナス所ノ行爲ヲ包含スル各個ノ執行處分ト解スルコトヲ得ヘシ此場合ニモ執行ハ債權者ノ滿足ヲ以テ終了スルコトハ勿論ナルモ斯カル滿足ナクシテ終了ス

ルコトアルヘシ。着手シタル執行カ結果ヲ得サルトキ或ハ國家ノ强制執行手段ヲ缺除スルトキ或ハ債權者カ差押物ヲ解除シタルトキ或ハ執行カ五五〇條一號ニ從ヒ發シタル命令ニヨリ終局的ニ停止シ若クハ許スヘカラスト宣言セラレタルトキハ後者ノ意義ニ於テ執行終了シタルモノト云ハサルヘカラス。

强制執行ハ個個ノ執行處分カ保證ニヨリ若クハ保證ナクシテ取消サルル時ト雖モ假處分ニヨリ終了スルコトナシ。

第一　金錢債權ニ付テノ有體動產ノ差押(五六六條)ニ付テハ强制執行ハ執達吏カ差押ニ係ル現金又ハ執行ノ目的物ノ賣得金ヲ債權者若クハ其代理人ニ交付スルニ因リテ終了ス執達吏カ賣得金ヲ領收シ又ハ現金ヲ取立テタルトキハ五四七條五七九條ニヨリ債務者ハ責ヲ免ルモ六二六條等ニヨリ明白ナル如ク事情ニヨリ配當手續ヲ爲ササルヘカラサルヲ以テ强制執行ハ訴訟法上賣得金ノ領收又ハ現金ノ取立ニ因リ終了スルコトナシ。

第二　債權若クハ他ノ財產權ノ差押ニ付テハ强制執行ハ取立命令ニ依ル取立及轉付命令ニ依ル轉付ニヨリテ終了ス取立命令ハ他人ノ債權ヲ自己ノ爲メニ取立ツル權限ヲ與フルモノナルカ故此取立ヲ爲シタルトキニ於テ努メテ强制執行カ實行セラレタルモノト云ハサルヘカラス之ニ反シ支

拂ニ換ヘ轉付命令アリシトキ轉付債權存スル場合ニハ轉付命令ノ送達ヲ以テ執行終了ス何トナレハ之ニヨリ債權ノ滿足アリタレハナリ債權カ債權者自身ニ對スルモノナルトキハ取立ノ爲ニスル命令モ亦支拂ノ爲ニスル轉付命令ノ場合ト同シ而シテ六〇七條ニ從ヒ第三債務者カ債務額ヲ供託シタルトキハ强制執行ハ債務額ヲ債權者ニ交付スルコトニ因リ終了ス六一五條ノ場合ニ於テハ換價ハ請求權差押ニヨリ開始シタル執行ニ屬スルモノニシテ此執行ハ賣得金ノ交付ト共ニ終了ス。

第三　物件ノ引渡ヲ爲サシムル强制執行(七三〇條)ハ執行ノ目的物ヲ債權者ニ引渡スニ因リテ終了ス其目的物ノ取上ニ因リテ終結セス七三二條ノ場合ニハ第二ニ於テ說明シタル所ニ依ル七三一條ニ從フ明渡ニ付テハ其執行ハ執行ノ目的物ヲ債權者ニ占有セシムルニ因テ終了ス。

第四　七三三條(民施五四條)ノ規定ニ從フ强制執行ハ決定ニ因リ債權者カ滿足ヲ享有スルコトニ因リ終了シ又七三四條(民施五四條)ニ從フ强制執行ハ履行ノ完了若クハ損害賠償ノ完了ニ因テ終了ス。

第五　配當手續(六二六條)ハ配當表ノ實行ヲ以テ終了ス。

第六　不動產及船舶ニ對スル强制執行中强制管理ハ收益金ヲ以テ債務者ニ辨濟スルコトニ因テ終了シ强制競賣ハ賣得金ヲ以テ債權者ニ辨濟スルコトニ因テ終了ス。

第七章　强制執行ノ費用

第一節　負擔義務及範圍

强制執行ノ費用ニ關シ五五四條(改六八一條)五六四條(改六九三條)五七八條(改七一一條)ノ如キ特別規定存セサル限リ訴訟費用ニ關スル七二條ハ適用セラルヘキモノニシテ其强制執行ハ如何ナル債務名義ニヨリ實施セラルルモ又其執行カ如何ナル請求權(金錢以外ノ他ノ請求權)ニ關スルモ問フ所ニアラス故ニ訴訟ニ於ケル敗訴ノ當事者ノ如ク强制執行ニ於テモ亦債務者ハ債權者ニ對スル關係ニ於テ費用ヲ必要ナル限度ニ於テ負擔セサルヘカラス(五五四條一項)此ヲ以テ强制執行ノ開始シタル後債權者カ債務者ヨリ任意ノ辨濟ヲ受ケタルトキト雖モ苟クモ强制執行手續ニ於テ生シタル費用ニシテ必要ナリシモノハ債務者ノ負擔ニ歸スルモノト云ハサルヘカラス。

執行費用負擔ノ義務ハ訴訟費用負擔ノ義務ト混同スヘカラス債務者ノ執行費用負擔ノ義務ハ其訴訟費用ヲ負擔スヘキヤ否ヤニ關係ナシ故ニ强制執行ヲ受ケタル債務者ハ訴訟費用ヲ負擔セサルトキト雖モ必要ナル部分ニ限リ執行ノ費用ヲ負擔セサルヘカラス又債務者カ訴訟費用ニ付テハ無制

限ニ義務ヲ負擔シタルトキト雖モ執行費用ニ付テハ獨リ執行ヲ受ケタル財産ニ付テノミ責任アルモノトス。本案請求權カ物權的性質ヲ有スルトキ即チ單ニ土地ニ付キ辨濟ヲ求ムルモノナルトキニハ費用請求權モ亦同シク制限ヲ受クルモノトス蓋シ費用請求權ハ本案請求權ト法律上ノ性質ヲ共ニスヘキモノナレハ債務者カ本案請求ノ爲メニ對人的ニ責ヲ負ハサルトキニハ執行費用モ亦對人的ニ負擔スヘキモノニアラサレハナリ但シ此事タルヤ物件的訴訟ノ提起ニヨリ生シタル訴訟費用ハ債務者カ對人的ニ之ヲ負擔スヘキカノ問題トハ相牴觸スルコトナシ何トナレハ主張セラルル請求ハ物權的ナルモ債務者カ敗訴セハ判決ニ於テ訴訟費用ハ一般原則ニヨリ負擔ヲ命シ之カ取立モ亦强制執行ニヨリ係爭不動産以外ノ財産ニ付キ爲スコトヲ得ヘケレハナリ。

强制執行ノ費用トハ獨リ强制執行ノ實施ニ要スル費用ニ限ラス强制執行ノ形式的條件ヲ準備スル爲メニ要シタルモノヲ包含スルモノトス强制執行ノ準備ノ爲メニ要シタル費用トハ例ヘハ執行力アル正本請求費用(五一六條乃至五二〇條)其正本付與ニ必要ナル證書請求費用(四四九條五一八條五一九條五二九條二項) 執行名義(五二八條一項)及證明證書(五二八條二項五二九條二項)送達費用及五〇三條ニ依ル擔保物供託費用等之ナリ執行ノ實施ニ必要ナル費用トハ執達吏ノ立替及報酬債權者カ代理人ヲ選任シタル爲メニ生シタル費用七三三條ニ從ヒ行爲ヲナサシムル爲メ使用シ

タル費用債權者立會ノ費用（七三〇條ノ場合ニ目的物ヲ調査スル爲ノ如キ）等之ナリ然レトモ狹義ノ强制執行ニ非サル執行例ヘハ七三六條ノ場合ニ於ケル登記費用ハ執行費用ニ屬セス又取立テヲ安全ニシ若クハ取立額ヲ増加スル等間接ニ强制執行ノ用ニ供セラレタルモノニシテ執行行爲自體ヨリ生セサル費用モ亦之ニ屬セス例ヘハ保證ヲ立ツル費用若クハ其返還費用ノ如キ之ナリ。强制執行手續經過中ニ生シタル五二一條五四四條五四五條五四六條五四九條六三三條等ニ依ル訴訟ノ費用ハ其訴訟ノ判決ニ於テ之カ裁判ヲ爲シ八四條ニヨリ裁判所之ヲ確定スヘキモノトス。

强制執行ノ費用ハ必要ナリシモノニ限リ債務者ノ負擔ニ歸スルモノトス故ニ例ハ執達吏カ全然權限ナクシテ爲シタル執行費用若クハ五五〇條ニヨリ許スヘカラサル執行ノ費用ハ債務者之ヲ負擔スルコトナシ然レトモ前ニ爲シタル結果ナキ執行ノ費用ハ其後新ニ爲シタル强制執行ニ於テ執行費用トシテ計上シ之ヲ取立ツルコトヲ得。

執行費用ハ債務者之ヲ負擔セサル限リ其費用ヲ要シタル手續ノ必要ヲ惹起シタル債權者之ヲ負擔セサルヘカラス故ニ執達吏ハ此場合ニ於ケル自己ノ手數料ノ爲メニ第三者タル債務者ニ對シ物件ノ解放ヲ拒ム權利ヲ有セス。

第二節 取立手續

强制執行ノ費用ハ八四條ニヨリ確定スル要ナシ寧ロ執行機關之ヲ計算シ且ツ同時ニ取立テサルヘカラス（五五四條一項後段）即チ執行費用ノ取立ハ特ニ債務名義モ費用確定モナクシテ之ヲ許スモノト云ハサルヘカラス之レ債權者カ八四條ニヨリ執行費用ヲ確定シ得サルコトヲ云フニアラス債權者ハ執行費用ヲ八四條ニ依リ確定スル義務ナキモ確定セシムル權利アルコトヲ意味スルニ過キサルナリ。此場合ニ於テ執行費用ヲ確定スルモノハ受訴裁判所ニシテ執行裁判所ノ關スル所ニアラス然レトモ受訴裁判所存セサルトキ（例ヘハ公正證書カ債務名義タルトキ）ニハ執行裁判所ニ費用ノ確定ノ申立ヲ爲ササルヘカラス。

執行費用ハ訴訟上若クハ督促手續ニ於テ之ヲ取立ツヘキモノニ非ス然レトモ費用確定手續ヲ爲ササル限リ債權者及執行機關ハ費用ヲ計算シ之ヲ債務者ニ通知スル要アルハ勿論ナリトス執行費用ハ辨償セラレタルトキト雖モ獨リ五五〇條ニ依リテノミ之ニ關スル執行ノ停止ヲ爲スヘキナリ。同時取立ハ前キニ結果ナカリシ執行費用ニ付キテモ之ヲ爲スモノトス。

裁判所カ執行行爲ヲ爲ス場合ニハ裁判所ハ債權者ニ淸算スヘキ執行費用ヲ執行決定ニテ確定スヘ

キモノトス。

執達吏ハ訴訟法上ノ救助ニヨリ債權者ニ付添ヲ命セラレタル場合ニハ債權者カ賣得金ニヨリ辨濟ヲ受タル後其報酬ヲ計算スルコトヲ得。

債務者カ執行費用ノ必要及數額ニ對シ五四五條ニ依ル訴ノ爲メニ條件存セサル限リ五四四條ニ從ヒ異議ヲ提起スルコトヲ得。而シテ裁判所ハ其費用カ債權者ニ交付セラレサル間ハ之カ返還ヲ命スルコトヲ得然レトモ强制執行ノ終了後ハ唯債權者ニ對シ不當利得ノ訴ヲ主張シ得ルノミ。

債權者ハ執達吏カ清算スヘキ立替金ヲ費用中ニ計上スルコトヲ拒ミタル場合ニハ五四四條ニ從テ裁判所ノ裁判ヲ求ムルコトヲ得。

執行費用ニ關スル抗告ニ付テハ八二條四五五條ノ制限ノ適用アリ。

强制執行ノ費用ハ五五四條一項ニ强制執行ヲ受クル請求ト同時ニ之ヲ取立ツヘシトアルモ本案請求ニ關スル執行力アル債務名義カ債務者ニ交付セラレサル間（本案請求ハ金錢ノ給付ヲ目的トセサルトキ）ハ爾後五六四條ノ方法ヲ以テ取立ヲ爲スコトヲ妨ケサルモノトス。

第三節　賠　償

執行ノ基本トナリシ判決（其他ノ債務名義ニ準用）カ强制執行費用取立後故障上訴原狀回復若クハ四二六條四九一條ノ留保判決後ノ手續ニ於テ取消サレタルトキハ債權者ハ其判決ニ基キ取立テタル執行費用ヲ債務者ニ返還セサルヘカラス、五五四條二項改六八一條三項）然レトモ判決其ノモノニアラスシテ假執行宣言ノミカ取消サレタル場合（五一〇條）ニハ執行費用ヲ返濟スル要ナシ請求ハ獨リ債權者カ五五四條一項ニ依リ取立テタルノミナラス債務者ノ爲メニ生シタル費用例ヘハ强制執行停止命令申請費用供託費用ノ如キモ包含ス。

執行費用ノ返濟ヲ主張スル債務者ハ五一〇條ニ從ヒ主タル請求ノ爲メニ債權者ニ支拂ヒ又ハ給付シタルモノノ返還ヲ求ムルト同一方法ヲ以テ主張スヘシ此場合ニ於テ判決カ一部取消サレタル場合ニ屬スルトキハ支拂ハレタル費用ハ取消サレサル本判決ノ部分ノ取立ノ爲メニ必要ナリシカ否ヤヲ判斷セサルヘカラス。

主タル債務名義取消ノ判決ハ執行費用ニ付キ明示的ニ辨濟スヘキ旨ノ裁判ヲ缺除スルモ執行費用ノ返濟ニ關スル債務名義ト爲スニ妨ケナシ何トナレハ五五四條ハ賠償義務ヲ規定シタルモノニシテ單ニ之カ實行方法ヲ定メタルモノニアラス故ニ既ニ强制執行ノ基本タル判決カ取消サレタル爲メ同條ニヨリ賠償義務ノ發生シタル以上ハ別ニ判決ヲ以テ之カ判定ヲナス必要ヲ見サレハナリ。

第二編　各種ノ强制執行

强制執行ハ債務名義ノ存在ヲ前提トシ給付請求權ヲ强制的ニ實現スヘキ國家機關ノ行動ナリ執行債權者ハ債務名義ニ依リ國家ニ對シ執行請求權ヲ有シ國家ハ右執行請求權ノ公法上ノ義務トシテ其執行機關ニ依リ執行行爲ヲ爲スモノナリ故ニ强制執行ノ基本タル債務名義ノ趣旨ヲ異ニスルニ依リ執行方法モ亦自ラ異ラサルヘカラス債務名義ハ判決ナルト其他ノ債務名義ナルトヲ問ハス其內容ハ區區ニシテ或ハ金錢ノ支拂ヲ目的トスル債權タルアリ或ハ特定物若クハ代替物ノ引渡ヲ目的トスル權利タルアリ或ハ特定行爲ノ作爲若クハ不作爲ヲ目的トスル權利タルアリ債務名義ノ內容カ金錢ノ支拂ヲ目的トスル債權ナル場合ニハ執行機關ハ債務者ノ意思ノ媒介ヲ俟タスシテ直接ニ債務者ノ總財產ニ付債權者ノ請求ヲ滿足セシムルコトヲ得ヘシ（直接强制ニ依ル强制執行）債務名義ノ內容カ物ノ引渡若クハ行爲ヲ目的トスル權利ナル場合ニハ執行機關或ハ債務名義ニ表示セル特定物件ニ付キ債權者ノ請求ヲ滿足セシムルヲ得ヘク（直接强制ニ依ル强制執行）或ハ債務者ニ損害ヲ賠償セシメテ債權者ノ請求ヲ滿足セシムルコトヲ得ヘシ（間接强制ニ依ル强制執行）是ヲ以テ民事訴訟法ハ强制執行ノ方法ヲ分テ金錢債權ニ付テノ强制執行及ヒ金錢ノ支拂ヲ目的ト

セサル債權ニ付テノ强制執行トナセリ。

第一章　金錢ノ債權ニ付テノ强制執行

一　金錢債權トハ金錢ノ給付ヲ目的トスル債權ヲ云フ苟クモ現金ノ一定ノ數額ヲ支拂フヘキ債務タル以上ハ其發生原因ノ何タルハ問フ所ニアラス故ニ民事訴訟法若クハ他ノ法律ニ依リ言渡タル罰金モ亦金錢債權タリ又外國通貨ヲ以テ一定ノ金額ノ支拂ヲ表示シタルトキハ單ニ計算ノ標準ヲ示シタルモノト爲スヲ通例トスヘキカ故ニ外國ノ通貨ヲ以テ債權額ヲ指定シタル金錢債權ニ外ナラサルナリ然レトモ外國ノ特種ノ貨幣ノ給付ヲ目的トスル債權ハ玆ニ所謂金錢債權ニ屬セス此場合ニハ七三〇條ノ規定ニ從ヒ取立ヲ爲スヘキモノトス一定ノ金額ノ供託ヲ目的トスル債權又ハ第三者ニ對シ一定ノ金額ノ支拂ヲ目的トスル債權ハ金錢債權ニアラスシテ作爲ヲ目的トスルモノナルカ故ニ七三三條ニ依リ實行スヘキモノトス。

二　債務名義ノ內容カ債務者ニ於テ一定ノ金額又ハ他ノ目的物ヲ給付スヘキ選擇債務ナル場合ニ於テ(イ)債權者カ選擇權ヲ有スルトキハ債權者ハ執行ヲ開始スルニ至ルマテ又ハ執行ト共ニ選擇權ヲ行使スルコトヲ得但債權者ハ旣ニ選擇權ヲ行使シ若クハ民法四〇八條ニヨリ此權利ヲ失ハサルコトヲ要ス之ニ關シ爭アル場合ニハ五四五條ニ從ヒ受訴裁判所ノ裁判ヲ求ムヘキナリ而テ債權

者カ執行機關ニ對シ單ニ金錢又ハ他ノ目的物中二者何レカノ強制執行ノ實行ヲ請求シタルノミニテハ未タ以テ選擇權ヲ行使シタルモノト云フコトヲ得ス何トナレハ選擇權ハ相手方タル債務者ニ對シ行使スヘキモノナレハナリ然レトモ執達吏カ執行ヲ實施シタルトキ又ハ裁判所カ執行命令ヲ送達シタルトキハ選擇權ハ實行セラレタルモノト云フヘシ(ロ)債務者カ選擇權ヲ有スルトキハ債務者カ強制執行開始前ニ選擇權ヲ行使セハ債權者ハ其選擇セラレタル給付ニ付キ強制執行ヲ爲スコトヲ得ルモノトス然レトモ選擇權ヲ有スル債務者カ強制執行開始前ニ選擇權ヲ行使セサルトキハ債權者ハ民法四〇八條ノ規定ニ依リ選擇權ヲ取得シ前述ノ如クニ強制執行ノ實施ヲ求ムルコトヲ得ヘシ而テ債務者ハ執行ノ開始前ニ執行ノ目的トナリシ物以外ノ他ノ給付ニ付キ選擇シタル旨ノ主張ハ前述ノ如ク異議訴訟(五四五條)ニ依リ此主張後ノ許スヘカラサル強制執行ニ對シ之ヲ爲スコトヲ得。

三　債務名義ノ內容カ連帶債務ナル場合ニ於テハ債權者ハ連帶債務者ノ一人ニ對シ又ハ同時ニ若クハ順次ニ總債務者ニ對シ全部又ハ一部ノ強制執行ヲ爲スコトヲ得而テ連帶債務者中ノ一人ヨリ取立タル給付ハ他ノ債務者ノ爲メニ其效力ヲ生スルヲ以テ他ノ債務者ノ爲メニ五四五條ノ異議訴訟ノ理由タルナリ。

第一節　動產ニ對スル强制執行

第一款　汎論

强制執行ノ目的物ハ債務者ノ財產ナリ强制執行ニ關シ財產トハ金錢價格ヲ有スル限リ債務者ニ屬スル物及權利ノ全體ヲ云フ而テ如何ナルモノカ强制執行シ得ヘキ債務者ノ財產ニ屬スヘキカハ民法ニ依ルヘキモノトス唯何人ノ有ニモ屬セサル物ハ差押フルコトヲ得サルコト執行ノ目的ヨリ生スル當然ノ論結ナリトス債權者自身ノ所有物亦然リ。

一　動產ノ意義

動產トハ有體物(五六六條乃至五九三條民法八五條改六九五條乃至七二三條)並ニ債權其他ノ財產權(五九四條以下改七二四條以下)ニシテ不動產ト稱セラレサルモノヲ云フ(漁業法十條鑛業法一五條)而テ船舶ハ性質上有體動產ナリト雖モ民事訴訟法ハ或種類ノ船舶ヲ執行ノ便宜上動產中ヨリ除外セリ(七一七條以下改九〇〇條以下)又土地ヨリ離レサル果實ハ性質上不動產ナリト雖モ民事訴訟法ハ有體動產ニ對スル强制執行ノ手續ニ從ヒ之カ執行ヲ爲スヲ以テ一ノ有體動產ト看做ササルヘカラス(五六八條改六九八條)。

二　差押

（イ）　差押ノ性質

動產ニ對スル强制執行ハ差押ヲ以テ唯一ノ形式トスルモノニシテ動產ニ對スル强制執行ハ動產ノ差押ヲ爲スヲ以テ始マルモノトス（五六四條一項改六九二條一項）故ニ動產ニ對シテ强制執行ヲ爲スニハ先ツ其差押ヲ爲サヽルヘカラス差押トハ債權者ノ利益ノ爲メニ債務者ニ對シ或財產ニ付キ法律上若クハ事實上處分行爲ヲ爲スコトヲ禁止スル所ノ國家ノ行動ヲ云フ差押ノ方法ハ差押物ノ種類ニ從ヒ各自相異レリ有體動產ニ關シテハ執達吏ノ占有ニ依リテ差押ヲ爲シ（五六六條改六九五條）債權其他ノ財產權ニ關シテハ執行裁判所ノ差押命令ニ因リテ差押ヲ爲ス（五九四條改七二五條）。

（ロ）　差押ノ效力

差押トハ債務者ノ利益ノ爲メ債務者ノ或財產ニ付キ其處分ヲ禁スルノ謂ナレハ差押ハ其目的物タル債務者ノ財產ニ關シ其處分ヲ無效ナラシムル效力ヲ有セサルヘカラス換言スレハ差押ニ因リ債務者ハ差押ラレタル財產ニ關スル處分權ヲ喪失セサルヘカラス此事タル我訴訟法ニ於テハ債權其他ノ財產權カ差押ヘラルル場合ニハ明文上疑ヲ容ルル餘地ナシ（五九八條六一四條六二五條）有體

動產ノ差押ニ付テハ債務者ニ處分ヲ禁スル直接ノ明文ナシト雖モ國家ノ差押行爲ハ事ノ性質上其目的ニ背反スル債務者ノ處分禁止ヲ包含スルモノト解セサルヘカラス何トナレハ債務者ニ對シ差押ノ目的物ノ處分ヲ禁止スルコトヲ前提トスルニ非サレハ債權者ハ有效ナル差押ノ後ニ於テ債務者ノ差押物件ニ關シ爲シタル處分ヲ完全ニ否認スルコト能ハサレハナリ金錢債權ノ一般執行タル破產ニ關スル破產法五三條一項舊商法破產編九八五條及刑法二五二條二項ノ規定ハ其法意ヲ闡明スルモノト云ハサルヘカラス。

差押ハ債務者ニ對シ差押物件ノ處分權ヲ喪失セシムルモノナルヲ以テ債務者カ處分ノ禁止ニ違背シテ爲シタル處分ヲ無效ナラシムル效力ヲ有スルモノト云ハサルヘカラス然レトモ差押ニ因リテ生スル處分禁止ハ債權者卽チ差押債權者及其差押ニ於テ配當要求ヲ爲スヘキ者ノ利益ノ爲メニ爲スモノニ外ナラサルカ故ニ此目的ノ範圍內ニ於テノミ債務者ノ處分ヲ無效ナラシムルモノトス從テ差押債權者及其差押ニ加入スル配當要求者ニ對スル關係ニ於テ其目的物ニ關スル債務者ノ處分ヲ無效ナラシムルニ過キス是ヲ以テ差押アルモ其目的物ニ關スル債務者ノ處分ハ第三者ニ對スル關係ニ於テハ無效ニ非サルノミナラス差押ノ效力カ消滅シタルトキハ其處分ニ何等制限ナキニ至ルモノトス。

差押ハ債務者ニ對シ差押ノ目的物ノ處分權ヲ喪失セシムルモ差押債權者ヲシテ債務者ノ喪失シタル處分權其他ノ權利ヲ取得セシムルコトナシ差押債權者ハ差押ニ因リ國家ニ對シ差押物件ヨリ自己ノ權利ノ滿足ヲ受クル要求權ヲ取得スルノミ之ヲ外國ノ法制ニ徵スルニ獨逸民事訴訟法ニ於テハ動產ニ對スル執行ノ場合ニハ差押債權者ハ差押ニヨリ差押質權ヲ取得ス此差押質權ハ他ノ債權者トノ關係ニ於テハ契約上ノ質權ト同一ナリ墺太利執行法又然リ佛法ハ動產ニ對スル執行トシテハ差押質權ヲ認メス瑞西債權取立法ニ依レハ差押債權者及差押後三十日內ニ差押ノ申請ヲ爲シタル債權者ヲ以テ同一集團トシ又其後ニ差押ヲ爲シタル債權者及此差押アリタル後三十日內ニ差押ノ申請ヲ爲シタル債權者ヲ以テ更ニ他ノ集團ヲ爲シ各集團ハ其差押ヘタル財產ニ對シテハ他ノ集團ニ優先シテ辨濟ヲ受ケ同一集團ノ債權者間ハ平等ナリ而テ第一集團ハ最先ニ差押ヲ爲スモノニシテ第二集團ハ之ニ遲ルルカ故ニ第一集團ノ債權者ノ受クヘキ辨濟ノ割合ハ第二集團ノ債權者ノ受クヘキ辨濟ノ割合ニ比シテ大ナルヘキハ當然ノ理ナリ我民事訴訟法ハ範ヲ獨逸民事訴訟法ニ採リシモ差押ノ效力ニ付テハ根本的ニ主義ヲ異ニシ佛國及瑞西法ト同シク差押債權者ニ質權ヲ取得セシムルコトナク唯前述ノ效力ヲ認ムルニ過キス是レ蓋シ我民法ハ佛國民法ト同シク債務者ノ總財產ハ總債權者ノ共同擔保ナリトノ法理ヲ認メタルヲ以テ差押ニ因リ質權發生ノ效力ヲ認ムルコ

ト能ハサレハナリ此ニ於テ我民事訴訟法ハ差押債權者ニ優先權ヲ與ヘサルカ故ニ差押物ノ賣得金ハ債權者ニ平等ニ配當セラルルモノトス。

（ハ）　差押ヲ妨クヘカラサル物上擔保權者ノ權利

第三者カ强制執行ノ目的物ノ上ニ占有權ヲ有スルトキハ五四九條ニ依リ異議訴訟ヲ起スコトヲ得ルハ前述ノ如シ故ニ第三者カ差押ヲ受クヘキ有體動産ニ付キ物上擔保權例ヘハ留置權質權ヲ主張スル場合ニ於テハ擔保物ヲ占有スヘキヲ以テ留置權者質權者ハ權利ノ目的タル擔保動産ノ差押ニ付テ五四九條ニ依リ異議訴訟ヲ提起シ以テ自己ノ權利ヲ保護スルコトヲ得ヘシ又五五六條五六七條ノ規定ニヨリ目的物ノ提出ヲ拒ミ事實上差押ヲ妨クルコトヲ得ルノミナラス又五四四條ニ依リ異議ヲ申立ツルコトヲ得ヘシ之ニ反シ物上擔保權ヲ有スル第三者ニシテ擔保ノ目的物ヲ占有セサルトキハ差押ニ對シ五四九條ニ依ル異議權ナキヲ以テ差押ヲ妨クルコトヲ得ス然レトモ物上擔保權ヲ有スル者ハ擔保物ノ賣得金ヨリ優先的辨濟ヲ受クル請求權ヲ有スルモノニシテ該請求權ハ差押ニヨリ妨ケラルルコトナシ故ニ五六五條（改六九三條六九四條）ハ斯ル第三者ノ擔保權保護ノ為メ五四九條ノ規定ニ從ヒ訴ヲ以テ賣得金ニ付キ優先ノ辨濟ヲ求ムル權利ヲ主張スルコトヲ得セシム。

差押ヲ受クヘキ物ニ付キ物上ノ擔保權ヲ有スルモ差押ヲ妨クルコトヲ得サル第三者卽チ差押ノ當時擔保物ヲ占有セサル物上擔保權者トハ畢竟スルニ先取特權者又ハ占有ヲ喪失シタル質權者タルニ歸著スルナリ此等ノ者ハ其債權ノ辨濟期カ未タ到來セサルトキト雖モ賣得金ニ付キ優先ノ辨濟ヲ求ムル權利ヲ主張スルコトヲ得ヘシ然レトモ此場合ニ於テ斯カル第三者ノ債權カ無利息ナルトキハ法定利息ニ相當スル額ヲ其債權ノ額ヨリ控除シテ之ヲ辨濟スヘキモノトス。

玆ニ賣得金トハ執行費用ヲ控除シタル純正ノ賣得金ノ謂ナリ之蓋シ擔保物ノ賣却ノ適法ニシテ且ツ有效ナルコトカ五六五條ノ訴ノ前提ヲ爲セハナリ。

賣得金ニ付キ優先ノ辨濟ヲ請求スル訴ハ五四九條ノ訴ノ如ク消極的確認ノ訴ナリ何トナレハ此訴ハ原告ノ優先權ヲ無視シテ實施セラレタル强制執行ヲ許スヘカラサル旨ノ確認ヲ求ムルモノナレハナリ此訴ニ於テ一定ノ申立トシテ原告ノ賣得金ニ對スル優先權ヲ確定スヘシト申立ツルヲ以テ普通トスルモ該申立ノ本質ハ差押ニ係ル有體動產ノ强制執行ハ原告ノ優先權ヲ斟酌セスシテ實施シタルモノニシテ之ヲ許ササル旨ノ宣言ヲ求ムルニ外ナラサレハ同シク消極的確定ヲ求ムルニ過キサルナリ而テ此判決ノ執行ハ執達吏カ賣得金ヲ以テ第三者ニ優先ノ辨濟ヲ爲スニ在リトス。

賣得金ヨリ優先ノ辨濟ヲ受クル權利ハ五四九條ノ異議權ニ比シ劣等ナリ然レトモ擔保物ヲ占有ス

ル物上擔保權者ハ擔保物ノ差押ヲ受ケタルトキ五四九條ノ異議權ヲ行使セサル爲メ擔保物ノ占有ヲ失ヒシモ其權利尙存續スル限リ五六五條ノ訴ヲ起スコトヲ得ヘシ但シ物上擔保權者ハ五四九條ノ異議訴訟ト五六五條ノ訴トヲ併合スルコトヲ得ス何トナレハ五四九條ノ訴ハ執行ノ進行ヲ妨クルコトヲ目的トシ五六五條ノ訴ハ執行ノ有效ナル續行ニ加入スルコトヲ目的トスレハナリ。

五六五條ノ訴ハ强制執行ノ開始シタルトキ即チ差押アリタルトキニアラサレハ之ヲ提起スルコトヲ得ス且ツ强制執行ノ終了シタルトキハ之ヲ提起スルコトヲ得サルモノトス蓋シ此訴ハ原告カ其債權ノ爲メニ賣得金ニ付キ優先ノ辨濟ヲ請求スヘキコトノ確定ヲ目的トスルニ在レハナリ。

賣得金ノ供託ハ未タ强制執行ヲ終結セサルカ故此程度ニ於テモ尙ホ五六五條ノ訴ヲ提起スルコトヲ得ヘシ然レトモ保證ヲ立テタルニ因リ差押ノ解除アリタルトキハ强制執行ハ既ニ終了シタルモノナルヲ以テ賣得金ニ付キ優先ノ辨濟ヲ求ムル訴ヲ提起スルコトヲ得サルモノトス然レトモ强制執行ノ終了シタル場合ニ於テハ差押物ニ付キ優先權ヲ有スル第三者ハ强制執行ニ因リ辨濟ヲ受ケタル債權者ニ對シ實體法ノ規定ニ從ヒテ償還ノ請求ヲ爲スコトヲ得ヘシ。

五六五條ノ訴ノ原告ハ差押ヲ受クヘキ物ニ付物上ノ擔保權ヲ有スルモ其目的物ヲ占有セサル第三者ニシテ又被告ハ五四九條ノ訴ニ於ケル如ク差押ヲ爲シタル債權者ナリ差押債權者カ賣得金ニ付

キ優先ノ辨濟ヲ求ムル第三者ノ權利ヲ爭ハサルトキハ此訴ヲ提起スル必要ナシ。

債務者カ賣得金ニ付優先ノ辨濟ヲ求ムル第三者ノ權利ヲ爭フヘキトキハ債務者ニ對シテモ此訴ヲ提起セサルヘカラス此場合ニ於テハ債權者及債務者ハ共同被告トナルモノトス(五四九條二項說明參照)。

五六五條ノ訴ハ土地ノ管轄トシテ執行裁判所ニ專屬シ事物ノ管轄トシテハ訴訟ノ目的ノ價額ニ因リ或ハ地方裁判所ニ或ハ區裁判所ニ專屬ス。

第三者カ五六五條ノ訴ヲ提起スルモ强制執行ノ停止又ハ既ニ爲シタル執行處分ノ取消ヲ求ムルコトヲ得ス何トナレハ此訴訟ハ强制執行ノ實施ヲ前提トシ且ツ目的トスレハナリ然レトモ此訴ヲ提起スル第三者ハ判決ニヨリ優先ノ辨濟ヲ求ムル請求權ヲ確定セラルル前ニハ賣得金ヲ支拂フコトナク供託スヘキ旨ノ假命令ヲ發スルコトヲ求ムルコトヲ得ヘシ此場合ニ於テ請求ノ爲メ第三者ノ主張シタル情況カ法律上理由アリト見エ且ツ事實上ノ點ニ付キ疏明アリタルトキハ裁判所ハ第三者ノ申立ニ從テ賣得金ノ供託ヲ命セサルヘカラス此裁判ニ付テ五四七條五四八條ノ規定ヲ準用スヘキナリ(五六五條二項改六九四條二項)爰ニ受訴裁判所ハ最初ノ訴訟カ繫屬シタル裁判所ニアラスシテ五六五條ノ訴カ提起セラルヘキ裁判所タルモノトス又供託命令ニヨリ執達吏カ賣得金ヲ領

收スルモ債務者ヨリ債權者ニ辨濟ヲ爲シタルモノト看做サルルコトナシ。

（二）　差押ノ範圍

差押ハ債權者ノ利益ノ爲メニ爲スモノナレトモ其範圍ハ必スヤ其目的ニ適合セサルヘカラス故ニ第一、差押ハ執行力アル正本ニ揭ケタル請求ヲ滿足スル爲メ及强制執行ノ費用ヲ償フ爲メ必要ナルモノニ限リ其以外ニ及ホスコトヲ得サルモノトス（五六四條二項改六九二條二項）是蓋シ强制執行ハ執行力アル正本ニ揭ケタル請求ノ爲メニ之ヲ爲スヘキモノニシテ强制執行ノ費用ハ主タル請求ト同時ニ之ヲ取立ツヘキモノナレハナリ第二、差押フヘキ物ヲ換價スルモ强制執行ノ費用ヲ償フテ剩餘ヲ得ル見込ナキトキハ差押ヲ爲スコトヲ得ス是他ナシ此場合ニ於テハ差押ヲ爲スモ無用ノ勞力ト費用等ヲ空費スルニ止リ强制執行ノ目的ヲ達スルコト能ハサレハナリ（五六四條三項改六九二條二項）。

右ニ述ヘタル過度ノ差押及目的ナキ差押ノ禁止ハ獨リ有體物ノ差押ノミナラス債權ノ差押ニモ亦適用アリ。

債權ノ差押ニ付キ過度ノ差押ナリヤ否ヤハ差押タル債權ノ成立及額ノ確實性又ハ取立ノ可能性ニ繫ルモノトス個々ノ債權ノ劵面額若クハ實價ニヨレハ十分辨濟スルニ足ルヘキ多數ノ債權ノ差押

ヲ申立タルトキハ申立人ハ執行裁判所ニ個々ノ債權ニテハ十分ノ辨濟ヲ爲スコトヲ得サル事情ヲ證明セサルヘカラス必要ナル場合ニハ裁判所之ヲ命スヘキモノトス執行裁判所ハ顯著ナル事情（例ヘハ債務者ハ有名ナル資産家又ハ借財家ノ如キ）及ヒ債權者ノ主張シタル狀況（例ヘハ債務者ノ資力ノ程度）ヲ斟酌シテ價額ヲ評價シ辨濟スルニ必要ナル限度ニ於テ差押ヲ許スヘキナリ此ノ場合ニハ少カランヨリ寧ロ多クノ差押ヲ許スヘシ各特種ノ材料ヲ缺クトキハ劵面額ニ依ルヘキモノトス金錢債權カ差押フヘキ債權額ヲ超過スルトキハ債權者ハ債權全額ノ差押ヲ爲スコトヲ得ヘシ多數ノ連帶債務者ニ對シ差押ヲ爲ス場合ニ於テハ過度ナル差押ノ禁止ノ法則ハ債權者ト各連帶債務者トノ間ニ實施スヘキ差押ニ對シテノミ行ハルルモノナルカ故連帶債務者ノ一人ハ債權者カ他ノ共同債務者ニ對シ差押ヲ爲シタルカ爲メニ完全ナル辨濟ヲ受クヘキ旨ヲ理由トシテ執行ニ對スル異議ヲ申立ツルコトヲ得ス。

過度差押禁止ノ法則ハ物及權利ヲ同時ニ差押スル場合ニモ適用アリ。

差押フヘキ物ヲ換價スルモ執行費用ヲ償フテ剩餘ヲ得ル見込ナキヤ否ヤハ執達吏先ツ之ヲ判斷シ又必要ナル場合ニハ執行裁判所ハ民法五四四條ノ規定ニ依リテ之ヲ判斷ス。

鑑定人ヲシテ差押物ヲ評價セシムルコトハ高價品ニ付テノミ規定アリ（五七三條）故ニ他ノ物件ニ

付キ鑑定人ヲシテ評價セシムルニハ特ニ之ヲ爲スヘキ事由アルコトヲ要ス。過度ノ差押及目的ナキ差押ヲ禁止シタル法則ニ違背シテ爲シタル差押ハ法律上然當無效ダルコトナシ唯債務者カ五四四條ノ規定ニ從ヒ執行裁判所ニ異議ヲ申立テ之カ取消ヲ求ムルコトヲ得ルノミ。

第二款　有體動產ニ對スル强制執行

第一項　差押手續

强制執行ハ債務者ノ財產ニ對シ實施スヘキモノナレハ有體動產ハ其所有者タル執行債務者之ヲ占有スルヲ常トスト雖モ時トシテ差押物件タル有體動產ハ執行債務者以外ノ手ニ存スルコトナシトセス即チ差押物件タル有體動產ハ債權者又ハ提出ヲ拒マサル第三者ノ占有中ニ在ルコトアルヘシ總テ此等ノ場合ノ有體動產ノ差押ハ執達吏カ該動產ヲ占有スルニ因リテ之ヲ爲ス（五六六條五六七條改六九五條六九六條）。

一　債務者ノ占有ニ在ル場合

（一）　條件　債務者ノ占有中ニ在ル有體動產ハ之ヲ差押フルコトヲ得是ヲ以テ執達吏ハ差押ヲ爲

スニ先チ有體動産カ債務者ニ屬スルヤ否ヤノ權利狀態ヲ調査スルコトヲ要セス單ニ債務者ノ占有ニ在ルコトヲ以テ足ル之畢竟執達吏ニ於テ差押ヘントスル有體動産カ果シテ債務者ノ所有物ナルヤ否ヤノ權利問題ヲ調査シタル後初メテ差押フルコトヲ得ルモノトスルトキハ强制執行行爲カ迅速ニ且ツ有力ニ行ハレサルコトニ歸スルヲ以テ執達吏カ簡單明瞭ニ判定シ得ル占有ヲ以テ差押ノ條件トシタルナリ。

（イ）債務者ノ占有ニ在ル有體動産ハ總テ之ヲ差押フルコトヲ得ルモノト云フヘカラス不融通物、讓渡スルコトヲ得サルモノ其他法律ノ規定ニテ差押ヲ禁シタルモノハ差押フルコトヲ得サルモノナリ而テ民事訴訟法ハ公益ヲ維持シ且ツ債務者ノ利益ヲ保護スルカ爲メ五七〇條ニ揭ケタル物ヲ以テ差押フルコトヲ得サルモノトセリ次ニ不動産若クハ船舶ノ附屬物ハ差押フヘキ有體動産ニ屬セス何トナレハ斯カル附屬物ハ不動産若クハ船舶ニ對スル强制執行ノ目的物トナルモノナレハナリ又免責證劵若クハ證據方法トシテノミ價値アル證劵例ヘハ銀行ノ貯金證劵ノ如キハ之ヲ有體動産トシテ差押フルヲ得ス民事訴訟法ニ依レハ此等ノ場合ハ證劵カ證明スル債權其他ノ財産權ニ對スル强制執行ノ規定ニ依リ差押フヘキナリ。

差押タル物件ヨリ生スル天然ノ産出物ハ別ニ差押ノ手續アラサルモ差押ノ效力ハ當然及フヘキモ

ノトス(五六九條改七〇〇條)例ヘハ差押タル禽獸ノ子鉢植木ノ果實等ハ當然差押ノ目的物タルナリ差押フヘキ有體動產カ執行債務者ニ屬セサルコト明白ナル場合即チ執達吏カ有體動產ノ債務者ノ財產ニ屬セサルコトヲ了知シ若クハ確信シタルトキハ縱令執行債務者ノ占有中ニ在ルトキト雖モ執達吏ニ於テ差押ヲ爲スコトヲ得ス蓋シ差押物件カ債務者ノ財產ニ屬スヘキコトハ有效ナル差押ノ絕對的條件ニシテ唯法律ハ執行機關ヲシテ執行行爲ヲ爲スニ先チ複雜ナル實體的調査ニ煩サルルコトナク迅速ニ强制執行ヲ爲スコトヲ得セシムルカ爲メ一時的ニ占有ノ確定ヲ以テ滿足スルニ過キサルナリ故ニ例ヘハ執達吏ハ執行債務者タル運送人ノ占有ニ係ル運送貨物又ハ執行債務者タル質取主ノ占有ニ係ル他人ノ質物又ハ執行債務者タル銀行ノ保管ニ係ル他人ノ保護預ケ有價證券ノ差押ヲ爲スヘカラサルカ如シ。

(ロ) 占有ハ債務者ノ手ニ存スルヲ以テ足レリトセス即チ債務者カ自己固有ノ財產ヲ以テ責ヲ負ハス唯他人ノ財產ヲ以テノミ責任アル場合例ヘハ遺言執行者破產管財人等ニ關スルトキハ執達吏ハ差押ヲ爲ニ當リ物件カ執行ヲ爲スヘキ財產中ニ屬スルカ又ハ債務者ノ固有ノ財產ニ屬スルカヲ先ツ調査セサルヘカラス。

(二) 占有ノ意義　有體動產ニ對スル金錢債權ノ執行ニ關シ五六六條及五六七條ニ於テ債務者又

ハ第三者ノ占有中ニ在ル物トハ物ニ對スル事實上ノ支配ト解スヘキナリ民法上謂フ所ノ占有ト必スシモ其範圍ヲ同ウセス間接占有ノ如キハ事實上物ヲ支配スルモノト云フコト能ハサルヲ以テ之ヲ除外セサルヘカラス然レトモ自己ノ爲メニスルト他人ノ爲メニスルトヲ問ハス苟クモ債務者又ハ第三者カ事實上支配スル物ハ其占有中ニ在ルモノト云フヘシ而テ如何ナル場合如何ナル狀態アルトキニ人カ物ニ對シ支配ヲ有スト謂フヘキカハ社會的觀念ニ依リ決スヘキモノニシテ社會的觀念ニ依レハ債務者又ハ第三者カ物ノ性質狀態並ニ其經濟上ノ用法ニ從ヒ其物ニ對シ事實上支配ヲ爲スモノナリト認メ得ラルルトキハ其物ヲ占有スト謂ハサルヘカラス。

第一　或人ノ住家內及外形上區分セラレタル室內並ニ其衣囊ノ中ニ存在シタル總テノ物件ハ外形上認識シ得ヘキ方法ニ依リテ他人ノ事實上ノ支配ヲ受ケサルモノナル以上ハ其或人ノ占有中ニ在ルモノト云ハサルヘカラス故ニ賃貸シタル住家內ニ賃借人ノ持參シタル物件並ニ賃貸人ヨリ住家ト共ニ賃貸シタル賃貸人ノ物件ハ賃借人ノ占有ニ屬シ宿泊時間ノ長短ヲ問ハス貸付ラレタル旅客用室內ニ旅客カ持參シタル物件ハ其旅客ノ占有ニ屬スルモノト云フヘシ然レトモ住家內ニ在ル物件ナリト雖モ雇人ノ持參シタル動產又行商ノ擴ケタル商品ノ如キハ雇人又ハ行商カ事實上ノ支配ヲ失ハサルヲ以テ住家ノ主人ノ占有ニ屬スルモノト云フヲ得ス。

第二　住家內ノ各室內ニ在ル物件ニシテ戶主又ハ家族ノ何レニ屬スルヤ不分明ナルトキハ戶主ヲ以テ物件ノ占有者ナリト推定ス（民七四八條二項）故ニ戶主ノ意思ニ反シ其家族ノ財產ニ對スル强制執行ハ不適法ナリト云フヘシ而テ其物件ハ明白ニ家族ニ屬スルヤ否ヤハ區別スルコトナシ何トナレハ此場合ニ於テ獨リ占有カ何人ニ屬スルカハ問題ニシテ物ノ權利所屬ハ問フヘキコトニアラサレハナリ又戶主ハ住家中ノ一室ヲ家族ニ給與シタル場合モ亦其室內ニ在ル物件ニ付テハ繼續シテ占有スルモノトス但シ家族カ其給與セラレタル部室ヲ專屬的ニ使用スル場合ハ此限リニアラス然レトモ其家族カ別居シテ生活ヲ營ミ又ハ獨立シテ營業ニ從事シタル場合ニ於テハ其家族ハ住家又ハ店舖ニ存在スル物件ノ占有者ナリトス。

第三　雇人職工又ハ其他ノ占有使用人ハ雇主ヨリ自己ニ給與セラレタル室內ニ自ラ持參シ且ツ保管スル物件ニ付テハ占有者タリ然レトモ使用者タル雇主ヨリ勞務ノ爲メニ交附セラレタル物件ニ付テハ占有ヲ取得スルコトナシ。

第四　債務者及第三者カ物件ヲ共同シテ占有スル場合例ヘハ同居ノ室內ニ於ケル物件ハ債務者カ特別ナル裝置ニヨリ占有ヲ專ラニセサル限リハ差押ヲ許スヘカラス何トナレハ第三者ノ共同占有ヲ侵害スヘカラサレハナリ。

第五　債務者カ雇人又ハ製造所職工トシテ他人ノ住家又ハ製造所ニ住居シタルトキハ執達吏ハ債務者ノ占有ニ係ル物件ヲ差押フル爲メ使用者ノ住家又ハ製造所主人ノ製造所ニ立入ルノ權アリ何トナレハ斯カル場合ハ第三者ノ占有中ニ在ル物件ノ差押ト云フコトヲ得サルノミナラス民事訴訟法ハ差押ノ目的ノ爲メニ第三者ノ住居内ニ立入ルコトヲ禁止スルコトナケレハナリ。

第六　貨物引換證倉庫證券船荷證券ノ引渡ハ物件ノ取得ニ付キ物ノ引渡ト同一ノ效力ヲ有スルモ其所持人ハ單ニ間接占有ヲ有スルニ過キスシテ直接占有者ニアラサレハ證券ノ所持人ハ爰ニ所謂物ヲ占有スルモノニアラサルナリ。

(三)　差押ノ施行　有體動產ノ差押ハ執達吏債務者ノ占有中ニ在ル個々ノ物件ヲ占有スルコト即チ物ニ對シ事實上ノ支配ヲ得ルコトニ依リ之ヲ爲ス(五六六條一項改六九五條一項)執達吏カ差押ノ爲メニスル物件ノ占有取得ハ物件ヲ持去ルヲ以テ常トス執達吏カ單ニ差押ヲ爲ス旨ヲ公知スルノミニテハ差押ノ效力ヲ生スルコトナシ又閉鎖シアル建物又ハ貯藏所ニシテ執達吏ノ入ルコト能ハサルモノハ縱令封印ヲ爲シ又ハ番人ヲ置クモ同時ニ其物ニ對シ事實上ノ支配ヲ得サルトキハ其中ニ在ル動產ノ差押トナスニ足ラス又執達吏カ差押タル家畜ヲ債務者ニ競賣マテ飼育使役スルコトヲ許シタルトキハ占有ヲ取得スルコトナシ然レトモ債權者ノ承諾アルトキ又ハ差押物件ノ運搬

ヲ為スニ付キ重大ナル困難アルトキハ執達吏ハ差押ヲ爲スニ當リ例外トシテ差押物件ヲ債務者ノ保管ニ任スコトヲ得此場合ニ於テハ封印其他ノ方法ヲ以テ差押ヲ明白ニスルトキニ限リ其效力ヲ生スルモノトス(五六六條二項改六九五條二、三項)故ニ差押ヲ明白ニスルコト不充分ナル場合殊ニ執達吏カ差押物ヲ提出セシメ且ツ單ニ爾後差押ノ爲メニ占有スル旨ヲ告知スルニ止メタルカ如キ場合ニ於テハ差押ノ要件ヲ缺クヲ以テ當然無效ナリ而テ執達吏カ爾後完全ニ占有ヲ爲シ差押物ヲ競賣スルコトニ依リ有效トナルコトナシ。

執達吏ハ差押ヲ爲シタル上ハ强制執行ノ停止命令アリタル場合ニ於テモ其命令ニ特ニ明記ナキ限リハ差押物ノ運搬ヲ中止スヘキモノニアテス又執行處分ノ取消トシテ差押物ヲ債務者ノ占有ニ返還スルコトモ特別ナル裁判所ノ命令ニ依リテノミ之ヲ爲スヘキモノトス。

執達吏カ差押ヲ爲シタルトキハ債務者カ立會ヲ爲サリシ場合ニ限リ之ニ差押ヲ爲シタルコトヲ通知スヘシ(五六六條三項改六五五末項)此通知ハ執達吏ノ職責ニシテ之ヲ爲ササリシ爲メ差押ノ效力ニ消長ヲ來スコトナシ唯執達吏ハ之ニ因リ生シタル損害ヲ賠償スル責アルノミトス。

差押物保存ノ爲メ特別ノ處分ヲ必要トスルトキハ執達吏ハ適當ノ方法ヲ以テ之ヲ爲スヘキモノトス例ヘハ家畜ヲ差押ヘタルトキ之ヲ入レ置ク場所若クハ其飼養ニ付キ適當ノ處分ヲ爲ス如キ又果

實若クハ蠶種ヲ差押ヘタルトキ其腐敗損傷等ナカラシメン爲メ保存若クハ收獲ニ付キ適當ノ處置ヲ爲スカ如シ若シ之カ爲メニ費用ヲ要スルトキハ債權者ヲシテ之ヲ豫納セシメ又債權者數人アリタルトキハ其要求額ニ從ヒ各債權者ヲシテ之ヲ豫納セシムヘキモノトス（五七一條改六九七條）此費用ハ强制執行ノ費用ニ外ナラサルカ故ニ賣得金ヲ以テ先ツ之ヲ辨濟スヘキモノナリ。

（四）　差押ノ消滅

差押ハ左ノ場合ニ於テ消滅ス。

第一　差押ハ執行處分ノ取消ニ由リテ消滅ス執達吏ハ五五一條ニ依リ債務者ニ差押ヘタル有體動產ヲ返還シタル場合之ナリ然レトモ執行セラルヘキ請求權ノ消滅又ハ債務名義若クハ其執行力ノ取消ハ當然差押自體ノ效力ニ影響ヲ及ホスコトナシ。

第二　金錢ノ差押ハ債權者之カ交付ヲ受クルマテ效力ヲ有ス差押物カ競賣セラレタルトキニ於ケル賣得金ニ付テ亦同シ。

第三　善意ノ第三者カ差押ラレタル有體動產ニ付キ民法一九二條ニ因リ所有權ヲ取消シタルトキハ差押ハ當然效力ヲ失ヒ消滅スルモノト云ハサルヘカラス差押物件ノ滅失シタル場合亦同シ。

第四　差押ハ抛棄即チ債權者又ハ執達吏カ任意ニ占有ヲ抛棄シ若クハ抛棄ノ意思表示ニ因リ消滅

ス强制執行ハ債權者ノ請求ノ滿足ヲ目的トスル國家ノ行動ナレハ執行請求權ハ債權者何時ニテモ之ヲ拋棄スルコトヲ得ヘシ而テ債權者カ執行請求權ヲ拋棄シタル場合ニ既ニ爲シタル執行處分ヲ裁判上取消スヘキ實益ナキカ故ニ裁判ヲ竢タスシテ當然消滅スヘキモノト解スヘキナリ拋棄ハ明示又ハ默示ニテ之ヲ爲スコトヲ得ヘシ。故ニ差押ノ繼續ヲ明白ニ表示スル方法ヲ施スコトナクシテ差押物ノ占有ヲ債務者ニ移シタル如キ債權者カ債務者ニ差押物件ノ讓渡並ニ引渡ヲ許容シタルカ如キ債權者又ハ執達吏カ差押表示ノ方法ヲ除去シタルトキ或ハ債務者又ハ第三者カ債權者若クハ執達吏ノ同意ヲ得テ差押表示ノ方法ヲ除去シタルトキハ默示的拋棄ト認ムルコトヲ得ヘシ。然レトモ一旦適法ニ差押ヲ爲シタル以上執達吏又ハ保管ニ任セラレタル債務者カ其意思ニ依ラスシテ占有ヲ失ヒ若クハ差押ヲ明白ナラシムル表示方法カ債務者又ハ第三者ノ行爲ニヨリ或ハ天災ノ如キ偶然ノ事變ニ依リテ除去セラレ或ハ不分明トナリタル場合ニ於テ差押ノ效力ハ消滅セサルモノトス（三三年大判例）蓋シ差押ノ表示ヲ明白ニスヘキコトハ差押ノ成立條件ニシテ之カ存續ニハ必要トスルコトナケレハナリ。

二　債權者又ハ第三者ノ占有ニ在ル場合

債務者ノ所有ニ屬スル有體動產ニシテ債權者又ハ其提出ヲ拒マサル第三者ノ占有中ニ在ルモノハ

之ヲ差押フルコトヲ得ヘシ此差押ニ付テモ亦債務者ノ占有中ニ在ル有體動産ノ差押ニ關スル前述ノ規定ヲ準用スヘキモノトス（五六七條改六九六條）差押ハ執達吏其物ヲ占有シテ之ヲ爲シ債權者又ハ第三者ニ其物ヲ保管セシムルトキハ封印其他ノ方法ヲ以テ差押ヲ明白ニセサルヘカラス。

差押物件ノ債權者ノ占有ニ在リトハ債權者其物件ニ付キ動産質權及留置權ヲ有スル場合ニシテ差押ハ債權者ノ爲メニスルモノナレハ直ニ之ヲ爲スコトヲ得ヘキモノトス。

債務名義若クハ執行文ニ從ヘハ執行債務者ニ在ラサル第三者ノ占有物ハ縱令實體法上義務ヲ負擔スル場合ト雖モ其者カ提出ヲ拒マサル限リ之カ差押ヲ爲スコトヲ得ヘシト雖モ斯ル第三者カ提出ヲ拒ミタルトキハ之ヲ差押フコトヲ得ス唯此場合ニ在リテハ債權者ハ債務者ヨリ第三者ニ對スル物件引渡ノ請求權ヲ差押フルコトヲ得ルノミ（六一四條以下）。

第三者カ物ノ提出ヲ拒ミタルトキハ執達吏ハ差押ヲ爲サス其旨ヲ調書ニ記載シテ之カ謄本ヲ債權者ニ交付スヘキモノナリ而シテ執達吏カ第三者ノ提出ヲ拒絶シタルモノニモ拘ラス其占有中ニ在ル物ヲ差押ヘタルトキハ第三者ハ五四四條ニ依リ異議ヲ申立テ或ハ五四九條ニヨリ異議ノ訴ヲ提起スルコトヲ得ヘシ。

第三者ハ提出ヲ拒マスシテ差押ヲ受ケタルトキハ占有ヲ喪失スヘシ然レトモ之カ爲メニ有體動産

ニ對シテ有スル本權ヲ當然喪失スルモノニアラス故ニ第三者ハ提出ヲ拒マスシテ差押ヲ受ケタル後ト雖モ權利ヲ拋棄セサル限リ其差押物ニ對シ質權又ハ先取特權ヲ有スルモノナルトキハ五四九條ノ規定ニ依リ異議ノ訴又ハ五六五條ノ規定ニ依リ優先ノ辨濟ヲ請求スル訴ヲ提起スルコトヲ得ヘシ。

第二項　差押フルコトヲ得サル有體動產

第一　五七〇條（改七〇一條）ニ規定セル物件ハ之ヲ差押フルコトヲ得サルモノトス本條ノ制限ハ六一八條ト同シク訴訟法的性質ヲ有スルモノニシテ强制執行ヲ目的トスル公法的請求權ニ制限ヲ加フルモノナリ債權者ハ執行機關ニ差押フヘカラサルモノトナサレタル物件ノ執行ヲ要求スルコトヲ得ス此制限ハ獨リ債務者ノ利益ニ於テ存スルノミナラス亦主トシテ國家ハ債務者ヨリ須要ノ生活用品ヲ剝奪シ且經濟的生存ヲ撲滅セントスルカ如キコトヲ防止セントスル社會政策的考量ニ基クモノナリ公益ハ此制限ノ及フ限リ債務者ニ對シ國ノ强制ヲ實行スヘカラサルヲ要求スルカ故ニ債務者ハ豫メ契約ニヨリ此强制ヲ除去スルコトヲ得サルモノトス然レトモ五七〇條一號及二號並ニ九號乃至十三號ニ揭ケタル物ハ主トシテ債務者ノ利益ノ爲メニ其差押ヲ禁シタ

ルモノナルカ故ニ債務者ノ承諾アルトキハ之ヲ差押フルコトヲ得ヘシ。

本條ノ制限ハ法律ニ特ニ例示シタル物件ニ付テノミ適用アルモノニシテ該物件ニ代ル金錢殊ニ物件毀損ノ爲メニ支拂ハレタル損害賠償金額及該物件ヲ買入ルルカ爲メニ充當シタル金額ニ對シテ差押ヲ爲スコト能ハサルモノニアラス然レトモ本條ニ依リ差押フルコトヲ得サル物件ノ引渡ヲ目的トスル請求權ハ差押フルコトヲ得サルナリ。

法律カ債務者ノ生活又ハ經濟的生存ニ缺クヘカラサルモノトシテ差押ヲ禁シタル物ニ在リテ斯カル狀況ノ有無ハ差押當時ノ事情ニ依リ之ヲ決スヘキモノトス故ニ差押後ニ於ケル事情ノ變更ハ差押ノ許否ニ影響ヲ及ホササルナリ執達吏ハ差押ヲ爲スニ當リ差押フルコトヲ得サルモノト認メタルトキハ其物件カ債務者ニ屬スルト第三者ニ屬スルトヲ調査スルコトナク差押フヘカラス殊ニ差押物ノ價格ハ評定スル必要ナシ。

執達吏本條ノ規定ニ違反シ差押ヲ爲シタルトキト雖モ差押ハ當然無效トナルコトナシ何トナレハ此場合ハ差押ノ形式的條件ノ違反アルニアラスシテ單ニ實質條件ニ違背スルニ止マレハナリ然レトモ差押ハ債務者カ承諾ヲ爲ササル限リ執行裁判所ハ申立ニヨリ五四四條ニ從ヒ之カ取消ノ裁判ヲ爲スコトヲ得而テ債務者又ハ利害關係アル第三者ハ獨リ此方法ニ依リテノミ救濟ヲ受クルコト

ヲ得ルモノトス。

執達吏ハ裁判所又ハ債權者ノ指圖ナシニ差押物ヲ解放スル權限ヲ有セス而テ競賣ヲ實行シタル後ニハ最早差押ノ無效ヲ主張シテ不當利得ノ訴訟ノ理由ト爲スコトヲ得サルモノトス。

執達吏カ本條ノ規定ヲ誤リ差押フルコトヲ得ヘキ物ヲ差押ヘサルトキハ債權者ハ五四四條ニ從ヒ異議ノ申立ヲ爲スコトヲ得ヘシ。

第二　未タ土地ヨリ離レサル果實

土地ノ果實ハ未タ土地ヨリ分離セサルトキハ實體法上不動産タリ故ニ實體法上ヨリ見レハ土地ノ果實ハ獨立シテ特權ノ權利ノ目的物ト爲スヘカラサルヲ以テ差押ヲ爲スヘカラサルモノナリ然レトモ訴訟法ハ强制執行ニ關シ土地ノ果實ヲ獨立ナル動産ト看做シ有體動産ニ對スル强制執行ノ規定ニ從ヒ之ヲ差押フルコトヲ得ルモノトセリ（五六八條一項改六九八條一項）是蓋シ有體動産ニ對スル强制執行ハ不動産ニ對スル强制執行ノ手續ニ比シ簡便ナルヲ以テ土地ノ果實ニ適用セシメントスルニ外ナラサルナリ然レトモ土地ヨリ未タ分離セサル果實ノ差押ヲ爲スニハ通常ノ成熟期ノ前一ケ月內ニ限リ之ヲ許スヘキモノトス之其前ニ於テ果實ヲ差押フルトキハ果實ノ成熟ヲ妨ケ經濟上有害ナルヲ以テナリ故ニ土地ヨリ離レサル通常ノ成熟期前一ケ月以外ノ果實ハ不動産ニ對

スル強制執行ノ規定ニ從ヒ之ヲ差押フル外ナシ但シ土地ノ強制管理ヲ爲スヘキハ土地ト共ニ收益ヲ差押フルモノナルカ故ニ此場合ニ於テハ土地ヨリ離レサル果實モ亦差押ラルルモノト云フヘシ（七〇七條改八八一條）。

五七〇條四號ニ依レハ農作物ハ次ノ收穫マテ農業ヲ實行スル爲メ缺クヘカラサル場合ニ於テハ其差押ヲ禁止セリ此場合ニ於テハ土地ヨリ離ルルト否トヲ區別スルコトナシ。

玆ニ所謂果實トハ成熟期アル果實ノミヲ指スモノナルカ故ニ穀物又ハ果實ノ如キハ玆ニ所謂果實ナリト雖モ定期又ハ不定期ニ伐採スヘキ竹木金石等ハ果實ニ非サルナリ而テ通常ノ成熟期トハ果實ノ種類及場所ノ關係等ニヨリ之ヲ定ムヘキモノニシテ其年度ノ具體的成熟期ヲ顧慮スル要ナシ又通常ノ成熟期前一ケ月以外ニ於テ差押ヲ爲シタル場合ニハ差押ハ當然無效トナルコトナシ何トナレハ五六八條一項末段ノ規定ハ訓示的規定ニ過サレハナリ斯カル場合ニハ五四四條ニ依リ救濟ヲ受クヘシ（無效說アリ五二八條五二九條參照）。

土地ヨリ未タ分離セサル果實ハ他ノ有體動產ノ差押ト同シク占有若クハ差押ノ明示ニ依リ之ヲ爲ス而テ占有方法ハ果實ノ種類ト其存在地トニ依リ自ラ異ラサルヲ得ス庭園ニ在ル果實ハ門戶ヲ閉鎖シ其鎖鑰ヲ占有シタル上適當ノ場所ニ差押ヲ爲シタル旨ヲ揭示スル如キ耕作地ニ在ル果實ヲ差

押フルニハ差押ヲ爲シタル旨並ニ何某ヲ番人トスル旨ノ告知書ヲ掲示スルカ如キ之ナリ。

第三　養蠶

蠶ハ其多分ハ繭ヲ成造スルカ爲ナリ故ニ揚リ蠶トナリタル後ニ非サレハ之ヲ差押フルコトヲ得ス五六八條二項改六九九條)是養蠶ハ四眠ヲ經テ約一週間前後ヲ過キタル頃即チ所謂揚リ蠶トナルニ非サレハ繭ノ成造ノ必然ヲ期スヘクモアラス且其間手數ト費用ヲ要スルコト少カラサルカ故揚リ蠶以前ニ於テ養蠶ノ差押ヲ爲ストキハ其時期ヲ得タルモノニ非ストスルヲ以テナリ然レトモ其多分カ揚リ蠶トナリタルヲ以テ足レリトシ悉ク揚リ蠶トナリタルコトヲ必要トセス而テ此規定ニ反シ差押ヲ爲シタルトキハ土地ノ果實ニ於ケル場合ト同シク五四四條ノ適用アルモノトス。

第四　華族ノ世襲財產ノ如キ特別ノ法律ニ依リ差押ヲ禁シタルモノハ差押ヲ爲スコトヲ得サルハ論ヲ竢タス(華族世襲財產法一六條一八條商標法八條著作權法一七條國稅徵收法一六條)。

第三項　辨濟手續

一　差押物カ金錢ナルトキ

(一)　執達吏カ金錢ヲ差押ヘタルトキハ差押金錢ヲ債權者ニ引渡シ之ヲシテ辨濟ヲ得セシムヘキ

モノトス（五七四條一項改七〇四條一項）茲ニ所謂金錢トハ直接ニ債權者ノ辨濟ニ供シ得ル支拂要具卽チ競賣ヲ爲スコトナクシテ辨濟ノ用ニ供セラルヘキ支拂要具ヲ指スモノナルカ故ニ强制通用ノ力アル日本ノ通貨卽チ金銀貨及紙幣ナリトス外國ノ貨幣及紙幣ハ茲ニ所謂金錢ニ屬セス故ニ外國貨幣ニ付テハ債權者カ爲替相場ヲ以テスル辨濟ヲ受領セサルトキハ五八〇條若クハ五八五條ノ規定ニ依リ之ヲ處分スヘク外國紙幣ニ付テハ有價證劵トシテ五八一條ノ規定ニヨリ處分スヘキナリ郵便切手及收入印紙ハ動産トシテ法律上特種ノ地位ヲ有スルモノニアラス唯競賣ノ代リニ五八五條ヲ適用スルヲ以テ當ヲ得ルモノト云フヘシ。

差押タル金錢カ第三者ノ所有ニ屬スル場合ニ於テハ民法一九二條ノ適用ナキ限リ債權者ハ其所有權ヲ取得スル得サルハ多言ヲ要セサルモ執達吏カ差押タル金錢ヲ債權者ニ引渡タルトキハ强制執行ハ終了スルヲ以テ第三者カ最早執行異議ノ訴ヲ提起スルコトヲ得ス唯不當利得ノ訴ヲ提起スルコトヲ得ルニ過キサルナリ（改七〇五條ハ獨逸民訴八一五條二項ト等シク差押ヘタル金錢ニ付キ第三者カ債權者ニ交付スヘキコトヲ妨クル權利ヲ有スルコトヲ疏明シタルトキハ差押金錢ヲ供託スヘキ旨ヲ規定シ以テ執行異議ノ訴ノ提起ヲ可能ナラシメタリ）。

（二）　執達吏カ差押ノ爲メ金錢ヲ債務者ヨリ取上タルトキハ債務者ヨリ債權者ニ支拂ヲ爲シタル

モノト看做サル（五七四條二項改七〇四條二項）是レ蓋シ第一編總則ニ於テ述ヘシ如ク執達吏ハ債權者ノ代理人トシテ金錢ヲ取得スルモノナルカ爲メ之ヲ債權者ニ交付スルヲ竢タス既ニ債權者ノ手裡ニ入リタルト同一ノ效力ヲ生スレハナリ故ニ執達吏カ債務者ヨリ金錢ヲ取上タルトキハ債務者ハ其取上ラレタル金額ニ應シテ債務ヲ免レ債權者ハ取上タル金錢ノ所有權ヲ取得スヘシ從テ取上タル金錢ノ滅失又ハ紛失ノ危險負擔ハ差押債權者ニ移轉スルノミナラス他ノ債權者ハ配當要求ヲ爲スコトヲ得サルニ至ルモノト云フヘシ然レトモ保證ヲ立テ又ハ供託ヲ爲サシメ執行ヲ免ルルコトヲ債務者ニ許シタルトキ（五〇〇條一項五〇五條二項五一二條五二二條二項五四四條二項又ハ五四九條四項）ハ執達吏カ債務者ヨリ金錢ヲ取上クルモ債務者ヨリ債權者ニ支拂ヲ爲シタルモノト看做サルルコトナシ（五七四條二項）是債務者ニ執行ヲ免ルルコトヲ許シタル當然ノ結果ナリ此場合ニ於テ差押債權者ハ執達吏ノ取立タル金錢ノ所有權ヲ取得スルコトナキヲ以テ其取立タル金錢ノ危險負擔ハ依然債務者ニ存スルモノニシテ又他ノ債權者ハ配當要求ヲ爲スコトヲ得ヘシ而テ執達吏カ金錢ヲ差押タル場合ニ於テ債務者カ保證ヲ立テ又ハ供託ヲ爲シテ强制執行ヲ免ルルニハ執達吏ヨリ差押金錢ヲ債權者ニ引渡ササルコトヲ要ス若シ執達吏カ差押金錢ヲ債權者ニ引渡ストキハ强制執行ハ玆ニ終了シ執行ヲ免レントスルモ得ヘカラサレハナリ。

二　差押物カ金錢以外ノ物件ナルトキ

執達吏カ金錢以外ノ有體動產ヲ差押タルトキハ債權者ノ請求ヲ滿足セシムル爲メニ特ニ債權者ノ申請又ハ裁判所ノ命令ヲ要セスシテ法定ノ手續ニ從ヒ差押物ノ換價處分ヲ爲スヘキモノトス蓋シ金錢ノ支拂ヲ目的トスル債權ノ爲メニ爲シタル有體動產ノ差押ハ債權者ノ請求ヲ滿足セシムルニ在ルカ故ニ差押物ヲ金錢ニ換價シ其賣得金ヲ債權者ニ交付スルニ依リ强制執行ノ目的ヲ達スルコトヲ得レハナリ。

（一）　換價

I　通常ノ換價方法

差押物カ金錢以外ノモノナルトキハ競賣ハ換價ノ通常ノ方法ナリ執達吏ハ債權者又ハ裁判所ノ特別授權ヲ要セスシテ以下說明スル所ニ從ヒ公ノ競賣方法ヲ以テ差押物ヲ賣却スヘキモノトス。

競賣ノ性質ニ付キ學說二派ニ分ル即チ一說ニ競賣ニ依リ私法上ノ賣買契約成立スルト云フ賣買契約說ト他ノ一說ニ競賣ハ私法上ノ契約ニアラスシテ公法上ノ處分ナリト云フ處分行爲說ナリトス處分行爲說ノ說ク所ハ競賣ハ執行機關カ公ノ權力ニ因リ債務者又ハ目的物ノ所有者ヨリ所有權ヲ取上ケ之ヲ競落人ニ移轉スル處分タリト云フニ在リ本說ニ依レハ競賣ハ賣買ニアラス恰モ公用徵

收ト等シク一方ニ於テハ債務者又ハ目的物ノ所有者ヨリ其財産ヲ徵收シ他方ニ於テハ競落ナル裁判ニ因リ其徵收シタル財産ノ所有權ヲ競落人ニ設定的ニ取得セシムルナリ然レトモ我民法五六八條一項ニ强制競賣ノ場合ニ於テハ競落人ハ前七條ノ規定ニ依リ債務者ニ對シ契約ノ解除ヲ爲シ又ハ代金ノ減額ヲ請求スルコトヲ得ル旨規定シアリテ競落ニヨリ設定的ニ所有權ヲ取得スルモノト爲スヘカラサルハ勿論所謂競賣ナルモノ即チ民事訴訟法ニ依ル競賣ハ一種ノ賣買契約ト解スルヲ以テ相當トスヘシ故ニ執達吏ノ爲ス差押物ノ競賣ハ私法上ノ賣買ナリ換價處分ハ執達吏カ執行機關トシテ之ヲ爲スモノニシテ債權者又ハ債務者ノ代理人トシテ之ヲ爲スニ非ス故ニ競賣ノ賣主ハ執達吏ナリト解スルヲ以テ論理上當然ノ歸結ト云フヘシ然レトモ債務者ハ差押ニ因リ差押物ニ對シ債權者ヲ害スヘキ處分行爲ヲ爲スコトヲ得サルモ依然其物ヲ所有スルヲ以テ賣却ノ效力ハ直接ニ債務者ニ及フヘキモノトス。

1　競賣ノ日時場所

競賣ハ可成迅速ニ實施スルヲ以テ債權者ノ利益トスルモ差押ノ日ト競賣期日トノ間ニハ少クトモ七日ノ時間ヲ存スルコトヲ要ス(五七五條一項改七〇六條)是債務者ニハ辨濟ノ機會ヲ與ヒ第三者ニハ執行參加訴訟ノ機會ヲ與フル爲ニ外ナラサルナリ然レトモ差押債權者、執行力アル正本ニ因

リ配當ヲ要求スル債權者及債務者カ競賣ヲ更ニ早ク爲サンコトヲ合意シタルトキ又ハ差押物ヲ永ク貯藏スルニ付キ不相應ノ費用若クハ其物ノ價格著シク減少スル危害ヲ避クル爲メ競賣ヲ早ク爲スコトノ必要ナルトキハ例外トシテ前ニ示シタル時間ヲ短縮シテ競賣期日ヲ定ムルコトヲ得ヘシ（五七五條一項但書改七〇六條但書）不相應ノ費用ヲ要シ若クハ價額ノ減少ノ危險アルカ爲メ競賣期日ヲ伸縮スルコトハ執達吏ノ判斷ニ委ス債權者債務者及執行參加權ヲ有スル第三者ハ其判斷ニ對シ五四四條ニ依リ異議ヲ申立ツルコトヲ得ヘシ。

競賣ハ差押ヲ爲シタル市町村ニ於テ之ヲ爲スヲ常トシ執達吏隨意ノ地ニ於テ之ヲ爲スヲ得サルモノトス蓋シ物件ノ所在地ハ能ク其價格及需用ニ適スルノミナラス他ノ場所ニ於テ之ヲ爲ストキハ運搬ノ日數又ハ費用ヲ要スルコト多ケレハナリ然レトモ差押ヲ爲シタル場所ニ於テハ相當ノ價額ヲ得ル能ハサルトキ及差押物ヲ保管スル爲メ他ノ場所ニ貯藏シタル場合ニ於テハ債權者及債務者ノ合意ニ基キ差押ヲ爲シタル市町村外ノ地ニ於テ競賣ヲ爲スコトヲ妨ケス（五七六條一項改七〇七條一、二項）。

執達吏カ競賣ノ場所ヲ選定スルニ當リ之ヲ不當ト爲スモノハ五四四條ニ依リ裁判ヲ要求スヘキモノトス。

2 競賣ノ準備

（イ） 競賣ハ豫メ競賣スヘキ物ヲ表示シテ競賣ノ時日及場所ヲ公告スヘシ競賣期日ヲ變更シタル場合亦然リ而テ其公告ノ方法ハ競賣ヲ爲スヘキ市町村ノ掲示場ニ公告書ヲ貼付シ又ハ之ヲ新聞紙ニ掲ケ廣告スルヲ常トス（五七六條二項改七〇七條三項）。

（ロ） 競賣スヘキ物件中高價物アルトキハ執達吏ハ豫メ適當ナル鑑定人ヲシテ之カ評價ヲ爲サシメサルヘカラス（五七三條改七〇三條）是偏ニ執達吏カ競賣ヲ爲スニ付キ價格ノ標準ヲ知ルコトヲ得セシメ以テ高價物ヲ低價ニ賣却スルコトナカラシメンコトヲ期スルニ外ナラス玆ニ所謂鑑定人トハ評價人ノ義ニシテ三二二條以下ノ規定ヲ適用スヘキニアラス。通常ノ差押物ニ付テ執達吏自ラ各差押物ニ付キ價格ヲ評定シテ差押調書ニ記入スヘキモノトス。

3 競賣ノ實施

（イ） 執達吏ハ競賣期日前ニ於テ競買スヘキ物ヲ差押調書ト比照シ且ツ賣却ノ準備ヲ爲スヘシ而シテ競賣期日ニハ先ツ賣却條件ヲ告知シ各競賣物ニ付競賣ノ申込ヲ催告シテ競賣ヲ開始シ最高價競賣ノ申込人ニ對シ競落ノ告知ヲ爲スニ因リ之ヲ終了ス（競賣法一三條改七〇八條一項）而テ本法ノ賣却條件ハ左ノ如シ。

第一　最高價競賣ノ爲メノ競落ハ其價格ヲ三回呼上ケタル後之ヲ爲スヘキモノトス（五七七條一項改七〇八條二項）。

競賣ハ前ニ說明シタル如ク一種ノ賣買契約ナリ競買人ヨリ爲ス競買價格ノ申出ハ即チ申込ニシテ競落ハ其申出タル價格ヲ以テ賣却ヲ爲スヘキ旨ノ意思表示ニシテ所謂申込ニ對スル承諾ナリ但シ競落ハ最高競買價額ノ申出ヲ爲シタルモノニ對シテノミ之ヲ爲スヘキモノトス競賣ハ競落ニ依リテ成立ス然レトモ物ノ所有權ハ競賣代金引換ニ其引渡ヲ受クルニアラサレハ競買人ニ移ルコトナシ競買人ハ物ノ引渡ヲ受クルニ因リテ競落物ノ所有權ヲ取得シ此時ヨリ其物ノ危險ヲ負擔スルモノトス（競賣法二條一項反對）。

競買人カ最高價格ノ申出ヲ爲スモ執達吏必ス三回之カ呼上ヲ爲シタル上ニ非サレハ競落ヲ告クルコトヲ得ス蓋シ忽卒ニ競落ヲ爲サス努メテ高價競買價格ノ由出ヲ求メンコトヲ期スルニ在リ。

競落ハ最高競買價格ヲ申出テタル者ニ爲スモノナレトモ競買人ハ最高競買價格ヲ申出タルノミニテハ競落ヲ求ムル權利ヲ有スルコトナシ然レトモ執達吏ハ既ニ最高競買價額ノ申出アリタル以上ハ金銀物ノ競賣ヲ除ク外申出價額ヲ低廉ナリトシ獨斷ニ競落ヲ拒ムコトヲ得ス執達吏競落ヲ拒絕スル爲メニハ債權者ノ授權ヲ必要トス其授權ハ豫メ之ヲ受ケ得ルコトハ勿論ナリトス債權者カ債

務者ノ同意ヲ竢タスシテ執達吏ニ競落ヲ拒ムコトヲ請求シ得ル權利ハ五五〇條第四號ニ徵シ之ヲ認ムルコトヲ得ヘシ何トナレハ債權者ハ執行處分ヲ取消スコトナク不定期間義務履行ノ猶豫ヲ承諾(五五一條)シ得ルトセハ競賣モ亦之ヲ延期シ得サルヘカラス但シ此場合ニ於テ再度ノ競賣ヲ開始スルカ爲メ生シタル費用ハ五五四條一項ニ所謂必要ナリシ部分ニ屬スルカハ問題ナリ新競賣ニ於テ賣得金著シク增加セサルトキハ競賣ヲ再ヒシタルニ因リテ生シタル費用ハ必要費ト爲サルルヲ通例トス。

債務者ハ競落アルマテ五五〇條ニ從ヒ若クハ執達吏ニ支拂ヲ爲スニ依リ强制執行ノ停止若クハ終結セシムルコトヲ得。

競賣期日ニ於テ競賣ノ申出ヲ爲ス者ナキトキハ事實上競賣ヲ行フコト能ハサルカ故ニ差押物ヲ債務者ニ返還スヘキナリ但シ五八五條ノ適用ハ妨ケサルモノトス。

第二　競落物ノ引渡ハ其代金ト引換ニ之ヲ爲スヘキモノトス(五七七條二項改七〇八條三項)

競落物ノ引渡ハ代金支拂期日ノ定アルト否トニ拘ラス代金ト引換ニ非サレハ之ヲ爲ササルモノトス相殺ハ現金支拂ニアラサルヲ以テ總テ之ヲ許サス債權者モ債務者モ單獨ニテハ競賣代金ノ支拂ヲ猶豫シ一方的ニ競落物ヲ引渡スコトヲ承諾スルコトヲ得ス然レトモ執達吏ハ債權者及債務者兩

者ノ承諾ヲ得タルトキハ現金ノ支拂ヲ受ケスシテ競落物ヲ引渡スコトヲ得執達吏右兩者ノ承認ヲ經スシテ物ヲ引渡シタルトキハ損害ニ付テ責アリ而テ執達吏代金ノ支拂ヲ受ケス擅ニ競落物ヲ引渡タルトキハ競落人ハ物ノ所有權ヲ取得スルコトナシ何トナレハ斯カル場合ハ執達吏ノ權限外ノ行爲ニ屬スレハナリ。

危險ノ負擔及所有權ハ競落物ノ引渡ヲ以テ競落人ニ移轉スルモノナルカ故ニ執達吏ハ賣得金ヲ直ニ債權者ニ交付スルハ早計ニ失スルコトアルヘシ何トナレハ差押物ノ競落ヲ告ケタルニ拘ラス執行裁判所カ差押物ノ解除ヲ命シタル爲メ競落物ノ引渡ヲ不能ニ爲スコトアレハナリ。

執行裁判所ハ申立ニ因リ五八五條ノ規定ニ從ヒ代金支拂ヲ延期シ競落物ノ即時ノ引渡ヲ命スルコトヲ得猶豫シタル代金ノ支拂請求權ハ債權者ニ屬スルモノトス而テ債權者及債務者間ノ合意ニ因リ代物辨濟トシテ差押物ヲ債權者ニ交付スルコトハ固ヨリ妨ケサルナリ代金ノ支拂ヲ猶豫スルニ當リ物ノ所有權ヲ留保シタル場合ニ於テ疑ハシキトキハ代金ヲ全部支拂フコトニ因リ所有權ハ移轉スルモノトスヘシ。

第三　金錢ノ支拂ハ競賣條件ニ定メタル支拂期日又ハ其定メナキトキハ競賣期日ノ終ル前ニ爲スヘキモノトス(五七七條三項改七〇九條)。

競賣條件ニ支拂期日ノ定メナキトキハ現金ノ支拂ハ競賣期日ニ於テ之ヲ請求スルコトヲ得此期日ノ終了ト共ニ競落人カ遲滯ニ付セラルルモノトス。

競落人支拂期日ニ支拂ヲ爲サザルトキハ義務不履行ノ爲ニ賣買契約ハ法律上當然解除セラルルモノトス此場合ニ於テハ第一ノ競賣ニ次テ直ニ開始スヘキ所ノ新競賣期日ニ於テ差押物ヲ更ニ競賣スヘシ此競賣ハ義務ヲ履行セサリシ買主ノ爲メニ之ヲ行フモノニアラス唯第一ノ競ヲ落ヲ取消シテ當初ノ競賣ヲ再施スルニ外ナラサルナリ而テ此競賣ニ於テハ前ノ最高價競買人更ニ競買ヲ爲スコトヲ得ス再度ノ競買代金カ最初ノ競落代金ヨリ低キトキハ不足額ヲ負擔スヘク若シ高價ナルコトアルモ其剩餘額ヲ請求スルコトヲ得ス(五七七條三項末段改七〇九條末段)。

第四　金銀物ハ其金銀ノ實價ヨリ以下ニ競落スルコトヲ許サス(五八〇條改七一三條)

執達吏金銀物ヲ競賣スルニハ五七三條ニ從ヒ適當ナル鑑定人ヲシテ其評價ヲ爲サシメサルヘカラス而テ最高價競買ノ申込カ鑑定人ノ評價シタル價格ニ達セサルトキハ競落スルヲ許サス當時競買申出人ノ爲シタル最高價ヲ競賣調書ニ附記シ競賣ヲ中止スヘシ。

以上第一乃至第四ノ賣却條件ハ執達吏隨意ニ之ヲ變更スルコトヲ許サス唯前述スル如ク執行裁判所カ命シタルトキ又ハ債權者及債務者ノ合意アル場合ハ此限リニアラス

債權者及債務者ハ競落人トナルコトヲ得ヘシ蓋シ別ニ之ヲ禁止スル明文ナケレハナリ債權者カ競落人トナリタルトキハ其代金支拂ノ義務ト其辨濟ヲ受クヘキ債權額トヲ相殺スルコトヲ得ヘシ。

（ロ）　競賣ハ賣得金ヲ以テ債權者ニ辨濟ヲ爲シ及ヒ强制執行ノ費用ヲ償フニ足ルニ至ルトキハ執達吏直ニ之ヲ中止セサルヘカラス（五七八條改七一一條）蓋シ强制執行ハ債權者ノ請求ヲ辨濟シ且ツ强制執行ノ費用ヲ償フカ爲メ之ヲ爲スヘキモノナルカ故ニ此範圍ヲ以テ强制執行ノ限度トスルハ必要ニシテ且十分ナリトスレハナリ競賣ヲ爲サヽル差押物ハ之ヲ債務者ニ還付シ又差押物ノ表示方法ヲ除去シテ差押ヲ解除スヘキモノトス玆ニ所謂債權者トハ五六五條ノ擔保權者ヲモ亦之ヲ包含スルモノニシテ同條ニ從ヒ判決又ハ命令存スルトキハ賣得金ヲ以テ其優先權ヲ支拂ヒ得ル場合ニ初メテ競賣ヲ中止スヘキモノトス。

執達吏ハ時々其賣得金ヲ計算シ債權額及費用ト對照シ競賣ニ付スル物カ不相當ニ過分ナルコトヲ避ケサルヘカラス而テ執達吏ハ其計算ヲ爲シ債務者完全ニ其義務ヲ盡シタルトキハ執行カアル正本ニ其旨ヲ附記シ且ツ受取ノ證ヲ債務者ニ交付スヘシ（五三五條改六六〇條一項）。

（ハ）　執達吏賣得金ヲ領收シタルトキハ之ヲ債權者ニ引渡サヽルヘカラス然レトモ執達吏賣得金ヲ領收シタルトキハ之ヲ債權者ニ引渡スコトヲ竢タス債務者ヨリ債權者ニ支拂ヲ爲シタルモノ

ト看做サル是執達吏カ差押ノ爲メ金錢ヲ債務者ヨリ取上タル場合ト等ケレハナリ（五七四條二項ノ說明參照）但シ保證ヲ立テ又ハ供託ヲ爲シテ執行ヲ免ルルコトヲ債務者ニ許シタルトキハ此限リニ在ラス（五七九條改七一二條一、二項）。

II 特別ノ換價方法

（1） 金銀物ノ換價

差押物カ金銀物例ヘハ古金銀又ハ金銀ヲ以テ製造シタル什器ナル場合ニ於テ其實價マテニ競買ヲ爲スモノナキトキハ執達吏ハ其實價ニ達スル價額ヲ以テ適宜ニ之ヲ賣却スルコトヲ得ヘシ（五八〇條末段改七一三條但書）。

（2） 有價證券ノ換價

執達吏有價證券ヲ差押ヘタルトキハ相場アルモノト否ラサルモノトニ依リ其換價方法ヲ異ニス有價證券ハ公定ノ相場アルヲ常トスレトモ賣却當時ニ於テ市場ノ相場ナキコトアリ而シテ執達吏其相場アル有價證券ヲ換價スルニ付テハ競賣ノ方法ニ依ルヲ要セス其賣却日ノ相場即チ執行地ニ於ケル市場ノ相場ヲ以テ適宜ニ之ヲ賣却スヘシ故ニ執行地ニ於テ相場ナキモ他ノ地ニ於テ相場アルモノナルトキハ該地ニ送付シテ賣却スルヲ許サス但五八五條ノ規定ヲ適用スルヲ妨ケス執達吏有

價證券ヲ換價スルニ當リ未タ相場ノ立タサル場合ニ於テハ他ノ有體動産ヲ競賣スルト同一ノ方法ヲ以テ之ヲ賣却スヘキモノトス（五八一條改七二一條七二二條）有價證券トハ證券カ恰モ權利ノ負擔者ナルカ如ク證券ノ占有カ其證券ニ證スル權利行使ニ缺クヘカラサル證券ヲ云フ此證券ハ記名ナルト無記名ナルトヲ問ハス執達吏之ヲ有體動産トシテ差押ヲ爲スコトヲ得然レトモ金錢トシテ引渡シ得ヘキ紙幣及手形其他裏書ヲ以テ移轉スルコトヲ得ル證券ハ茲ニ所謂有價證券中ニ包含スルモノニアラス何トナレハ前者ニ付テハ金錢トシテ五七四條（改七〇四條）ヲ適用シ後者ニ付テハ債權ノ執行トシテ六〇三條（改七三〇條）ニ特別規定アルカ故ニ此兩者ヲ除外スヘケレハナリ。有價證券ニシテ無記名ノモノハ競賣ナルト適宜賣買ナルトニ拘ラス證券ヲ買主ニ交付スルノミニ依リ權利ヲ移轉スルコトヲ得ルヲ以テ別段ノ差支ヲ見スト雖モ記名ノモノハ之ヲ買主ノ名義ニ書換フルニ非サレハ買主ヲシテ完全ニ權利ヲ取得セシムルコトヲ得ス又無記名ノモノト雖モ之ヲ記名ニ換ヘ又ハ他ノ方法ニ依リ流通ヲ止メタルモノナルトキハ其流通ヲ回復スルニ非サレハ買主ニ完全ナル權利ヲ移轉シタルモノト云フコト能ハサルヲ以テ倶ニ十分賣却ヲ施行完結スル能ハサルナリ隨テ執達吏ハ以上ノ權限及之カ爲メ必要ナル陳述ヲ債務者ニ代リテ爲スノ能力ナカルヘカラス而シテ執行裁判所ハ此權限ヲ執達吏ニ授與スヘキモノトス（五八二條五八三條改七二三條）是

ヲ以テ執達吏其授權ヲ得ル爲メ執行裁判所ニ其申立ヲ爲シ其申立ニ事實ヲ明白ナラシムル爲メ債務名義並ニ差押調書ヲ添付スヘシ執達吏ハ授權ニ因リ債務者ノ代理人トシテ各種ノ必要行爲ヲ爲ス資格ヲ取得ス。

（３） 果實ノ換價

果實ハ未タ土地ヨリ離レサル以前ト雖モ成熟時期一ケ月以内ニ在ルモノハ動產トシテ差押フルコトヲ得ヘキハ前ニ説明シタリ（五六八條一項五七〇條四號）然レトモ其競賣ハ成熟後始メテ之ヲ爲スコトヲ許ス（五八四條一項改七一四條一項）是レ蓋シ成熟以前ニ於ケル果實ノ競賣ハ買主ニ危險ヲ負擔セシムル結果トシテ著シク競賣ノ價額ヲ低廉ナラシムレハナリ然レトモ債權者及債務者ノ合意アルカ又ハ執行裁判所ノ命令アルトキハ縱令果實ノ成熟前ト雖モ之ヲ競賣スルヲ妨ケサルナリ。

玆ニ所謂成熟トハ五六八條ニ所謂成熟トハ異リ現實的成熟ヲ指スモノトス競賣ハ成熟シタル差押果實ヲ收穫前ニ之ヲ施行スヘキヤ又ハ收穫後ニ之ヲ施行スヘキヤ將タ全部一時ニ競賣ニ付スヘキヤ又ハ一部ツツ之ヲ爲スヘキヤ執達吏時宜ニ依リ之ヲ定ムヘキモノトス。

執達吏收穫前ニ果實ヲ競賣ニ付シタルトキハ競落人ハ引渡ヲ以テ幹莖ニアル儘ニテ果實ノ所有權

ヲ取得ス。

執達吏果實ノ收穫後ニ競賣ヲ爲ストキハ差押後競賣スルニ至ル迄執達吏之ヲ管理セサルヘカラス執達吏ハ債務者又ハ第三者ヲシテ收穫ヲ爲サシムルコトヲ得(五八四條一項末段改七一四條二項)

(4) 蠶ノ換價

蠶ハ揚リ蠶トナリタルトキハ未タ繭トナラサル以前ニ於テ之ヲ差押フルコトヲ得ヘシト雖モ其競賣ハ全ク繭トナリタル後ニアラサレハ之ヲ爲スコトヲ許サス(五八四條二項改七一四條三項)其理由ハ前述シタル所ト同一ナリ。

(5) 執行裁判所ノ命令ニ依ル特別換價

執行裁判所ハ債權者又ハ債務者ノ申立ニ因リ差押物ノ換價ノ方法ニ關スル五七二條五七三條五七五條乃至五八四條ニ規定シタル所ニ異リ差押物ノ賣却ヲ爲スヘキヲ命スルコトヲ得(五八五改七一五條)此裁判ハ五四三條三項ニ從ヒ口頭辯論ヲ經スシテ之ヲ爲スコトヲ得。

執行裁判所ハ高價ヲ得ルノ見込アルトキハ競賣ノ方法ニ依ラス適宜ノ賣却ヲ許シ又相當價額ヲ以テ差押物ヲ債權者ニ交付スルコトヲ許スコトヲ得競賣ハ差押ヲ爲シタル市町村ニ於テ之ヲ爲スヲ通常トスト雖モ若シ他ノ場所ニ於テ競賣セハ却テ適當ノ價額ヲ得ヘキトキハ差押ヲ爲シタル市町

村以外ノ地ニ於テ之ヲ爲スヲ許スコトヲ得。

競賣ハ執達吏之ヲ行フヲ普通トストモ雖モ執行裁判所ハ便宜上執達吏以外ノ者例ヘハ市町村長若クハ競賣ヲ營業トスル者ヲシテ競賣ヲ爲サシムヘキ旨ヲ命スルコトヲ得執行裁判所カ執達吏以外ノ者ヲシテ競賣ヲ爲サシムル場合ニ於テ特ニ制限セサル限リ此者ハ賣得金ヲ受領シ且ツ受取ノ證書ヲ作成交付スルノ權限ヲ有スルモノトス然レトモ執達吏モ亦五三三條ニ依リ執行關機トシテ賣得金ヲ受領スルコトヲ得ヘシ。

三　債權者ノ競合

執行力アル正本ヲ有スル多數ノ債權者カ同時ニ共同シテ差押ヲ爲シタルトキハ共同差押アリト云フヘシ共同訴訟ノ結果又ハ然ラスシテ數人カ共同ノ債務名義ヲ有シ該債務名義ニ基キ共同シテ差押ヲ爲ス場合之ナリ同一ノ債務者ニ對シ債權者數名アリ何レモ各自別異ノ債務名義從テ別異ノ執行力アル正本ヲ有シ同時ニ同一ノ執行機關ニ對シ同一ノ執行ヲ求メタルトキハ之レ亦共同差押ヲ爲ス場合ナルヘシ而シテ共同差押ノ場合ニ於テ債權者ノ多數ハ實體法上若クハ訴訟法上共同團體ヲ爲スト否トニ拘ラス强制執行ニ於テハ共同團體ヲ形成シ其共同團體タル債權者團體ハ差押債權者ノ地位ニ在ルモノト解セサルヘカラス從テ共同差押ノ場合ニハ差押ハ共同團體トシテノ債權者

ノ申請ニ依リ之ヲ爲スヘキモノナルカ故差押ハ單一ニシテ差押ノ競合ナキハ勿論債權者ノ競合アルコトナシ此場合ニハ數名ノ債權者ノ爲メ同時ニ普通ノ手續ニ從ヒ差押ヲ爲スヘキナリ然レトモ一人ノ債權者カ先ツ債務者ノ或ル財産ニ對シ差押ヲ爲シタル後第二以下ノ債權者カ執行力アル正本ヲ以テ其差押ノ目的物ニ付キ執行セントスルトキ又ハ單純ニ之カ配當ヲ受ケントスルトキハ茲ニ所謂債權者ノ競合アリテ各債權者間ノ關係ヲ定ムヘキ必要ヲ生ス。執達吏ハ既ニ差押ヘタル物ニ付キ他ノ債權者ノ爲メ更ニ差押ノ手續ヲ爲スコトヲ得ス（五八六條一項改七一六條一項參照）。

差押質權ヲ認メ又差押ヲ爲シタル時ノ前後ニ因ル優先權ヲ認ムル法制ニ在リテハ各債權者ヲシテ差押タルト附帶差押タルトヲ問ハス一々之ヲ爲サシメ且ツ其順位ヲ明ニスル必要アリ然レトモ差押質權ヲ認メス又差押ヲ爲シタル時ノ前後ニ因ル優先權ヲ認メサル法制ニ在リテハ各債權者ヲシテ一々差押ヲ爲サシムル要ナク又差押ヲ爲シタル順位ヲ明ニスル要ナシ我民事訴訟法ハ前述スル如ク平等分配主義ヲ採用シタルヲ以テ重複差押ヲ許ササルモノトス故ニ一人ノ債權者ノ申請ニ依リ既ニ差押アリタル以上ハ其差押ノ同一目的物ニ對シ他ノ債權者ヨリ差押ノ申請アルモ之ヲ許スコトナク唯其差押ノ賣得金ヨリ配當ノ要求ヲ得セシムルモノトス。

執達吏既ニ差押ヘタル物件ニ付キ他ノ債權者ヨリ執行ノ委任ヲ受クルモ再ヒ差押手續ヲ爲スヘカラス唯此場合ニ於テハ差押物ノ有無ヲ照査スル手續ヲ爲スヘキモノトス即チ執達吏ハ强制執行ノ委任ヲ受ケタル場合ニ於テ既ニ差押ヲ爲シタル執達吏アルトキハ其執達吏ニ差押調書ノ閲覽ヲ求メ債務者ノ財産中未タ差押ニ係ラサル物アリヤ否ヤヲ調査シ未タ差押ニ係ラサル物アルコトヲ發見シタルトキハ之ヲ差押ヘ其調書ヲ作リ之ヲ既ニ差押ヲ爲シタル執達吏ニ交付シ且ツ總テノ差押物ヲ競賣ニ付スヘキコトヲ求メ差押フヘキ物アラサルトキハ照査調書ヲ作リ既ニ差押ヲ爲シタル執達吏ニ之ヲ交付スヘキモノトス(五八六條二項改七一六條)。

照査手續ハ差押フ可キ物ヲ換價スルモ差押債權者ノ債權ヲ辨濟シ且强制執行ノ費用ヲ償フテ剩餘アル見込ナキトキト雖モ爲サヽルヘカラス蓋シ照査手續ハ後ニ説明スル如ク執行力アル正本ヲ有スル債權者ノ配當加入方法ニシテ且ツ既ニ爲シタル差押カ取消サレタルトキハ差押ノ效力ヲ生スルカ故ニ此場合ニ於テモ執行力アル正本ヲ有スル債權者ノ爲メ照査手續ヲ爲ス必要アレハナリ。

照査手續ニ關スル規定ハ一ノ債權者ヨリ委任ヲ受ケタル執達吏ト他ノ債權者ヨリ委任ヲ受ケタル執達吏ト異ル場合ニ適用スヘキモノナルモ一ノ債權者ヨリ委任ヲ受ケ既ニ差押ヲ爲シタル執達吏ニ對シ他ノ債權者カ更ニ差押ヲ求メタル場合ニモ此規定ヲ準用シテ照査手續ヲ爲サヽルヘカラス。

執達吏照査手續ニ於テ前述ノ要求ヲ爲ストキハ執行ニ關スル債權者ノ委任ハ既ニ差押ヲ爲シタル執達吏ニ法律上移轉スルモノトス（五八六條三項改七一七條一項）是費用ト勞力トヲ節約セシメンカ爲ニ外ナラス而テ執達吏ハ總債權者ノ爲ニ競賣ヲ爲スヘキコトハ明文ヲ竢タスシテ明ナリ（改七一九條）。

假差押ニ係ル物ニ付テ照査手續ノ規定ヲ適用スルコトナク更ニ之ヲ差押フルコトヲ得ヘシ、五八六條四項）既ニ假差押ニ係ル物ト雖モ之カ差押ヲ爲シタル以上ハ之ヲ競賣スルコトヲ得ヘシト雖モ之カ爲メ假差押債權者ノ權利ハ侵害セラルルコトナシ何トナレハ假差押ハ强制執行ノ結果ヲ保全スルカ爲メニ之ヲ爲スモノニシテ假令其物ハ賣却セラルルト雖モ假差押債權者ハ其賣得金ノ上ニ付キ此結果ヲ保全スルコトヲ求ムル權利ヲ有スレハナリ故ニ假差押債權者ノ債權ヲ顧ミス假差押ニ係ル有體動產ノ賣得金又ハ假差押ニ係ル金錢ヲ他ノ債權者ニ配當スヘキモノニアラスシテ假差押債權者ニ之ヲ配當セサルヘカラス然レトモ假差押ハ前述ノ目的ヲ有スルニ過キサレハ假差押債權者ニ其債權ノ配當額ヲ直ニ支拂フヘキモノニアラス執達吏之ヲ供託スヘ[illegible]（六三〇條三項七五〇條四項改七七五條二項九三五條四項）。

債務者ノ總財產ハ各債權者ノ共同擔保ナリ（舊民法債權擔保編一條）又執行手續ニ於テハ差押ハ

差押債權者ニ優先權ヲ取得セシムルモノニアラス此ヲ以テ數人ノ債權者ノ存在スル場合ニ於テハ債務者ノ財產ハ常ニ債權額ノ割合ニ從ヒ平等ニ配當セサルヘカラス隨テ執行債務者ニ對シテ金錢債權ヲ有スル者カ其債權ノ存在カ判決其他ノ債務名義ヲ以テ確定セラレタルト否トヲ問ハス苟モ執行債務者ノ有體動產ニ對シ金錢債權ヲ執行スル爲メ强制執行開始シタルトキハ其差押ニ係ル金錢又ハ賣却代金ノ配當ヲ要求スルコトヲ得ルモノト云フヘシ又執行債務者ニ對シ金錢債權ヲ有セサルモ其差押ラレタル有體動產ニ對シ一定ノ金額ニ付テ擔保權ヲ有スルトキハ其動產ノ賣得金ヨリ優先辨濟ヲ受クルコトヲ得サルヘカラス。

此等ノ配當要求債權者中執行力アル正本ニ因リ配當ヲ要求スルト否トニ依リ各債權ヲ實行スル手續ヲ異ニス。

（1） 執行力アル正本ヲ有スル債權者

照查手續ハ執行力アル正本ヲ有スル債權者ノ爲メニ之ヲ施行スヘキモノトス蓋シ執達吏ハ執行力アル正本ニ依リ債權者ノ委任ヲ受クルモ既ニ差押タル有體動產ニ對シ二重ノ差押ヲ爲スコトヲ得ス唯此場合ニハ照查手續ヲ爲スノミ此照查手續ヲ爲スニ當リテ未タ差押ニ係ラサル物ヲ發見シタルトキハ其差押ヲ爲スヘキナリ而テ後ニ說明スル如ク照查手續ハ既ニ爲シタル差押カ取消サレタ

ルトキハ差押ノ效力ヲ生スヘキモノトス然レトモ債權者カ執行力アル正本ヲ有スルモ其債權ノ主張カ或日時ノ到來ニ繫ルトキハ照査手續ヲ爲スコトヲ得ス蓋シ斯ル債權者ハ執行力アル正本ヲ有スルモ其日時ノ滿了スル迄執行請求權ヲ有セサルニ拘ラス其日時ノ滿了前ニ差押ヲ爲シ得ル結果ヲ生スレハナリ。

照査手續ハ配當要求ノ效力ヲ生シ又既ニ爲シタル差押カ取消トナリタルトキハ差押ノ效力ヲ生ス(五八七條)故ニ既ニ差押債權者カ差押ヘタル金錢及賣得金ハ之ヲ照査債權者ニ分配スヘキモノトス且ツ差押債權者カ强制執行ノ委任ヲ取消シタル場合ニ於テモ强制執行ヲ續行セシムルコトヲ得ルモノト云フヘシ此ヲ以テ照査手續ハ既ニ爲シタル差押カ取消トナリタルトキハ差押ノ效力ヲ生ストハ執行手續ニ關スルモノニシテ既ニ爲シタル差押カ取消トナリタルトキハ照査手續ニ因リ配當要求ノ效力ヲ生シタル債權者ノ爲ニ差押カ引續キ追訴セラルルトノ謂ニ外ナラサルナリ。

照査手續ハ執行力アル正本ヲ有スル債權者ノ爲メニ之ヲ爲スモノニシテ此手續ヲ盡シ此方法ニ依リ配當加入ノ手續トナスニ在リ故ニ照査手續ハ執行力アル正本ニ依ル配當要求ノ方法ニシテ執行力アル正本ヲ有スル債權者ハ此手續ニ依ルニアラサレハ執行力アル正本ニ基キ配當要求ヲ爲スコトヲ得ス若シ斯カル債權者ハ單純ニ配當加入ヲ爲シタルトキハ配當要求ノ效力ヲ生スルコトナシ

凡ソ有體動産ノ差押額ハ執行力アル正本ニ掲ケタル請求額及强制執行費用ヲ償フカ爲メニ必要ナル範圍ヲ限度トスルヲ以テ債權額ヨリ過度ニ多カルヘキモノニアラス故ニ若シ差押ヲ爲サヽル債權者ヲシテ他ニ差押フヘキモノアルニ拘ラス直ニ配當加入ヲ許ストキハ差押債權者ノ辨濟ヲ受クヘキ額ハ毎ニ減少スル結果ヲ生スヘシ然レトモ執行力アル正本ヲ有スル債權者カ照査手續ヲ爲スニ於テハ既ニ差押ヲ爲シタル物件以外ニ他ニ差押フヘキモノアラサルトキハ格別未タ差押ニ係ラサル物アラハ過度ノ差押ヲ爲サヽル必要ナル範圍内ニ於テ更ニ差押ヲ爲スコトヲ得ヘキカ故ニ必スシモ先キニ差押ヲ爲シタル債權者ノ辨濟ヲ受クヘキ額ニ減少ヲ來スコトナシ是執行力アル正本ヲ有スル債權者カ配當要求ヲ爲サントセハ照査手續ヲ爲サヽルヘカラスト定メタル所以ナリ。執行力アル正本ヲ有スル債權者ハ配當要求ヲ爲サントセハ照査手續ヲ爲サヽルヘカラス然レトモ其債權ノ主張カ或日時ノ到來ニ繫ルトキハ前述ノ如ク照査手續ヲ爲スコトヲ得ス斯カル債權者ハ執行力アル正本ヲ有セサル債權者ト同シク單純ナル配當要求ヲ爲スコトヲ得ルモノナリ。

執達吏差押ヲ爲シタルトキハ五七五條ノ規定ニ從ヒ適當ナル時期ニ競賣スルコトヲ要スルハ前述ノ如シ若シ適當ナル期間經過スルモ執達吏競賣ヲ爲サヽルトキハ差押債權者及執行力アル正本ニ因リ配當ヲ要求スル債權者ハ一定ノ期間内ニ競賣ヲ爲スヘキコトヲ執達吏ニ催告スルコトヲ得此

催告ヲ爲スモ執達吏尚ホ之ニ應セサルトキハ右債權者等ハ執行裁判所ニ相當ノ命令アランコトヲ申請スルコトヲ得（五八八條）此場合ニ於テ執行裁判所ハ五四四條一項ノ規定ニ依リ裁判スヘキモノトス。

照査手續ニヨリ配當要求アリタルトキハ執達吏ハ各債權者及債務者ニ通知スヘキモノトス（五九一條前段）此通知ハ債權者ハ別トシ債務者ヲシテ配當要求債權ニ對シ異議アル場合ニ之ヲ主張スルコトヲ得セシムル機會ヲ與フルカ爲ナリ而テ債務者カ其配當要求ニ對シ異議アルトキハ五四五條ノ規定ニ依リ訴ヲ以テ異議ヲ主張スヘキナリ。

（2） 執行力アル正本ヲ有セサル債權者

民法ノ規定ニ從ヒ配當ヲ要求シ得ヘキ債權者ハ執行力アル正本ニ因ラスシテ賣得金ノ配當ヲ要求スルコトヲ得（五八九條改七七三條）玆ニ所謂民法ノ規定ニ從ヒ配當ヲ要求シ得ヘキ債權者トハ民法上債務者ノ財產ニ付キ辨濟ヲ受クヘキ權利ヲ有スル債權者ノ謂ニシテ其債權カ期限付タルト條件付タルトヲ問ハス執行力アル正本ニ因ラスシテ配當要求ヲ爲スコトヲ得ヘシ然レトモ債權者カ無利息ニシテ其期限カ未タ到來セサル場合ニ於テハ法定利息ニ相當スル額所謂中間利息ヲ債權ノ額ヨリ控除シ其殘額ニ對シ配當ヲ爲スヘキモノトス（破一八條）又債權カ停止條件ナル場合ニ於テ

ハ其債權ノ配當額ハ之ヲ供託シ條件カ成就シタルトキハ之ヲ支拂ヒ若シ條件カ成就セサルトキハ更ニ之ヲ配當スヘキモノトス（六三〇條二項參照）執行力アル正本ヲ有セサル債權者ノ配當要求ハ其債權ノ原因ヲ開示シ執達吏ニ對シ之ヲ爲スヘキナリ而テ配當要求者カ執行裁判所ノ所在地ニ住所ヲモ事務所ヲモ有セサルトキハ其要求ト共ニ假住所ヲ選定シテ之カ申出ヲ爲サヽルヘカラス（五九〇條）蓋配當手續ハ債權者間ニ賣得金又ハ差押ニ係ル金錢ノ分配ニ付協議調ヒタル場合ノ外六二六條以下ノ規定ニ從ヒ一般ニ執行裁判所之ヲ爲スヘキモノナレトモ其當時ニ於テハ執達吏カ配當手續實施ノ衝ニ當ルヲ以テ先ツ執達吏ニ要求書ヲ差出スヘキモノトシタルニ過キス。

執行力アル正本ニ因ラスシテ配當要求ヲ爲ス債權者アルトキハ執達吏ハ配當要求アリタルコトヲ各債權者及債務者ニ通知スヘキモノトス（五九一條一項）。

執行力アル正本ニ因ラスシテ配當ヲ要求スル債權者アルトキハ債務者ハ執達吏ノ通知アリタル時ヨリ三日ノ期間内ニ其債權ヲ認諾スルヤ否ヤヲ執達吏ニ申立ツヘキモノトス（五九一條二項）若シ債務者カ右三日ノ期間内ニ何等ノ申立モ爲サヽルトキハ執達吏ハ其配當手續ヲ進行スヘキナリ債務者カ認諾シタルトキ亦同シ債務者カ前述ノ期間内ニ債權ヲ認諾セサル旨ヲ執達吏ニ申立テタルトキハ執達吏ハ直ニ其配當ヲ要求スル債權者ニ之ヲ通知スヘキモノトス。

右通知ヲ受ケタル債權者ハ其通知アリタル日ヨリ三日ノ期間内ニ債務者ニ對シ訴ヲ提起シ其債權ヲ確定セサルヘカラス（五九一條三項）而テ若シ配當期日マテニ其債權未タ確定セサルトキハ其配當額ヲ供託スヘシ若シ債權者カ此期間内ニ債務者ニ對シ訴ヲ提起シタルコトヲ證明セサルトキハ配當ヲ受クルコトヲ得ス故ニ此場合ニハ其債權ヲ斟酌セスシテ配當ヲ爲スヘキナリ。

差押物ノ競賣ヲ爲スヘキ場合ニ於テハ配當要求ハ競賣期日ノ終ニ至ルマテ之ヲ爲スコトヲ得ヘシ（五九二條改七一八條）故ニ代金支拂期日ヲ競賣期日以後ニ定メタル場合ト雖モ配當要求ハ競賣期日以後ニ之ヲ爲スコト能ハサルナリ然レトモ競賣代金ノ一部ヲ領收スルモ競賣期日ヲ終ラサル間ハ配當要求ヲ爲スコトヲ得ヘシ。

差押金錢ハ執達吏之ヲ取立テタル時ハ債務者ヨリ差押債權者ニ支拂ヲ爲シタルモノト看做スヲ以テ配當要求ヲ爲シ得サルヲ通例トスルモ唯保證ヲ立テ又ハ供託ヲ爲シテ執行ヲ免カルルコトヲ債務者ニ許シタル場合ニ於テハ辨濟ノ效力ヲ生セサルヲ以テ配當要求ヲ爲スコトヲ得ヘシ金銀物又ハ有價證券ヲ差押ヘ一般ノ競賣方法ニ因ラスシテ之ヲ賣却シ又ハ各債權者若クハ債務者ノ申立ニ依リ執行裁判所カ他ノ方法ニ依リ差押物ヲ賣却スヘキ旨ヲ命シタルカ如キ場合ニ於テハ執達吏カ賣得金ヲ領收スルマテニ限リ配當要求ヲ爲スコトヲ得ヘシ。

配當要求ヲ爲シタル者カ主張スル權利ノ存否若クハ其順位ニ付キ他ノ債權者若クハ債務者カ異議ヲ述ヘサル場合ニハ執達吏ハ實體法ノ認メタル順位ニ從ヒ又同順位者間ニ在リテハ債權額ニ應シテ平等ニ差押ヘタル金錢若クハ賣得金ヲ配當スヘキナリ然レトモ差押ヘタル金錢若クハ賣得金ヲ以テ配當ニ與カル各債權者ヲ滿足セシムルニ足ラサル場合ニ於テハ先其各債權者ヲシテ配當ノ協議ヲ爲サシメ其協議調ヒタル場合ニハ其協議シタル方法ニ依リ配當ヲ爲スヘシ而テ差押ヘタル金錢若クハ差押物ノ賣却ノ日ヨリ十四日內ニ債權者ノ協議調ハサルトキハ該金額ヲ供託シ其事情ヲ執行裁判所ニ屆出ツヘキモノトス其屆書ニハ强制執行手續ニ關スル書類ヲ添付スヘキモノナリ（五九三條一項六二六條改七二〇條七六二條）。

第三款　債權其他ノ財產權ニ對スル强制執行

第一項　汎論

第一　羅馬法ニ依レハ第三債務者カ認諾シタル債權ニ限リ差押ヲ許シ而テ差押後ニ於テ債務者カ債權ヲ處分シタルトキハ之ヲ無效トセリ然レトモ債權者ハ差押ニ由リテ質權モ訴權モ取得スルコトナシ却テ管財人ハ認諾ニ基キ職務上債權ヲ取立テ之ヲ債權者ニ支拂フヘキナリ又通說トシテ羅

爲法ハ有體物ニ於ケル如ク債權ノ賣買ヲ許セリ佛訴訟法ハ債權ノ差押ヲ認メス然レトモ同訴訟法五五七條等ニ依レハ債權者ハ第三者カ執行債務者ニ引渡スヘキ金錢又ハ動産ノ差押ヲ爲スコトヲ得ルモノトシ第三者カ差押後ニ債務者ニ對シ爲シタル支拂ハ無效トセリ而テ債權者ハ差押後八日内ニ債務者ニ差押ヲ通知シ且債務者ヲ被告トシテ差押ヲ有效トスル判決ヲ要求スル訴ヲ債務者住所地ノ裁判所ニ起サヽルヘカラス同期間内ニ債權者ハ其旨ヲ第三債務者ニ通知シ且債務ノ原因及額ニ付キ陳述ヲ求ムル爲メ同裁判所ニ其者ヲ呼出サヽルヘカラス此期間内ニ於テ第三債務者カ右ノ陳述ヲ爲サス若クハ辨濟シタル旨ヲ立證セサルトキニハ差押ハ有效ナリト宣言セラル而テ第三債務者ハ其手中ニ在ル金錢ヲ債權者ニ交付スル權限ヲ取得ス通説ニ依レハ此方法ニヨリ當事者ニ更改ヲ生スルモノトナスナリ。

獨逸民事訴訟法ニ於テハ債權及他ノ財産權ニ對スル强制執行ハ差押ヲ以テ爲ス而シテ差押ヲ爲スニ當リ債務者ニ差押ノ目的物ヲ處分スル機會ヲ與フルコトヲ妨クル爲メ豫メ債務者ヲ審訊スルコトナシ我民事訴訟法亦然リ

第二　債權及他ノ財産權ニ對スル强制執行ハ裁判所之ヲ行フ此場合ニ於テ執達吏ハ單ニ送達機關トシテ行動スルノミ債權及他ノ財産權ニ對スル强制執行ヲ目的トスル裁判所ノ行爲ハ差押命令

（五九四條五九九條改七二五條七二九條）取立又ハ轉付命令（六〇〇條改七三六條）取立ニ換タル他ノ換價方法ノ命令（六一三條改七四九條）債權者ノ委任シタル執達吏若クハ不動產所在地ノ區裁判所ヨリ命シタル保管人ニ物件ヲ引渡スヘキ旨ノ命令（六一五條六一六條改七五一條七五二條）及六二五條（改七六一條）ノ命令之ナリ然レトモ執達吏ハ債權及他ノ財產權ニ對スル强制執行ニ付執行機關トシテ執行裁判所ト共ニ交々行動スヘキ場合ナキニアラス此行動ヲ目的トスル執達吏ノ行動ハ手形其他裏書ヲ以テ移轉スルコトヲ得ル證券ニ因レル債權ノ差押ニ付テノ證券ノ占有（六〇三條改七三〇條）有體動產ニ關スル請求ノ差押ニ付物件[illegible]領及換價（六一五條改七五一條）之ナリ。

右例示シタル債權及他ノ財產權ニ對スル强制執行ヲ目的トスル裁判所ノ行爲ニ付執行裁判所ハ事物ノ管轄ヲ有シ且ツ五六三條ニ依リ專屬タリ該執行裁判所ハ五四三條ニ從ヘハ區裁判所タリ假差押命令ニヨリ債權ヲ差押フル場合ハ例外トシテ七五〇條ニ從ヒ假差押裁判所之カ事物ノ管轄ヲ有ス（控訴裁判所カ本案ノ裁判所トシテ假差押命令ヲ發シタルトキハ假差押裁判所トシテ債權ノ差押ニ付キ管轄權ヲ有ス茲ニ所謂債權中ニ有體物引渡ノ請求權及六二五條ノ他ノ財產權ヲモ亦包含ス蓋シ此兩者ノ權利ハ差押ニ關シ債權ト同視スヘケレハナリ）然レトモ假處分命令ニ基ク債權ノ差押ハ五九四條ノ本則ニ依リ之ヲ爲スヘキモノトス之蓋シ假處分命令ニ依ル債權差押ハ假差押ヲ

爲スニアラサルヲ以テ五九四條ノ本則ハ依然適用セラルヘケレハナリ。

土地ノ管轄ハ債務者（第三債務者ニアラス）ノ普通裁判籍ヲ有スル地ノ管轄區裁判所ニ專屬ス（五九五條改七二四條一項）此管轄ノ規則ハ破産管財人若クハ遺言執行者ノ如ク職務上當事者タル者ニ對シテモ亦同シ何トナレハ此等ノ者ハ同シク執行債務者タレハナリ（Seuffert 反對）數多ノ債務者ニ對シ强制執行スル場合ニ於テハ各個個ノ債務者ノ普通裁判籍ヲ管轄スル地ノ區裁判所ハ專屬管轄權ヲ有ス別異ノ普通裁判籍ヲ有スル數多ノ債務者カ全部共同的ニ一ノ債權ヲ有スルトキ個々ノ債務者ニ對スル持分ノ差押ヲ許ササル場合ニ於テハ（例ヘハ數名ノ遺産相續人ニ對シ分割セサル遺産ニ屬スル權利ニ付キ强制執行スル場合）債權ノ全部ハ各別ノ命令ニ因リ個々ノ債務者ニ對シ差押ヲ爲ササルヘカラス此場合ニ於テ差押ハ最終ノ命令ト共ニ總テノ爲メニ有效トナルナリ此時ニ際リ個々ノ執行裁判所ニ依ル差押ノ效力ハ總ノ他ノ執行裁判所カ差押ヲ爲シタルコト並ニ其命令カ悉ク第三債務者ニ送達セラレタルコトヲ條件トスルモノニシテ最後ノ差押命令ノ送達ト共ニ有效トナルモノト云ハサルヘカラス。

若シ債務者カ我帝國内ニ於テ普通裁判籍ヲ有セサルトキハ補充管轄トシテ債務者ノ財産所在地ヲ管轄スル區裁判所ニ專屬ス（五九五條一七條改七二四條二項）而テ債務者ノ財産カ債權ナルトキ

ハ第三債務者ノ住所又ハ債權擔保ノ目的物所在地ヲ管轄スル區裁判所ハ執行裁判所タリ故ニ右ノ條件ヲ具備スル各區裁判所ハ債務者ノ總ノ債權及權利ノ差押ニ付キ管轄權ヲ有スルモノト云フヘシ此ノ如クニシテ數多ノ管轄裁判所アルトキハ債權者ハ其一ヲ選定スルコトヲ得ヘシ蓋シ五六三條ニ所謂專屬管轄トハ五九五條ニ依ル管轄權ノ以外ニ他ノ裁判籍ヲ生セシメ以テ此等ノ裁判籍ヲ競合セシメサルコトヲ意味スルニ過サルモノト解スヘケレハナリ故ニ債權者ハ管轄裁判所ノ一ヲ選擇シ執行ヲ開始シタル時ニハ其裁判所ハ其執行ニ關シ專屬裁判所タリ。

第三　執行裁判所ハ差押命令ヲ發スル前職權ヲ以テ管轄權ノ有無ヲ調査セサルヘカラス故ニ裁判所ハ之カ基本トナル主張ノ疏明例ハ第三債務者ノ住所若クハ財產ノ存在スルコトノ疏明ヲナスヘキコトヲ債權者ニ命スルコトヲ得管轄權ヲ有セサル裁判所ノ差押命令ハ無效ナリ債務者並ニ第三債務者ハ五四四條ニ從ヒ其無效ヲ主張スルコトヲ得然レトモ區裁判所ハ此主張ナキニ係ラス職權ヲ以テ其決定ヲ取消シ又ハ此決定ノ無效ヲ理由トシテ之ニ次ク轉付命令ノ申請ヲ却下スルコトヲ得ス。

第二項　金錢債權又ハ有體物ノ引渡若クハ給付ヲ目的トスル請求ニ對スル强制執行

第一目　差押手續

第一　汎論

金錢債權ノ强制執行ノ目的タル債權トハ獨リ民法ニ所謂債權ノミヲ指スニアラスシテ物權ニ基ク請求（五九四條六一四條改七二五條七五〇條）及金錢ノ支拂ヲ目的トスル公法上ノ請求（六一八條改七三三條）ヲモ亦之ヲ指稱スルモノトス又雙務契約ニ依ル債權ノ如ク權利ノ主張カ反對給付ニ繫ルコトハ茲ニ所謂金錢債權タルニ毫モ妨トナルコトナシ。

（イ）　債權ハ差押ノ時卽チ差押命令ヲ第三債務者ニ送達スルトキニ於テ既ニ發生シタルコトヲ必要トス然レトモ債權ハ條件付若クハ期限付ナルコトハ擇フコトナシ又債權カ反對給付ニ繫ルトキト雖モ之ヲ差押フルコトヲ得ルモノトス唯將來ノ請求權ヲ差押フルコトヲ得ルヤ否ヤニ付キ論爭アリ然レトモ將來ノ請求權ハ之ヲ讓渡スルコトヲ得ルヲ以テ該請求權ニシテ其基本タル法律關係ニ於テ法律上十分ナル基礎ヲ有スル限リ之ヲ差押フルコトヲ得ルモノト云ハサルヘカラス

（ロ）　六一八條（改七三三條）ニ從ヒ差押フルコト能ハサル債權ハ差押ヲ許サス又租稅公課ノ如

キ公法人ニアラサレハ取立ツルコトヲ得サル公法上ノ債權ハ差押ヲ許サス。

（ハ） 債權ハ差押ノ當時債務者ノ財產ニ屬スルモノナラサルヘカラス然レトモ債權ハ何人ノ有ニ屬スルカハ差押命令ヲ發スルニ當リ唯差押債權者ノ主張ニ依リテノミ之ヲ審査スヘキモノトス第三者カ債權ニ關シ讓渡ヲ妨クル權利ヲ有スル場合ニハ債務者ノ財產ニ屬スルモノト云フコト能ハサルハ勿論ナリトス。

（ニ） 債權ハ多數ノ連帶債權者ノ爲メニ成立スルトキハ債權者中ノ一人ノミニ對シ債務者トシテ作成シタル債務名義ニ基キ之ヲ差押フルコトヲ許ササルモノトス。

（ホ） 債權ノ差押ヲ爲スニ當リ第三債務者ノ存スルト否トニ依リ適條ヲ異ニス五九八條（改七二五條）ハ第三債務者ノ存在ヲ前提トシ然ラサル場合ニハ六二五條二項（改七六一條二項）ニ依ル而テ第三債務者トハ債務者ニ對シテ債務ヲ負擔スル者ニシテ何人カ第三債務者タルカハ實體法ノ規定ニ依リ定マルモノトス。

（ヘ） 第三債務者カ外國ニ於テ住所若クハ居所ヲ有シ又ハ其債務ノ履行地カ外國ニ在ル場合ニ於テモ之ニ對スル債權ヲ差押フルコトヲ得ヘシ唯日本ノ執行機關カ法律ノ規定ニ從ヒ債權ニ對スル强制執行ニ付キ管轄權ヲ有スルコトヲ必要トスルノミ故ニ外國ニ在ル第三債務者ニ差押命令ヲ

發スルコトヲ得ルモノト云フヘシ而テ其送達ハ可能ナルヤ否ハ純然タル事實問題ナリ。

第二　手續

（一）　差押命令ハ債權者ノ申請ニ基キテ之ヲ爲スヘキモノトス債權者ハ此申請ト共ニ同時ニ債權ノ移付ニ關スル申立ヲ爲スコトヲ得此申請ハ書面又ハ口頭ヲ以テ之ヲ爲スコトヲ得（五九六條二項一三五條改七二六條七二七條一項）。

（イ）　債權者カ差押命令ノ申請ヲ爲スニハ差押フヘキ債權ノ種類及價額ヲ表示スヘキモノトス（五九六條一項改七二七條二項）此表示ニ依リ差押フヘキ債權ハ特定スルコトヲ得ヘシ然レトモ精細ニ表示スルコトハ不要ニシテ債權成立ノ時期若クハ訴訟ヲ理由アラシムル爲メニ必要ナル事情ノ如キハ開示スル要ナシ唯債權ヲ特定シ關係人特ニ第三債務者ノ爲メニ執行債務者ノ他ノ債權トヲ區別スルコトヲ得レハ十分ナリ而テ差押タル債權ヲ十分ニ識別スヘカラサル場合例ヘハ債務者カ同一ノ法律原因ニ依リ第三債務者ニ對シ數多ノ債權ヲ有スル場合ハ差押物體ノ特定不十分ナルカ故差押ノ效力發生スルコトナシ從テ第三債務者カ差押アルニ拘ラス債權全部ヲ辨濟シタル場合ニ於テ差押債權者ハ數多ノ債權中少クトモ一個ノ債權ニ付キ差押額ヲ留保又ハ供託スヘカリシモノナリト主張スルコトヲ得サルモノト云フヘシ。

（ロ）第三債務者ハ債權ト共ニ表示セサルヘカラス債權者自身第三債務者タル場合ト雖モ亦同シ然レトモ五九六條一項ハ必スシモ第三債務者ヲ氏名ニ依リ表示スルコトヲ要スルト爲スモノニアラス契約書等ノ書面ノ援用若クハ其他ノ方法ニ依リ第三債務者ヲシテ禁止命令ハ其者ニ對シ發セラレタルコトヲ認識セシメ得レハ足ルモノトス行爲無能力者ノ爲メニハ法定代理人ヲ表示スヘク社團ノ爲メニハ理事ヲ表示スヘク而テ金庫ノ債務ニ付テハ第三債務者トシテ金庫ノ代表ヲ指定セラレタル官廳ヲ表示スヘシ又供託金ニ付テハ差押命令カ送達セラレタル時ニ於テ保管中ナル供託所ハ第三債務者ナリ。

（ハ）債權者ハ差押命令ヲ申請スルニ當リ差押フヘキ債權ノ成立及債務者ノ債權者權ヲ證明又ハ疏明スル要ナシ利害關係アル第三者カ差押フヘキ債權ニ關シ權利ヲ有スルコトヲ主張スル爲メニハ異議ニ依リ爭ハサルヘカラス然レトモ債權者カ執行債務者以外ノ第三者名義ノ債權ヲ事實上執行債務者ニ屬スルコトヲ主張スルトキハ例外トシテ之ヲ立證セサルヘカラス又債權者ノ開示スル所ニ依レハ債權ノ全部又ハ一部差押ヲ許サヽルモノナルモ債權者カ六一八條二項ニ依リ其差押ノ可能ヲ主張スルトキハ同シク之ヲ立證セサルヘカラス

（ニ）債權者ハ差押命令ヲ申請スルニ當リ（ハ）ニ說明スル所ニ反シ自己ノ債權カ執行シ得ヘキ

コトヲ證明セサルヘカラス卽チ債務名義ハ申請ト共ニ提出シ且ツ同時ニ五二八條ニ從ヒ其送達ヲ證明スヘク又時トシテ五二九條五三〇條ノ條件ノ履行ヲ證明スルコトヲ適切トスル場合アリ蓋シ差押命令ヲ發スルコトハ强制執行ノ開始タルヲ以テ此時期ニ於テ總テ是等ノ條件具備セサルヘカラサレハナリ債務名義ヲ送達スヘキコトヲ條件トシタル差押命令ハ不法ナリ何トナレハ此場合ニハ執行裁判所カ先ツ送達ノ適法又ハ擔保物供託ノ有無ヲ確定スヘキモノナレハナリ

（二）　差押命令ノ申請ニ對スル裁判ハ口頭辯論ヲ經スシテ之ヲ爲スコトヲ得（五四三條三項改六八九條三項）特ニ債務者ヲ審訊スルコトヲ要セサル爲メ（五九七條改七二六條）實際上口頭辯論ヲ開始スルコトナシ之ニ依リ債務者ヲシテ差押ノ實施前債權ヲ處分スルコトヲ得サラシム差押命令ハ又豫メ第三債務者ヲ審訊スルコトナクシテ之ヲ發ス（五九七條）之レ債務者ヲ審訊セサルト同一ノ理由ニ依ルモノトス蓋シ第三債務者ヲ審訊スルコトニヨリ此間ニ亦債務者ヲシテ和解免除等ヲ爲サシムルコトヲ得レハナリ。

差押命令ハ豫メ第三債務者及債務者ヲ審訊スルコトナクシテ發スルモノナルヲ以テ裁判所ハ申請ヲ審査スルニ當リ債權ノ成否及之カ債務者ニ歸屬スルヤ否ヤヲ調査スヘキモノニアラス唯債權者ノ主張ニ依ルヘキモノニシテ裁判所ハ甘シテ自稱債權ノ差押ヲ爲サヽルヘカラス其差押ノ有效ナ

ルヤ否ヤハ移付ノ申請アリシトキ始テ判斷スヘキナリ。

裁判所ハ差押命令ヲ發スルニ當リ債務者カ申請書ニ表示シタル場所ニ住居スルカ第三債務者カ行爲能力者ナルカ表示セラレタル代理人ハ事實上債務者又ハ第三債務者ノ正當ナル代理人ナルカ否ヤヲ確定スヘキ義務ナシ然レトモ裁判所ハ債權者ノ開示ノ誤謬ヲ知リシトキ例ハ金庫ヲ代表スル官廳ヲ誤テ開示セラレタルトキ又ハ第三債務者ノ後見人ニ變更アリシトキノ如キ場合ハ申請ヲ差戻シ其訂正ヲ命シ申請書ニ代理人ノ開示ナキトキハ裁判所ハ之カ追完ヲ命スルコトヲ得ヘシ又裁判所ハ追完ヲ命スルコトナク自ラ何人カ正當ノ代理人ナルカヲ調査シ之ヲ差押命令ニ記載スルコトヲ妨ケス差押命令ニ第三債務者ノ代理人ヲ缺クモ尚正當ナル代理人ニ送達シタルトキハ差押ニ對シ不服ヲ申立ツルコトヲ許サス。

裁判所ハ差押命令ヲ發スルニ當リ先ツ其管轄權ノ外ニ適法ナル債務名義ノ存否其送達ノ有無及債權ノ表示カ十分ナルカ且ツ差押ヲ許スヘキモノナルカヲ調査スヘキハ勿論ニシテ其何レカ一ヲ缺クトキハ申請ヲ却下セサルヘカラス然レトモ裁判所ハ差押フヘキ債權ノ成立ニ關シ申請人ノ事實上ノ主張ノ眞否ヲ調査スヘキモノニアラサルカ故ニ疏明ヲ命スルコトヲ得ス其主張カ不實ナルトキハ差押命令ハ對象ヲ缺クヘシ又申請人ノ自供自體ニ依リ債權カ債務者ニ屬セサルコト明白ナル

トキハ裁判所ハ差押命令ヲ發スヘカラス是斯カル場合ノ差押命令ハ不合理ナレハナリ。差押命令ノ申請カ理由ナキトキハ決定ヲ以テ費用ヲ負擔セシメ之ヲ却下シ職權ヲ以テ決定ヲ債權者ニ送達スヘシ債權者ハ更ニ新ニ適當ナル理由ヲ付シ申請ヲ爲シ又ハ五五八條ニ從ヒ抗告ヲ爲スコトヲ得ヘシ抗告ハ理由アリトノ裁判ニ對シ債務者ハ異議ヲ申立ツルコトヲ得ス唯再抗告ヲ爲スコトヲ得ルノミ

差押命令ノ申請其理由アルトキハ裁判所ハ差押命令ヲ發セサルヘカラス（五九八條一項改七二五條）此命令ニハ第三債務者ニ對シ債務者ニ支拂ヲ爲スヘカラサル旨ノ禁令(arrestatorium)即チ第三債務者ニ對シ債權者ニ歸屬スヘキ所ノ請求及利子並ニ費用等ヲ合算シタル額ニ於テ債務者ニ支拂ヲ爲スコトヲ禁スヘシ此場合ニ債務名義ヲ開示スルヲ通例トスルモ必要ナルモノニアラス何トナレハ第三債務者ハ之カ調査ヲ竢タス裁判上ノ命令ヲ遵守スヘク又一方ニハ債務者ハ送達ニヨリ既ニ債務名義ヲ了知シ居レハナリ。

裁判所ハ此禁止ト同時ニ債務者ニ對シ債權ノ處分殊ニ其取立ヲ爲スヘカラサルコトヲ命スヘシ(inhibitorium)。

而シテ法律上債務者ニ對シ第三債務者ニ發シタル禁止ヲ通知スル要ナク又第三債務者ニ對シ債務

者ニ發シタル命令ヲ通知スル要ナシ又債務者ニ發スヘキ命令ヲ遺脫スルモ第三債務者ニ送達シタル差押命令ノ效力ヲ害スルコトナシ。

差押命令ハ職權ヲ以テ之ヲ債務者及第三債務者ニ送達スヘキモノトス而シテ債權者ニハ差押命令ノ送達ヲ爲シタル旨ヲ通知スヘキモノナリ（五九八條二項改七二八條）。

（三）債權ノ差押ハ第三債務者ニ對スル送達ヲ以テ之ヲ爲シタルモノト看做ス（五九八條三項改七二五條二項）債權者ノ負擔スル債務ヲ差押フル場合ニ於テモ亦債權者ヲ第三債務者トシテ差押命令ヲ送達セサルヘカラス。

强制執行トシテ差押命令ノ效力ハ之ヲ第三債務者ニ送達スルニ因リテ始メテ生スルモノナルモ送達ハ第三債務者ニ對スル强制執行行爲ニアラス裁判所ノ命令カ送達ニ因リ效力ヲ發生スルニ過キサルナリ換言スレハ送達ハ執行ヲ有效ニ爲ス條件ニ過キスシテ一般ニ裁判所ノ命令カ效力ノ發スル爲メ送達ヲ必要トスルト異ルコトナシ故ニ第三債務者カ外國ニ住居スルコトハ差押及送達ヲ爲スコトニ妨トナルコトナシ此場合ニ差押ナル强制執行ハ外國ニ於テ行ハルルモノニアラス寧ロ差押命令ニ依リ執行カ行ハルルカ故ニ差押ハ內地ニ於テ行ハレ之ヲ送達ニ依リ第三債務者ニ通知スルコトニ依リ其效果ヲ發生スルニ外ナラサレハナリ。

送達ニ付テハ總則ノ規定ニ依ルヘキモノニシテ其送達ハ可成早ク就中先ツ第三債務者ニ之ヲ爲スヲ以テ適當トス若シ然ラスンハ債務者ハ未タ第三債務者ニ對スル送達ナキヲ奇貨トシ債權ヲ處分スルコトアレハナリ。

第三債務者多數ナルトキハ各債務者ニ對シテ差押命令ヲ送達スルニ依リ各債務者ニ對シ差押ノ效力ヲ生ス又多數ノ債權者ノ爲メニ同一債權ヲ差押フルトキハ各債權者ノ爲ニ各自獨立シテ差押ヲ爲ササルヘカラス。

第三債務者ニ對スル送達ハ補充送達ヲ以テ之ヲ爲スコトヲ得ヘシト雖モ公示送達ヲ以テ之ヲ爲スコトヲ得ス一五六條ノ公示送達ハ當事者ニ對シテノミ之ヲ爲スコトヲ規定スルモノナルカ故ニ第三債務者ニ之ヲ爲スヘキモノニアラスト論スルハ未タ正鵠ヲ得タルモノト云フヲ得ス何トナレハ第三債務者ノ送達ニ適用スヘキ一三八條一項一四一條ハ共ニ當事者ニ對スル送達トシテ規定スレハナリ然レトモ公示送達ハ第三債務者ニ對スル送達トシテ不適當ナリ蓋シ第三債務者ニ差押命令ヲ送達スル所以ノモノハ此者ヲシテ支拂禁止ヲ知ラシムルニアルニ拘ラス公示送達ヲ以テスルトキハ通常其目的ヲ達スルコト能ハサレハナリ故ニ差押命令ノ申請ノ趣旨ニ依レハ第三債務者ニ對シ公示送達ヲ爲スノ必要アル事情明白ナルトキハ其申請ヲ却下スヘキモノト云フヘシ。

差押命令ニ對シ債務者及第三債務者ハ執行裁判所ニ異議ヲ申立ツルコトヲ得ヘシ（五四四條）然レトモ之ニ對シ直ニ即時抗告ヲ爲スコトヲ得サルハ前述ノ如シ即時抗告ハ異議ニ對スル裁判アリテ始メテ之ヲ爲スコトヲ得ルモノトス。

第三　效力

（イ）　債權ノ差押ハ差押命令ヲ第三債務者ニ送達スルニ依リ效力ヲ發スルヲ以テ差押命令ヲ第三債務者ニ送達シタル後ニ債務者ハ直接又ハ間接ニ債權ヲ處分シ債權者ヲ害スルコトヲ許サス然レトモ之カ爲メニ債務者カ差押債權ニ關スル權利ヲ喪失スルモノニアラス債權ノ轉付命令アルマテハ依然差押債權ノ權利者ニシテ唯債權者トノ關係ニ於テ有效ニ其債權ヲ處分スルコトヲ得サルモノトス（第一節第一款差押ノ效力參照）玆ニ所謂處分トハ民法ニ所謂處分行爲ヲ指スノミナラス廣ク債權者ノ權利ヲ害スル行爲例ヘハ條件ノ成就ヲ妨ケ或ハ告知ノ取消ノ如キモ亦之ヲ包含スルナリ債權ノ處分トシテ殊ニ其取立ヲ禁セリ取立トハ任意的支拂ノ受領及强制的取立ノ謂ナレハ債務者カ提起シタル給付ノ訴ニ對シ差押ハ有效ノ抗辯トナルヘシ蓋シ執行債務者ハ此訴ニ依リ權利保護ヲ求ムル適格ヲ有セサレハナリ此場合ニ於テ給付スヘシトノ申立ヲ供託スヘシトノ申立ニ變更セサル限リ訴ヲ却下スヘキナリ差押カ第三債務者ニ對スル判決言渡後ニ於テ行ハレタルトキ

ハ差押ノ抗辯ヲ强制執行ニ對シ五四五條ノ規定ニ基ク訴ヲ以テ主張スルコトヲ得ヘシ。債務者ハ差押ノ效果トシテ差押債權ノ從タル權利モ亦之ヲ處分スルコトヲ得サルモノトス是レ五九九條ノ規定ニ徵シテ明白ナリ。

然レトモ第三債務者カ債權ヲ爭フトキハ債務者ハ差押債權ニ關スル確定ノ訴ヲ提起スルコトヲ得ヘシ蓋シ法律ハ差押ニ依リテ債務者ニ對シ唯債權者ヲ害スル行爲ヲ禁スルニ止マレハナリ是ト同一ノ理由ニ依リ第三債務者カ破產シタル場合ニ於テ債務者ハ債權者ヲ害セサル限リ破產手續ニ關シ債權者權ヲ根據トスル權限ヲ有スルモノトス卽チ破產宣告ヲ申立テ債權ノ屆出ヲ爲シ及債權者集會ニ出席シ議決權ヲ行フカ如キ之ナリ。

（ロ） 債權者ハ差押ニ因リ差押債權ニ付キ處分權其他ノ權能ヲ得ルモノニアラサルモ自己ノ債權ヲ滿足スル爲メ差押タル債權ノ取立又ハ轉付ヲ求ムル權利ヲ有スルヲ以テ債權者ハ差押ニヨリ其權利ノ妨害トナル虞アルモノヲ排斥スルニ必要ナル救濟方法及保全方法ヲ利用シ得ル權限ヲ取得スヘシ此ヲ以テ債權者ハ第三債務者ニ對シ確定ノ訴ヲ提起スルコトヲ得ヘク債權保全ノ爲メニスル假差押ヲ爲スコトヲ得ヘシ債務者ト第三債務者トノ間ニ於ケル法律行爲ニシテ債權ヲ消滅シ又ハ其內容ヲ變更シテ債權者ヲ害スルモノハ債權者ノ承認又ハ追認アルトキニ限リテ債權者ニ對

抗スルコトヲ得ルノミ。

（八）　第三債務者ハ支拂ヲ禁止セラルル爲メ債務者ニ支拂ヲ爲ス義務ナシ從テ債務者ノ給付ノ訴ニ對シ抗辯權ヲ有ス第三債務者カ債務者ニ爲シタル支拂ハ債權者ニ對抗スルコトヲ得ス又第三債務者カ補充送達後ニ於テ其送達アリシコトヲ知ラスシテ差押債權ニ關シ爲シタル權利行爲例ハ支拂和解等ハ差押債權者ニ對抗スルコトヲ得ス之レ蓋シ民法四六七條ヲ適用スヘカラサルヲ以テ第三債務者ノ爲シタル權利行爲ノ效果ハ其善意ナルト否トニ關係スルコトナク啻ニ差押命令ノ送達ノ有無ヲ以テ決スヘキモノナレハナリ然レトモ債權ノ差押アリシトテ第三債務者ノ支拂義務ハ依然タルモノニシテ差押ハ既ニ生シタル遲滯ニ何等影響ヲ及ホスモノニアラス故ニ第三債務者ハ請求ニ依リ債務額ヲ供託スヘキ義務ト自ラ之ヲ供託スヘキ權利トヲ有スルナリ。

第三債務者ハ債務者ニ對シテ有スル請求ニ關スル異議權ハ無制限ニシテ差押後ニ生シタル異議權モ亦制限ヲ受クルコトナシ之レ蓋シ差押後ニ於テモ債務者ハ第三債務者ニ對シ有效ニ權利行爲ヲ爲スコトヲ得ルコト前ニ述ヘタル如クナレハナリ。

第三債務者ハ債權者ニ對シ先ツ第一ニ差押當時ニ於テ債務者ニ對抗シ得ヘカリシ總テノ異議ヲ主張スルコトヲ得債務者ニ對シテ有スル債權ヲ以テスル相殺ハ相殺ノ條件カ差押ノ當時ニ於テ存在

シタリシ時ニハ此異議ニ屬ス雙務契約ノ債務者カ不完全ナル反對給付ヲ爲シタルコトヲ理由トスル抗辯モ亦之ニ屬ス而テ債權者ハ善意ヲ以テ第三債務者ニ對抗スルコトヲ得ス何トナレハ差押ノ效力ハ法律行爲ニ依リ發生シタルモノニアラサレハナリ然レトモ第三債務者ハ差押後ニ於テ生シタル債務者ノ請求ニ對スル異議ハ債權者ニ對抗シ得ル限リ之ヲ主張スルコトヲ得ルノミ。

第三債務者ハ自己固有ノ權利ニ基キ差押ノ效果ニ關スル異議ヲ債權者ニ對シ主張スルコトヲ得例ヘハ債務名義ノ執行力アル正本ナカリシコト五二八條ニ依ル送達ナカリシコト及差押手續ノ違法就中裁判所ノ管轄權ナキコト並ニ命令又ハ其送達ノ形式的違法ヲ主張スル如シ之ニ反シ第三債務者ハ債務者ノ爲ニ差押取消ノ理由トナルヘキ實質條件ノ欠缺ヲ根據トシテ異議ヲ主張スルコトヲ得ス執行セラルヘキ請求自體ニ對スル抗辯ニシテ債務者カ獨リ五四五條ニ從ヒ主張スルコトヲ得ルカ如キモノ之ニ屬ス然レトモ債權ハ六一八條ニ從ヒ差押ヲ許サヽルモノナルニ拘ラス債權者之ヲ差押フルトキハ第三債務者ハ其許スヘカラサル差押ヲ排除スル爲メ執行裁判所ニ異議ヲ申立テ且ツ異議ノ裁判ニ抗告ヲ爲スコトヲ得。

第三債務者ハ差押債權者ノ申立ニ因リ差押債權ニ關シ陳述スヘキ義務ヲ負擔ス（六〇九條改七四四條）第三債務者ノ陳述義務ハ差押債權者ヲシテ差押債權ニ付キ存スル法律上ノ狀況ヲ了知セシ

メ之ヲ依リ爾後六〇〇條六一〇條及六一三條ニ從ヒ如何ナル處置ヲ爲スノ必要アルカヲ明ニセシメントスルニ在リ第三債務者ノ陳述義務ハ證言義務ト趣旨ヲ異ニス何トナレハ陳述義務ハ國家ニ對シテ負擔スルモノニアラス且六〇九條二號三號ハ事實ノ陳述義務ニ關スルモ一號ハ第三債務者ノ意思表示ヲ要求スレハナリ故ニ此義務ヲ履行スル爲メ自ラ陳述スルモ又代理人ヲシテ陳述セシムルモ差支ナシ此陳述義務ハ訴訟上ノ獨立義務ニシテ差押ニ依リテ生スルモノナリ。

差押債權者第三債務者ヲシテ差押命令ノ送達ヨリ七日ノ期間内ニ書面ヲ以テ差押債權ニ關スル左ノ陳述ヲ爲サシメンコトヲ執行裁判所ニ申立タルトキハ第三債務者此義務ヲ履行セサルヘカラス

第一　債權ノ認諾（二二九條ノ所謂裁判上認諾ノ義ニアラス）ノ有無及其限度並ニ支拂ヲ爲ス意思ノ有無及其限度

第二　債權ニ付キ他ノ者ヨリ請求ノ有無及其種類

第三　債權カ既ニ他ノ債權者ヨリ差押ヘラレタルコトノ有無及ヒ其請求ノ種類

執行裁判所ハ差押債權者ノ申立ニ依リ差押命令ノ送達ヨリ七日ノ期間内ニ書面ヲ以テ右ノ陳述ヲ爲スヘキコトヲ第三債務者ニ催告スヘキナリ然レトモ執行カ停止セラレタルトキハ此期間ハ進行セサルモノトス第三債務者ノ陳述ハ執行裁判所ニ之ヲ爲スヘキモノナリ而テ執行裁判所ハ其陳述

ヲ差押債權者ニ通知スヘキモノトス第三債務者カ差押命令ノ送達證書ニ依リ陳述義務履行ノ催告ヲ受ケタル場合ニ於テ全ク陳述セサルカ又ハ期間內ニ其義務ヲ履行セサルト雖モ意思表示ヲ求ムル訴又ハ七三四條ニ依ル强制ハ之ヲ許サス然レトモ之ニ因リテ生シタル損害ハ第三債務者ニ於テ過失ノ有無ニ關係ナク債權者ニ對シテ賠償セサルヘカラス例ヘハ第三債務者ニ對シ無益ニ爲シタル訴訟ノ費用ハ七二條ニ從ヒ原告之カ負擔ヲ命セラレタル場合ニ原告タル差押債權者ハ損害トシテ第三債務者ヨリ之ヲ請求スルコトヲ得ヘシ故意若クハ過失ニ依リ不實ノ陳述ヲ爲シ又ハ不完全ナル陳述ヲ爲シタル場合ニ於テ同シク賠償義務アリ然レトモ第三債務者カ其陳述ヲ爲ササル爲メ債權ヲ認諾シタルトノ結果又ハ不實ノ陳述ヲ爲シタル爲メ爾後ノ訴訟ニ於テ其不實ノ陳述カ眞實ナルト看做サルルノ結果ヲ生スルコトナシ。

（二） 差押前ニ於テ讓渡又ハ質權設定ニ依リ差押債權ニ付キ權利ヲ取得シタル第三者ハ爾後差押ノ爲メニ何等影響ヲ受クルコトナシ而テ五四九條ニヨリ其權利ヲ主張スルコトヲ得然レトモ債務者ニ對スル差押命令ノ送達以前ニ於テ債務者ヨリ差押債權ヲ讓受ケタル者ノ權利ハ債權讓渡ノ通知又ハ之ニ關スル第三債務者ノ承諾以前ニ於テ差押ヲ爲シタル差押債權者ノ權利ニ優先スルコトナシ。

（ホ） 差押ノ效力ハ差押命令ニ別段ノ定メナキトキハ差押債權ノ全額ニ及フノミナラス債權ノ利子之ヲ證スル證書及之ヲ擔保スル質權抵當權及保證ノ如キ差押債權ノ從タル權利ニ及フモノナリ故ニ抵當權付債權ノ差押ノ場合ニ於テハ其債權ノ差押ノ效力ハ抵當權ニ及フモノニシテ債務者ハ抵當權ノ處分ヲ爲スコトヲ得サルモノトス然レトモ差押ノ目的物ハ債權ニシテ債權ヲ離レテ獨リ抵當權ノミヲ差押フルコトヲ得サルモノトス債務者カ債權差押ノ效果トシテ擔保物權タル抵當權ヲ處分スルコトヲ得サルニ至ルハ抵當權ニ關スル一ノ變更ニ外ナラサルヲ以テ之ヲ登記スルニアラサレハ第三者ニ對抗スルコトヲ得サルモノト云ハサルヘカラス故ニ差押債權者ハ抵當アル債權ノ差押ヲ爲ス場合ニハ其差押ヲ登記簿ニ記入スルコトヲ要ス此場合ニ於テハ差押債權者ハ債務者ノ承諾ヲ要セスシテ其債權ノ差押ヲ登記簿ニ記入スル權利アリ然レトモ債權者ハ之ヲ記入スルニハ執行裁判所ニ申請セサルヘカラス其申請ハ差押命令ノ申請ト併合シテ之ヲ爲スコトヲ得又裁判所ハ擔保物ノ所有者ニ對シ差押命令ヲ送達シタル後ニ於テ債權差押ノ登記ヲ登記所ニ囑託スヘキモノトス蓋シ擔保物所有者卽チ第三債務者ニ對シ差押命令ヲ送達セサルマテハ債權差押ノ效ナキモノナレハナリ（五九九條改七二九條）不動產質又ハ不動產ノ先取權ニ依リ擔保セラルル債權ノ差押ヲ爲ス場合ニハ右述ヘタル所ヲ準用スヘキモノトス。

俸給又ハ之ニ類似スル繼續收入ノ債權ノ差押ハ債權額ヲ限トシ差押後ニ收入スヘキ金額ニ及フモノトス（六〇四條改七三一條）卽此種ノ債權ニ在リテハ差押前ノモノヲ以テ債權者ノ債權（强制執行ノ費用ヲ加算ス）ヲ滿足スルニ足ラサルトキハ一々債權ヲ表示シテ差押ヲ爲サヽルモ當然差押後ニ收入スヘキ金額ニ其差押ノ效力ヲ及ホスモノトス蓋シ俸給又ハ之ニ類スル繼續收入ノ債權ハ全體トシテ一個ノ債權トシ唯其履行カ各時期ニ分レタルモノト看做シテ之レカ差押ヲ許スモノナレハナリ而シテ差押後ニ收入スヘキ債權ハ旣ニ差押前ヨリ成立スルモノニシテ現ニ債務者ノ財產ノ一部ヲ爲スト將各部分ノ請求カ期限ニ至ル每ニ成立スルトハ毫モ差押ノ效力ニ影響ナキモノトス。

俸給ニ類似スル繼續收入債權トハ恩給終身定期金債權歲費ヲ請求スル議員ノ權利又ハ養料請求權等之ニ屬ス又賃金ノ支拂ヲ求ムル賃貸人ノ權利ハ契約ノ內容ニ從ヒ每支拂期ヲ通シ一個ノ債權トシテ認ムルコトヲ得ル場合ニハ繼續收入タリ然レトモ辯護士醫師公證人等ノ收入ハ玆ニ所謂繼續收入ニアラス。

職務上收入ノ差押ハ債務者ノ轉官兼任又ハ增俸ニ因ル收入ニ及フモノトス（六〇五條改七三二條）然レトモ是唯第三債務者ノ同一ナル場合ニ於ケル而已故ニ債務者タル官吏カ會社員トナリ又會

社員轉シテ他ノ社員トナリテ第三債務者タル使用者ニ變更ヲ生シタルトキハ此例ヲ以テ推スコトヲ得ス此場合ニハ差押命令ヲ以テ新ニ第三債務者タル使用者ニ對シテ債務者ニ辨濟ヲ爲スコトヲ禁スル必要アルモノトス但シ帝國官吏ノ轉官ハ終始第三債務者ニ變動ナキモノト云フヘシ。

第四　差押フルコトヲ得サル債權

債權其他ノ財產權ハ其種類ノ如何ヲ問ハス之ヲ差押フルコトヲ得ヘシト雖モ法律ニ於テ差押ヲ禁シ或ハ法律上又ハ性質上讓渡スルコトヲ得ス且ツ他人ヲシテ行使セシムルコトヲ得サルモノハ之ヲ差押フルコトヲ得サルモノトス。

一　六一八條ニ明示セル債權ハ之ヲ差押フルコトヲ得ス（改七三三條）本條ノ制限ハ五七〇條ノ制限ト等シク一ハ債務者ヲ保護シ一ハ公益ヲ維持スルニ在リテ假差押ノ執行及破產ノ場合ニモ亦其效力ヲ及ホスモノトス（七四八條破六條二項舊商法一〇〇一條）又有體物ノ引渡又ハ給付ノ請求ニ關シテモ適用アルモノトス差押ハ判決ニ基クト他ノ債務名義ニ依ルトニ依リ區別スルコトナシ債務者カ給付スヘキ目的物ヲ供託シタルトキハ供託所ニ對スル請求權ノ差押ニ付テ本條ノ制限アリ之ニ反シ債務者カ差押フルコト能ハサル財產權行使ノ結果トシテ一旦受取リタル金錢其他ノ物件ハ五七〇條ニ從ヒ差押フルコトヲ得ルモノナル限リ之ヲ差押フルコトヲ得何トナレハ本條ノ

制限ハ債權ノ差押ニ關スルモノニシテ金錢其他ノ物件ニ關係セサルノミナラス本條ノ適用ハ差押物ノ前身ヲ標準トスヘキモノニアラスシテ本條ニ於テ明記スル所ニ從フヘケレハナリ但シ有體物ハ五七〇條ニ從ヒ差押フルコト能ハサルモノナルトキハ其引渡ノ請求權モ亦差押フルコトヲ得サルモノトス。

六一八條ニ規定スル差押ノ制限ハ公益ニ基クコト前述ノ如クナルヲ以テ債務者ノ合意又ハ拋棄ニ依リ之ヲ除去スルコトヲ得ス。

六一八條ニ明記シタル債權ノ差押ヲ申請スルニ當リ債權者ハ申請書ニ債權カ全部又ハ一部差押フルコトヲ得ルモノナルコトヲ說明スル要ナシ何トナレハ差押裁判所ハ其債權カ差押可能ナルカ否ヤヲ判斷スル權限ナク且ツ差押ノ禁止アリトスルモ債務者ヲ審訊スルコト不能ナレハナリ（五九九條）然レトモ債權者ノ主張自體ニ依リ本條ノ制限ニ該當スルコト明白ナルトキハ裁判所ハ差押命令ヲ發スヘカラス何トナレハ本條ニ制限トシテ列記スル事項存スル場合ニハ其制限ヲ職權上斟酌スヘキモノナレハナリ、而テ差押フヘキ債權ニ付キ此制限ニ觸ルルヤ否ヤニ關シ爭ヲ生シ且ツ他方ニ於テ此制限ニ例外ヲ許スヘキ條件ノ存スルコト明白ナラサルトキハ本條ニ從ヒ差押ノ禁止ヲ主張スル所ノ當事者即チ債務者ニ於テ之カ立證ヲ爲ス責任アリ。

差押禁止ノ制限ハ强制執行ノ實質條件ニ關スルモノナルカ故ニ執行裁判所カ六一八條ニ違背シテ發シタル命令ハ當然無效トナルコトナシ故ニ從テ爾後ノ執行行爲ノ效力ニ影響ヲ及ホシ受領者カ不當利得トシテ返還ヲ求メラルルコトナシ殊ニ不當利得ノ訴ハ其請求權ハ差押ヲ許ササルモノニアラサルカ故ニ債權者ハ其債權ヲ以テ相殺シ得ルカ故ニ目的ヲ達スルコト能ハサルヘシ而テ斯カル決定ハ執行手續中債務者第三債務者及ヒ利害關係アル第三者カ五四四條ノ規定ニ從ヒ申立テタル異議ニ基キ取消スコトニ因テ其效力ヲ失フモノトス（時トシテ直ニ五五八條ニヨリ即時抗告ヲ許ス場合アルコト前說明ノ如シ）但第三債務者ハ五四四條ノ規定ニ從ヒ異議ヲ申立ツル權アルカ爲メニ債權者ノ訴ニ對シ差押カ六一八條ノ制限ニ違背スル事實ヲ理由トスル抗辯ヲ提出スルコトヲ妨ケラルルコトナシ。

六一八條二項ハ債權者ノ利益保護ノ目的ヲ以テ差押禁止ノ制限ヲ限局セリ卽チ同條一項一號五號六號ノ場合ニ於テ職務上ノ收入恩給其他ノ收入カ一ケ年三百圓ヲ超過スルトキハ其超過ノ半額ヲ差押フルコトヲ得セシム例ヘハ年千圓ノ收入ヲ得ル者ニ對シテハ其七百圓ハ三百圓ヲ超過スル額ナルヲ以テ其半額三百五十圓ハ差押ヘ得ヘキ額ナリ。

二　法律上又ハ性質上他人ニ移轉スルコト能ハサル債權其他ノ財産權ハ之ヲ差押フルコトヲ得ス

何トナレハ斯カル權利ハ强制執行ニヨリ之ヲ換價シ債權者ノ爲メニ金錢債權ノ辨濟ノ用ニ供スルニ由ナキヲ以テナリ(六〇〇條六一三條六一六條六二五條)然レトモ法律行爲ニ依リテ讓渡ヲ禁シタル債權其他ノ財產權ハ之ヲ差押フルコトヲ妨ケサルナリ。

三　特別法ヲ以テ差押ヲ禁止シタル債權ハ之ヲ差押フルコトヲ得ス（官吏恩給法一八條官吏遺族扶助料法一三條軍人恩給法四二條府縣立師範學校長等ノ退隱料及遺族扶助料法一三條等)。勳章付年金ニ付テハ差押ヲ禁スルノ明文ナシ然レトモ年金ハ勳章帶有者タル榮譽ヲ維持スルカ爲メニ加賜セラルルモノナレハ之カ差押ヲ許ササルモノト解スヘキナリ。

第二目　辨濟手續

第一　差押債權ノ移付

金錢債權ノ差押ハ第三債務者ニ對シ執行債務者ニ支拂ヲ爲スコトヲ禁シタルニ止マルヲ以テ之ニ依リ第三債務者ハ執行債權者ニ支拂ヲ爲スノ義務ヲ負フコトナク又差押債權者カ自己ノ爲メニ差押タル債權ヲ取立ツルノ權ナシ此ニ於テ債權ヲ換價スル爲メ裁判所ノ特定ノ行爲ヲ必要トス差押債權ノ移付命令卽チ之ナリ債權者ハ債權移付命令ニ依リ始メテ差押債權ニ付キ滿足ヲ享有スル權

利ヲ有スルモノナルカ故移付命令ノ效果ハ設定的ナリト云フヘシ法律ハ債權ヲ移付スル爲メ差押債權者カ代位ノ手續ヲ要セスシテ債權ヲ取立ツル爲メノ命令又ハ支拂ニ換ヘ劵面額ニテ差押債權者ニ之ヲ轉付スル爲メノ命令ヲ發スヘキモノトセリ(in vim assignatiouis 取立 in vim cessioni 轉付)手形其他裏書ヲ以テ移轉スル證劵ニ因レル債權ヲ差押フル場合ニハ六〇三條ニ從ヒ有體物ノ場合ニ於ケル如ク執達吏其證劵ヲ占有シテ之ヲ爲スト雖モ換價スル爲メニハ債權ノ移付ヲ必要トスルナリ。

債權ノ移付ハ有體物ニ對スル强制執行ニ於ケル賣却處分ト相對スルモノニシテ法律ハ差押處分トハ劃然之ヲ區別セリ假差押ノ執行ハ各差押ト同一原則ニ從ヒ無制限ニ之ヲ爲スコトヲ得ルモ亦此區別アルカ爲メナリ蓋シ假差押ノ場合ニハ債權ノ移付ヲ命スヘカラサレハナリ然レトモ債權者ハ差押ト移付トヲ同時ニ申請スルコトヲ得ヘク又同一ノ決定ヲ以テ二ツノ命令ヲ發スルコトヲ得ヘシ但シ差押命令カ送達セラルルニアラサレハ移付ハ效力ヲ生スルコトナシ裁判所ハ又債務者カ差押前其權利ヲ主張スルノ機會ヲ與ヘラレサル爲メ(五九七條)蒙ルヘキ危險ヲ顧慮シ差押カ實施セラルルマテ移付ノ處分ヲ延ハスヘキナリ手形其他ノ裏書ヲ以テ移轉スルコトヲ得ル證劵ニ因レル債權ハ六〇三條ニ從ヒ差押ヲ爲シタル後始メテ移付ヲ爲スヘキモノトス。

差押及移付カ各獨立命令ニヨリ之ヲ爲ストキハ執行裁判所之ヲ爲スヘキモノトス移付ヲ命スルニ當リ先ツ有效ナル差押ノ存否ヲ調査スヘシ强制執行ノ停止ノ後ニハ差押モ移付モ共ニ之ヲ爲スヘカラス有效ナル差押ナクシテ移付ヲ命シタルトキハ其移付ハ無效ナリ更ニ改メテ差押ヲ爲シタル後移付スヘキナリ。

差押債權者ハ金錢ノ債權ノ差押アリタル場合ニ於テハ其選擇ニ從ヒ取立命令又ハ轉付命令ヲ執行裁判所ニ求ムルコトヲ得ヘシ(六〇〇條一項改七三六條一項)。

取立命令又ハ轉付命令ヲ發スヘキ執行裁判所ハ差押命令ヲ發シタル區裁判所ナリ取立命令及轉付命令ノ申請ハ差押命令ノ申請ト合併シテ之ヲ爲スコトヲ得ヘク執行裁判所モ亦差押命令ト併合シテ取立命令又ハ轉付命令ヲ發スルコトヲ得ルハ前述ノ如シ。

取立命令又ハ轉付命令ヲ發スルニ當リ債務者ノ審訊ヲ要スルコトナシ差押命令ノ申請ト右移付命令ノ申請カ併合シテ爲サレタル場合ニ於テ執行裁判所カ債務者ノ審訊ヲ必要ト認メタルトキニハ五九七條ノ適用上移付ニ關スル決定ノ作成ヲ差押ヲ爲スマテ中止セサルヘカラス。

取立命令又ハ轉付命令ヲ差押命令ト併合シテ發スル時ニ當リ其移付命令ノ申請ハ差押ノ續行ヲ求ムルニアラスシテ獨立ナル執行行爲ノ申請ナリ故ニ申請ヲ受タル裁判所ハ執行ノ條件ノ存否就中

五九九條ニ從ヒ管轄權ヲ有スルヤ否ヤヲ調査スヘシ又移付ヲ申請シタル債權ハ五九八條ニ從ヒ差押ヲ爲シタルモノナルカヲ確定セサルヘカラス蓋シ六〇〇條ニ依レハ差押タル金錢ノ債權ニ限リ移付ヲ命スルコトヲ得ルモノナレハナリ之ニ反シ差押裁判所ノ管轄若クハ差押ノ效果ヲ調査スヘキモノニアラス何トナレハ差押裁判所ト移付裁判所トノ間ニ審級ノ上下關係アルコトナク從テ同一審級裁判所ノ裁判ハ法定ノ方法ニ依リ取消サルルマテハ其效ヲ有スルモノトナササルヘカラサレハナリ殊ニ差押ハ六一八條ニ違背スルノ謂ヲ以テ移付ノ申請ヲ却下スヘカラス但シ債權者ハ差押ノ無效ヲ確信シ新ニ差押及移付ヲ申請スルコトハ妨ケサルモノトス。

移付ヲ申請スルニ當リ取立又ハ轉付命令ノ何レヲ求ムルカハ債權者ノ選擇スル所ニ依ル債權者カ第三債務者ナルトキト雖モ亦同シ債權者ノ申請カ兩者何レヲ求ムルカ疑ハシキ場合ニハ債權者ハ取立命令ヲ選擇シタルモノト推定スヘキナリ蓋シ取立命令ハ差押債權者ニ危險ヲ負擔セシメサル爲メ通常換價方法トシテ選擇スヘキモノト認ムヘケレハナリ裁判所ノ決定ニハ兩者ノ命令中何レカヲ發シタルカ明記セサルヘカラス取立命令ヲ發シタル後轉付命令ヲ發スルコトヲ得ヘシ然レトモ其反對ハ法律上不可能ナリ裁判所ハ申請ヲ適法トシタルトキ取立又ハ轉付命令ヲ發シ職權ヲ以テ此命令ヲ第三債務者及債務者ニ送達セサルヘカラス此命令ノ效力ハ第三債務者ニ送達シタルト

キニ發生スルモノトス(六〇〇條二項改七三六條)。

取立又ハ轉付ノ命令ニ對シテハ債務者及第三債務者カ五四四條及五五八條ノ規定ニ從テ不服ヲ申立ツルコトヲ得ヘシ執行裁判所カ取立又ハ轉付ノ命令ノ申請ヲ却下シタルトキハ此決定ヲ職權ヲ以テ債權者ニ送達セサルヘカラス之ニ依リ債權者ニ卽時抗告ヲ爲ス機會ヲ與フヘシ。
1　取立ノ爲メノ移付命令(六〇〇條一項前段改七三六條一項前段)
取立命令ハ債權者ノ爲メニ差押債權ヲ取立ツル權能卽チ第三債務者ヨリ給付ヲ請求スヘキ權限ヲ與フルモノトス差押債權者ハ此裁判上ノ命令ニ依リ當然第三債務者ニ對シ辨濟ヲ求ムル取立權ヲ取得シ此取立權ヲ行使スルニハ民法ノ規定スル代位ノ手續ヲ要セス(民四二三條)。
(一)　債權者ノ地位
債權者ハ當事者トシテ自己ノ名義ニ於テ且ツ自己ノ計算ヲ以テ管轄裁判所ニ債權ノ請求ノ訴ヲ起ス權利ヲ有ス爲替訴訟又ハ督促手續ニ於テ亦之ヲ請求スルコトヲ得ヘシ債權者ノ訴訟ヲ爲ス權能ハ取立命令ノ送達ノ證明ニ依リ之ヲ證スヘキモノナレハ其證明ハ訴ノ原因ニ屬スルモノト云フヘシ債權カ執行シ得ヘキモノナルトキハ債權者ハ承繼人トシテ執行力アル正本ノ下付ヲ求ムルコトヲ得然レトモ債務者ニ屬スル訴訟費用ノ請求權ヲ差押ヒ移付命令ヲ得タルトキハ費用ヲ確定スル

為メ判決ノ執行文ノ變更ヲ要スルコトナシ何トナレハ八四條ハ執行名義ノ存在ヲ要求スルモノニシテ此名義カ申請人ノ氏名ヲ表示セラルルコトヲ必要トスルコトナシ申請人カ之カ申請ヲ為スヘキ適格アルカ否ヤハ提出シタル證書ニヨリ裁判所之ヲ調査スヘキモノナレハナリ。

債權ノ移付命令アルモ其債權ハ依然債務者ノ財産ニ屬スルモノニシテ債務者ハ之ヲ處分スルコトヲ得然レトモ唯取立權ハ債權者ニ移轉スルナリ第三債務者カ債權者ニ給付ヲ為スコトニヨリ債務者ニ對シ責ヲ免ルル限リ債權者ノ行為ハ債務者ニ對シテ效力ヲ有スヘシ然レトモ之レ代理關係存スル謂ニアラス何トナレハ他ニ效果ヲ及ホス行為ハ直ニ其他人ヲ代理スルモノト云フコトヲ得サレハナリ寧ロ債權者ハ移付ニ依リ與ヘラレタル權限卽チ自己固有ノ權利ニ依リ行動スルモノニシテ債務者ノ代理人ニアラス又承繼人ニモアラサルナリ。

甲　取立權ノ效力ハ別段ノ定ナキトキハ差押債權ノ全額ニ及フノミナラス其債權ニ從屬スル權利例ヘハ債權其他ノ擔保權及保證ニ及フモノトス蓋シ差押ノ效力カ別段ノ定ナキトキハ差押債權ノ全額及其從タル權利ニ及ホスヲ本則トスルコト前述ノ如クナルヲ以テ取立命令ハ本來差押債權者ノ取立ツルコトヲ得ヘキ額ヲ制限スヘキモノニアラサレハナリ然レトモ其差押債權額カ差押債權者ノ請求額ヨリ著シク超過スル場合ニ在テ之カ為メニ債務者カ其債權全額ノ處分ヲ禁セラレ超過

額ノ取立ヲ爲スコト得サルニ至ルハ債務者ノ不便少カラサルカ故斯カル場合ニハ執行裁判所ハ取立命令ヲ發スル前又ハ之ヲ發シタル後ニ於ケル債務者ノ申請ニ依リ差押債權者ヲ審訊シテ其取立テ得ヘキ額ヲ差押債權者ノ請求額（强制執行ノ費用ヲ加算ス）マテニ制限シ其超過額ニ付テハ債務者ニ取立ヲ許シ若クハ其他ノ處分ヲ許スコトヲ得ヘシ（五五四條六〇二條改六八一條七四一條）此制限ニ關スル許可ハ口頭辯論ヲ經サル限リ職權ヲ以テ債務者ニ送達スヘシ（二四五條三項）執行裁判所カ右制限ニ關シ許可ヲ與ヘタルトキハ差押ノ效力ヲ一部消滅セシムル裁判ヲ爲シタルニ外ナラサルヲ以テ此制限ニ關スル許可ハ第三債務者及債權者ニ通知スヘキナリ（六〇二條二項）。債務者ノ申立ニ依リ差押債權ノ取立テ得ヘキ額ヲ制限シタルトキハ債務者之ニ依リ其殘額ヲ取立ツルコトヲ得ルモノナルカ故ニ差押債權者以外ノ他ノ債權者ノ爲メニ其殘額ニ對シ執行ヲ爲シ得ヘキ餘地ヲ生スヘシ此ヲ以テ斯ク制限シタル差押債權ニ對シテハ配當要求ヲ爲スコトヲ得サラシム（六〇二條一項末段）。

債權者ハ第三債務者カ破産シタル場合ニハ其債權額ヲ限度トシテ配當加入ヲ爲スコトヲ得。

乙　債權ノ取立トハ獨リ債權ノ現實的行用ノ謂ニアラスシテ支拂ト等シキ效力ヲ生スル總テノ合意及處分モ亦之ニ屬ス故ニ債權者カ第三債務者ニ對スル自己固有ノ債務ヲ以テ相殺スルコト又ハ

債權者自身カ第三債務者タルトキ混同ニ依リ辨濟トナル旨ノ意思表示ハ取立ニ依ル債權ノ換價方法トシテ有效ナリ然レトモ債權者ハ債權ニ關シ之ト異リタル其他ノ處分ヲ爲ストキハ債務者ヲ害スルヲ以テ之ヲ爲ス權限ナシ故ニ債權者ハ債務者ニ對スル關係ニ於テ有效ニ取立ヲ爲スヘキ債權ヲ讓渡シ之ニ關シ和解免除又ハ延期ヲ爲スコトヲ得ス又第三債務者ノ破産手續ニ於テハ債權者ハ債務者ト共同スルニアラサレハ議決權（就中强制和議ニ關シ）ヲ行使スルコトヲ得ス之ニ依リ是ヲ見レハ取立命令ヲ得タル債權者ノ地位ハ單ニ差押命令ノミヲ得タル時ニ比シ毫モ消長ヲ來ササルモノト云ハサルヘカラス。

債權者カ第三債務者ト和解シ之ニ依リ少額ノ支拂カ第三債務者ニ對スルノミナラス債務者ニ對シテモ亦債權者ノ債權全額ヲ辨濟消滅スル旨ヲ約シタルトキハ債務者ハ損害ヲ蒙ルコトナシ何トナレハ債權者カ移付ヲ受ケタルモノヲ如何ニ處分スルモ之ニ依リ債務者カ其全額ヲ免ルルトキハ毫モ痛痒ヲ感セサレハナリ而テ第三債務者ハ此和解ニヨリ債務者ニ對シ其債務ヲ免レ之ヲ以テ次後ノ差押債權者ニ對抗スルコトヲ得ヘシ然レトモ債權者ハ和解ヲ爲スニ付キ取立權ノ範圍ヲ踰越スヘカラス債權者ハ其債權ニ超過スル多額ノ請求權ノ移付ヲ受ケタル場合ニ和解ヲ爲シ第三債務者カ全債務ノ免責ヲ得ルトキハ債務者ヲ害スルヲ以テ其和解ハ無效ナリ而テ債權者ハ和解カ無效ナ

ル爲メニ六一二條ニ從ヒ差押ヲ抛棄シ自己ノ債務名義ニ基キ債務者ニ對シ執行スルコトハ法律上妨サルナリ此場合ニ債務者ハ和解ヲ理由トシ異議ヲ述フルコトヲ得ヘシ然レトモ債務者ハ之ニ依リ其債務ヲ免レタルコトヲ主張シ得ルニアラス唯和解ヲ有效ナリトシ從テ和解ニ依リ決定シタル額ヲ支拂フヘキモノナリト主張シ得ルニ在リ。

丙　差押債權者ハ取立命令ニ基キ差押債權ヲ取立ツルコトヲ得ルモノナルカ故ニ債權ノ取立ニ必要ナル裁判上及裁判外ノ行爲ヲ爲スコトヲ得ヘシ從テ差押債權者ハ第三債務者カ取立手續ニ於テ其義務ヲ履行セサルトキハ之ニ對シ訴ヲ提起スルコトヲ得ヘク且ツ其勝訴判決ニ對スル强制執行ヲ求ムルコトヲ得ヘシ。

債權者ハ取立ノ爲メニスル移付命令ニ依リ辨濟セラルルモノニアラスシテ第三債務者ノ給付若クハ之ト同視スヘキモノアリテ始メテ辨濟セラレタルモノトスヘキナリ金錢債權ニアラサル場合ニハ六一五條六一六條ニ從ヒ賣得金ヲ受領シテ始メテ辨濟アリタルモノトス取立ノ費用ハ必要ナリシ部分ニ限リ强制執行ノ費用トシテ賣得金ヨリ控除スヘシ（五五四條）債權者カ第三債務者ニ對シテ訴ヒ又ハ此者ニ對シ執行シタルトキハ其費用ハ債權者及第三債務者ノ關係ヲ標準トシ七二條五五四條ニ從ヒ認定スヘシ然レトモ債權者ハ第三債務者ニ對シ負擔ヲ命シタル費用ノ支拂ヲ受ク

ルコト能ハサル場合ニハ債務者ニ對スル執行ノ費用トシテ五五四條ニ從ヒ此者ヨリ請求スル權利ヲ有ス之ニ反シ債權者カ費用負擔ノ言渡ヲ受ケタル限リ債務者ノ賠償義務ハ發生セサルモノトス蓋シ第三債務者ニ對シテ爲シタル結果ヲ得サル行動ハ必要アルモノトシテ看做スコト能ハサレハナリ（殊ニ差押及移付ハ債權者ノ危險ニ於テ行ハル）而テ取立ヲ爲スモ辨濟ヲ得サル限リ債權者ハ更ニ債務者ニ對シ執行ヲ爲スコトヲ得ヘシ。

（二）　債務者ノ地位

甲　債務者ハ取立命令後ト雖モ尚ホ差押ノ爲メニ處分ヲ制限セラレタル債權ノ主體タリ從テ取立命令後ニ於ケル差押債權ハ債務者ノ財產ニ屬スルモノニシテ債務者ハ債權者ニ對抗スルコト能ハサルモ尚ホ有效ニ之ヲ處分スルコトヲ得ヘシ債務者ハ債權確定ノ訴ヲ起スコトヲ得ヘク且ツ破產手續ニ於テ其債權ノ屆出ヲ爲スヘキ權限ヲ有ス之ニ反シ債務者ハ自己及ヒ債權者ニ給付スヘク又ハ獨リ債權者ノミニ給付スヘク訴ヲ提起スルコトヲ得ス何トナレハ取立命令發布後ニ於テ債權者ハ獨リ排他的ニ取立ヲ爲ス權限ヲ有スレハナリ然レトモ債權者取立ヲ遲延シタルトキハ債務者之カ損害賠償ヲ債權者ニ請求スルコトヲ得（六一一條改七四七條）。

債務者ハ差押債權ニ付テ存スル證書ヲ債權者ニ引渡ス義務アリ（六〇六條改七三七條二項）該證

書ハ債權ヲ主張スルニ必要ナル限リ證據證劵タルト其他ノ證劵タルトヲ問ハサルナリ然レトモ債務者ハ未タ存セサル證書ヲ作成スルニ付キ共力スル義務ナシ債權ノ一部カ移付セラレタルトキニ於テモ亦債務者ハ債權者ニ證書ヲ引渡サヽルヘカラス但シ此場合ニ在リテハ債務者ハ證書ヲ債權者ト共同シテ之ヲ使用スルコトヲ得ヘシ而テ債權者カ證書ヲ使用シタル後ハ債務者ニ之ヲ返還スヘキナリ若シ債務者カ任意ニ此證書ヲ債權者ニ引渡サヽルトキハ債權者ハ强制執行ノ方法ヲ以テ其證書ヲ債務者ヨリ取上ケシムルコトヲ得（六〇六條改七三七條二項後段）此場合ニ於テ移付命令ハ本條ニ依リ債權者ノ爲メニ引渡ヲ强制スヘキ債務名義トナルモノナリ、蓋シ證書ヲ占有スル權利ハ明白ナル宣言ナキモ債權ト共ニ移付セラレタルモノト看做スヘケレハナリ故ニ證書ヲ取上クル爲メニ特ニ執行文ヲ要スルコトナク唯移付命令ノ正本ト結合シタル從前ノ債務名義ノ執行力アル正本ヲ以テ足レリトス、然レトモ移付命令ニハ取上クヘキ證書ヲ明細ニ記載シタル上五二八條ニ從ヒ之ヲ送達セサルヘカラス而テ其執行手續ハ一ニ特定動產引渡ニ付テノ强制執行ノ規定ニ遵據スヘキモノトス（七三〇條）移付命令ニ引渡サシムヘキ證書ノ記載十分ナラスシテ執達吏ハ債務者ニ付キ之ヲ穿鑿シ得サルトキハ債權者ハ執行裁判所ニ補充ノ申立ヲ爲スヘキナリ。

引渡スヘキ證書カ第三者ノ占有ニ在リ而テ第三者此證書ノ引渡ヲ承諾セサルトキハ債權者ハ第三

者ニ對シ六〇六條ノ規定ニ從ヒ强制執行ヲ實施スルコト能ハス此場合ニハ債權者ハ其得タル差押債權ノ移付命令ニ基キ第三者ニ對シ訴ヲ以テ證書ノ引渡ヲ求メ其引渡ヲ命スル判決ニ依リ七三〇條ニ從ヒ强制執行スルコトヲ得ルノミ然レトモ七三二條ニ從ヒ證書ノ引渡ヲ求ムル債務者ノ請求權移付ノ命令ヲ受クルコトヲ要セス何トナレハ斯カル請求權ハ特別ナル命令ヲ俟タス債權ノ移付ト共ニ債權者ニ當然移轉シタルモノナレハナリ。

乙　差押債權者ハ取立ノ移付ノ命令ニ基キタルト轉付スル移付ノ命令ニ基キタルトヲ問ハス第三債務者ニ對シ一般ノ規定ニ從ヒテ管轄ヲ有スル裁判所ニ訴ヲ提起シタルトキハ第五九條ニ從ヒ債務者ニ對シ其訴訟ヲ告知スルノ義務アルモノトス（六一〇條改七四六條）蓋シ債務者ハ差押債權ノ存スル限リ自己ノ債務ハ辨濟ニ依リ消滅スヘキニヨリ其訴訟ニ利害關係ヲ有スレハナリ、而テ其訴ハ支拂供託又ハ確認ヲ目的トスルト又第三債務者カ請求ヲ認メタルト否トニ拘ラス總テ其訴訟ヲ告知セサルヘカラス然レトモ債務者カ外國ニ在ルトキ又ハ內國ニ在ルモ其住所ノ知レサルトキニ右訴訟ヲ告知スルニ及ハサルモノトス蓋シ斯カル場合ニ於テ公示送達等ヲ以テ告知スルモ徒勞ニ屬スレハナリ。

差押債權者カ督促手續ニ依リ請求ヲ主張シタル場合ニハ第三債務者カ支拂命令ニ對シ異議ヲ申立

テ又ハ執行命令ニ對シ故障ヲ申立テタルトキ始メテ訴訟ヲ告知スヘキモノトス何トナレハ異議若クハ故障ノ申立前ニ於テ訴訟ノ告知ハ其目的ナケレハナリ。

債務者カ債權者ノ訴訟ニ參加セサルトキハ訴訟ヲ不十分ニ爲シタリトノ抗辯權ヲ失フ債務者カ第三債務者ニ參加シタル場合亦同シ敗訴ノ債權者カ訴訟ヲ告知セサリシトキハ之カ爲メ債務者ニ生シタル損害ニ付キ責アリ此損害ノ證據トシテ債務者カ如何ナル申述及證據方法ヲ申出テ得ヘカリシトノ證明之ニ屬ス債權者ハ其申述カ裁判所ニ對シ不必要ナリシトノ反證ヲ擧クヘキナリ然レトモ債權者ハ更ニ進ンテ訴訟ハ告知スルモ尚ホ敗訴タルヘシトノ立證ヲナス要ナシ此法律上ノ結果ハ損害賠償訴訟事件ノ裁判官カ當事者双方ノ申述ニ基キ判斷スヘキナリ。

債務者ハ損害賠償請求權ヲ以テ債權者ノ債權ト相殺ヲナスコトヲ得ヘク且ツ此損害賠償請求權ハ强制執行中債務者ノ爲メニ新ニ成立シタル權利ナルヲ以テ續行中ノ强制執行ニ對シ五四五條ニ從ヒ其相殺ヲ主張スルコトヲ得ヘシ。

轉付命令ヲ以テ債權ノ移付ヲ受ケタル債權者カ敗訴シタル場合ニハ債務者ハ移付セラレタル債權ハ敗訴ノ判決アルニ拘ラス適法ニ成立スルコトヲ立證シ得ルトキハ强制執行ノ續行ニ對シ五四五條ニ從ヒ異議ヲ主張スルコトヲ得ヘシ第三債務者ハ訴訟告知ノ懈怠ニ基キ抗辯權ヲ有スルコトナ

ク又之ヲ理由トシテ訴ノ却下ヲ求ムルコトヲ得ス。

債務者カ外國ニ在ルカ又ハ住所ノ知レサル場合ノ如ク債權者ニ於テ訴訟ヲ告知スル義務存セサル限リ之ヲ告知セサルモ損害賠償ノ義務ハ成立セサルハ勿論ナリトス然レトモ此場合ニ於テ債權者ハ債務者ニ對シ訴訟ヲ告知シタルトキト同一ナル地位ヲ取得スルモノニアラス債務者ハ訴訟カ不當ニ裁判セラレ若クハ不十分ニ爲サレタルコトヲ主張スルコトヲ妨ケサルナリ。

丙　債權者ハ移付ヲ受ケタル債權ヲ遲滯ナク行用スヘキモノトス(六一一條改七四七條)債權ノ行用トハ裁判上ノ請求及裁判外ノ取立例ハ手形ヲ呈示スル如キハ勿論强制執行ヲ爲スノ謂ナリ債務者ハ債權者ニ對シ取立ヲ爲スコトヲ求ムヘキ訴權ナシ然レトモ債權者カ取立ヲ爲スヘキ債權ノ行用ヲ怠リタル爲ニ損害ヲ蒙リタルトキハ之カ賠償ヲ求ムル請求權ヲ有ス債務者ハ此損害賠償請求權ヲ獨立ニ追行シ又ハ新ニ强制執行ヲ受クル際五四五條ニ從ヒ相殺ヲ主張スルコトヲ得ヘシ債務者ハ損害ト遲延ノ關聯ヲ立證スヘク其責任ナキコトハ債權者ニ於テ反證ヲ擧ケサルヘカラス。

債權者ハ移付ニヨリ取得シタル取立權ヲ單獨ニ讓渡スルコトヲ許サルモ執行シ得ヘキ債權ト共ニ之ヲ讓渡スルコトヲ得ヘシ此場合ニ於テ取立權ヲ讓受ケタル者ノ爲メニ執行文ノ變更ヲ必要トスルコトナシ何トナレハ移付債權ノ行用ハ最早固有ノ意義ニ於ケル執行手續ニ屬セサレハナリ又

債權者ニ對スル取立權ノ差押ハ其執行シ得ヘキ債權ト共ニ同時ニ之ヲ爲スコトヲ得。

差押債權者ノ債權ハ其完濟ヲ受クル迄ハ有效ニ存スルモノナルヲ以テ差押債權ハ完濟ヲ受ケサル限リ何時ニテモ差押及取立ノ爲メニスル移付ニ依リ取得シタル權利ヲ拋棄シ其請求權ヲ保持スルコトヲ得ヘシ(六一二條改七四八條一項)然レトモ獨リ差押ニ因リテ取得シタル權利ノミヲ拋棄スルコトヲ許サス何トナレハ移付ノ效果ハ差押權ヲ拋棄シタルニ拘ラス獨立シテ存續スルコトヲ得サレハナリ之ニ反シ移付ニヨリテ取得シタル權利ノミ單獨ニ拋棄スルコト即チ差押ヲ保持シテ移付ヲ拋棄スルコトハ之ヲ許ササルヘカラス債權者カ移付行爲ヲ全然看過シ單ニ差押ヲ以テ滿足スルトキハ其取得シタル移付ヲ拋棄シ五九八條ニ規定シタル狀態ニ復歸セシメサルヘカラス。

取立ノ爲メニスル移付ヲ受ケタル者ハ轉付命令ヲ申請スルカ爲メニ取立命令ニ依リテ取得シタル權利ヲ拋棄スルコトヲ要セス。

取立ノ爲メニ取得シタル權利ノ拋棄ハ第三債務者及債務者ニ送達スルニ必要ナル謄本ヲ添ヘタル屆書ヲ裁判所ニ差出シテ之ヲ爲ス(六一二條二項改七四八條二項)拋棄ハ此屆書ヲ債務者ニ送達スルニ依リテ效力ヲ生ス第三債務者ニ對スル送達ハ通知ノ爲メニスルニ過キス拋棄ハ差押命令又ハ取立命令ノ效力ヲ當然喪失セシムルヲ以テ特ニ拋棄ニ基キ決定ヲ取消ス要ナシ。

債權者カ第三債務者ニ對シ訴ヲ起シタル後取立ノ爲メニ取得シタル權利ヲ抛棄シタルトキハ訴ヲ却下セサルヘカラス何トナレハ債權者ノ適格カ消滅スレハナリ而テ抛棄以前六一一條ニ從ヒ發生シタル債務者ノ損害賠償請求權ハ抛棄ノ爲メニ妨ケラレサルナリ。

債權者カ假執行ノ前ニ保證ヲ立ツルコトヲ申出テサルトキハ債務者ノ申立ニ因リ債務者ニ保證ヲ立テシメ又ハ供託ヲ爲サシメ執行ヲ免カルコトヲ許スヘシ（五〇五條二項）此ニ於テ債權者ハ擔保ヲ供與セサルトキハ債權ノ滿足ヲ得ルコト能ハスシテ單ニ供託ニ依リ擔保ヲ得ルニ過キサルモノト云フヘキヲ以テ差押ヘタル金錢ノ債權ニ付キ轉付命令ヲ發セス單ニ取立ノ命令ノミヲ爲スコトヲ許スモノトス（五一三條、五七四條、五七九條）然レトモ此命令ハ直ニ金錢ノ取立ヲ許スモノニアラスシテ唯第三債務者ヲシテ其債務額ヲ供託セシムル效力ヲ有スルノミ（六〇七條改七四二條）。

差押債權者ハ差押債權ノ取立ヲ爲シタルトキハ其旨ヲ執行裁判所ニ屆出テサルヘカラス（六〇八條）而テ差押債權者此屆出ヲ爲シタルトキハ取立タルモノヲ以テ自己ノ債權ノ辨濟ニ充當スルコトヲ得ルモノトス然レトモ此屆出アルマテハ他ノ債權者ヨリ配當ノ要求アルトキハ各債權額ニ比例シテ之ヲ分配セサルヘカラス若シ其屆出アルマテニ其配當要求ヲ爲スモノナキトキハ差押債權

者ノ請求額ニ應シ辨濟セラルルコトトナリ其債權ハ消滅スル結果ヲ生スルナリ。

丁　取立費用ハ五五四條ノ執行費用ニ屬ス故ニ第三債務者ノ爲シタル支拂ヲ以テ先ツ此取立費用ニ充當セサルヘカラス第三債務者ニ對スル訴ハ理由アルモ其執行カ結果ヲ得スシテ終リシトキハ之ニ依リ生シタル必要ナル費用ハ債務者ニ對スル執行費用ナリ債務者ハ此費用ヲ債權者ニ支拂ハサルヘカラス此場合ニハ債務者ハ債權者ヨリ請求權ヲ讓受クルモノトス之ニ反シ債權者カ其訴ヲ却下セラレタルトキハ之ニ依リ債權者カ不適當ナル目的物ノ差押ヲ爲シタルコト確定スルヲ以テ其費用ヲ負擔スヘキナリ此理由ニ依リ債權者カ六一二條ニ從ヒ差押ヲ拋棄シタルトキハ總テノ費用ヲ負擔セサルヘカラス而テ債權者ヲシテ差押ヘタル債權カ存在セス之カ爲メ差押ヲ拋棄シタリトノ異議ヲ申立ツルコトヲ許サス何トナレハ差押ハ債權者ニ於テ危險ヲ負擔スヘケレハナリ。

（三）　第三債務者ノ地位

取立命令ハ差押債權者ノ爲メニ第三債務者ノ債務ヲ確定スルモノニアラス取立命令ハ若シ果シテ第三債務者ニ支拂義務存在セハ差押命令ニ依リ債權ヲ差押ラレタル債務者ニ支拂フヘキ額ヲ限度トシテ差押債權者ニ支拂フヘキコトヲ命スルニ過キサルナリ故ニ第三債務者ハ差押命令又ハ取立命令アルカ爲メニ債權者ニ對シ債權ノ移付前債務者ニ對シ有シタル抗辯ヲ主張スルヲ妨ケサルナ

リ此ヲ以テ債權者ハ第三債務者ニ對シ債務者カ訴ヘ得タリシカ如キ同一條件ニヨリテノミ訴フルコトヲ得ルノミ若シ債權カ期限付ナル時ハ辨濟ノ到來ヲ待タサルヘカラス雙務契約ニ付テハ債權者ハ債務者ニ代リテ反對給付ヲ提供スルカ又ハ債務者ヲシテ履行セシメサルヘカラス其他債權者ハ差押ノ時ニ至ルマテ第三債務者ノ爲メ債務者ニ對シ生シタル總テノ抗辯ヲ以テ對抗セラルルカ故ニ第三債務者カ差押當時債務者ニ對シテ有シタル債權ニ付キ後日相殺ノ意思表示アレハ債權者ハ之ヲ以テ相殺ヲ對抗セラルルモノト云ハサルヘカラス之ニ反シ第三債務者ハ差押後債務者ニ對シテ生シタル抗辯ヲ債務關係ニ其根據ヲ有スルトキニ限リ主張スルコトヲ得ヘシ又前ニ債務者カ現時差押ニ係ル債權ニ關シ訴ヲ提起シ之ヲ却下セラレ訴訟費用ノ負擔ヲ命セラレタルトキニハ第三債務者ハ前訴訟費用未濟ノ抗辯ヲ爲スコトヲ得此外ニ第三債務者ハ原告本人ニ對シテ有スル抗辯ヲ提出スルコトヲ得、然レトモ第三債務者ハ訴訟ニ於テ差押行爲ノ無效ヲ主張スルコトヲ得ス又債權者ノ執行力アル債權ニ對シ債務者ノ爲メニ生シタル抗辯ヲ第三債務者之ヲ主張スルコトヲ得ス例ヘハ債權ハ假裝行爲ニ基クコト又ハ既ニ支拂濟ナル等之ナリ。

第三債務者ハ債權ノ移付アルトキハ供託ニ依リ免責ヲ得ル權利ヲ喪失スルモノトス何トナレハ債權ノ移付アレハ第三債務者之ヲ履行スルコトヲ得ヘク且ツ六〇七條ノ如キ例外存セサル限リ供託

ヲナス義務消滅スレハナリ。

2　轉付ノ爲メニスル移付

轉付命令ハ債務者ヨリ差押債權者ニ對シテ支拂ヲ爲スニ代ヘテ債務者カ第三債務者ニ對シテ有スル債權ヲ劵面額ニテ差押債權者ノ財産ニ移轉スル命令ナリ(六〇一條改七三六條)轉付命令ハ債權者カ明カニ之ヲ求ムルトキニ限リ發シ且ツ金錢債權ノ場合ニノミ之ヲ許スモノトス然レトモ六〇七條(改七四二條)ノ場合ニ之ヲ許サス又債權カ反對給付ニ繋ル時ニハ轉付命令ヲ發スルコトヲ得ス蓋シ斯カル債權ハ一定ノ劵面額ヲ有セサレハナリ假執行ノ宣言ヲ付シタル債務名義ニ付テ轉付命令ヲ發スルコトヲ妨ケス此場合ニ於テ後日假執行ノ宣言ヲ付シタル判決カ廢棄セラレタルトキハ辨濟ヲ受ケタル債權者ハ五一〇條二項ニ從ヒ債權ノ返還即チ第三債務者ヨリ取立テタル金額ノ辨濟ヲ言渡サルルモノナリ。

(一)　轉付命令ハ五九八條二項ノ手續ニヨリ轉付命令ヲ第三債務者ニ送達シ其旨ヲ債權者ニ通知スヘキモノトス轉付命令ハ讓渡ノ效力ヲ有ス故ニ債權ハ總テノ從タル權利ト共ニ債權者ニ移轉スルモノトス從テ債權カ有效ニ存スル限リ債權者ハ辨濟セラルルモノニシテ第三債務者カ支拂能力アルヤ否ヤハ問フ所ニアラス之蓋シ轉付命令ハ國家ノ差押ニ依リ爲ス所ノ債權ノ處分行爲ニシテ

之ニ因リ債權ハ債務者ヨリ債權者ニ移轉スルモノナレハナリ而テ轉付命令ノ效力ハ第三債務者ニ送達スルニ依テ發生スルコトハ前述ノ如シ。

差押債權ハ轉付命令ニヨリ債權者ニ移轉スルモノナルヲ以テ差押債權者ハ第三債務者ニ對シ訴ヲ提起シ取立命令ニ依リ與ヘラルル如キ權限ヲ行使シ得ルノミナラス債權ヲ處分シ得ルモノトス故ニ第三債務者ト和解免除延期等ヲ約スルコトヲ得如何ナル時如何ナル方法ニ依リ第三債務者ニ對シ權利ノ實行ヲ爲スヘキカハ固ヨリ差押債權者ノ自由ナルモ唯第三債務者ニ對シ起訴シタルトキハ債務者ニ對シ其訴訟ヲ告知セサルヘカラス(六一〇條改七四八條)

差押債權者カ自己ニ對スル債務者ノ債權ニ付轉付命令ヲ得タル場合ニハ差押債權者ノ債權及之ニ對スル債務者ノ債權ハ轉付命令カ其效力ヲ生スルト同時ニ混同ニ因リ消滅スヘシ。

(二) 轉付命令ハ差押債權ヲ其劵面額(差押債權ノ表面上ノ名價ニシテ差押債權者ニ享有セシムヘキ眞實ノ價額ニアラサルモノ)ニテ支拂ニ代ヘ差押債權者ニ移轉ス元本的劵面額ナキ定期金ニ付テハ各定期金ニ限リ支拂ニ代ヘ轉付命令ヲ發スルコトヲ得ヘシ然レトモ償却スヘキ定期金ノ元本ハ中間ノ利子ヲ控除シテ之ヲ算出スヘキモノナレトモ特ニ之カ規定ナキヲ以テ當事者ノ合意ニ因リテノミ之ヲ算出スルコトヲ得ルモノトス故ニ當事者ノ合意ナキトキハ六一三條ニ從ヒ權利自

體ヲ換價スヘキナリ。

轉付セラルヘキ債權ノ劵面額カ差押債權者ノ債權額及ヒ執行費用ノ合算額ヨリ大ナルトキハ此合算額ニ適當シタル劵面額ノ一部ノミヲ轉付スルコトヲ要ス。

（三）　轉付セラレタル債權ハ取立ツルコト能ハサルモ債權者ハ債務者ニ對シ求償スルコトヲ得ス第三債務者ニ對スル訴訟ニ付キ生シタル費用ヲ取立ツルコト能ハサル場合ニモ亦同シク債權者獨リ不利益ヲ忍ハサルヘカラス何トナレハ債務者ハ轉付命令ヲ得タル差押債權者ニ對シ第三債務者ノ支拂資力ヲ擔保スル責ニ任セサレハナリ之ニ反シ轉付セラレタル債權カ成立セス又ハ滅却抗辯ニ對抗スルコト能ハサル限リ差押債權者ノ債權ハ辨濟セラレタルモノト云フヲ得ス蓋シ支拂ニ代ヘ劵面額ニテ債權ヲ轉付スル命令アル場合ニ於テハ其債權ノ存スル限リ債務者ハ債權ノ辨濟ヲ爲シタルモノト看做セハナリ（六〇一條）故ニ此場合ニ於テ債權者ハ債務者ニ對シ更ニ强制執行ヲ續行スルコトヲ得ヘシ債務者カ債權者ノ請求ハ轉付命令ニ依リ滿足セラレタリト主張スル場合ニハ五四五條ニ從ヒ訴ヘサルヘカラス債權者ト第三債務者間ノ判決ノ確定力ハ此訴ヲ爲スニ妨ケトナルコトナシ。

第二　特別ナル換價處分

1　差押ヘタル債權カ條件付若クハ期限付ナル時又ハ反對給付ニ繋リ若クハ他ノ理由（第三債務者カ破産シタルトキ又ハ外國ニ居住シタルトキノ如キ）ニ依リテ取立ニ困難ナルトキハ執行裁判所ハ申立ニ因リ取立ニ代ヘ他ノ換價方法ヲ命スルコトヲ得（六一三條改七四九條）例ハ債權ノ競賣又ハ任意賣却ヲ命スルカ如シ而テ此特別ナル換價方法ヲ命スルト否トハ一ニ裁判所ノ自由ナル裁量ニ繋ルモノニシテ債權者ハ之カ權利ヲ有スルモノニアラス。

2　此申立ハ債權者及ヒ債務者共ニ之ヲ爲スコトヲ得ヘシ但シ債權者ハ差押債權者ニ限リ假差押債權者ハ此申立ヲ爲スコトヲ得サルモノトス而テ此申立ハ取立命令ノ前後ヲ問ハス之ヲ爲スコトヲ得ルモ轉付命令アリタル後ニ在リテハ此申立ヲ爲スコトヲ得ス蓋シ轉付命令ハ債權者ヲシテ其請求ヲ滿足セシメ强制執行ハ玆ニ終局ヲ告クルヲ以テナリ。

此申立ニ關スル執行裁判所ノ管轄ハ申立ノ時ニ於テ之ヲ定ム（五四三條）裁判所ハ申立ヲ許サントト欲スルトキニ限リ決定前ニ其相手方タル債務者ヲ審訊スヘキモノトス然レトモ是レ唯債務者内國ニ在リテ住所ノ知レタルトキニ限リ其外國ニ在ルカ若クハ其現在地不明ナルトキハ之ヲ審訊スルコトヲ要セス申立ヲ許シタル決定ハ言渡ササル場合ニ限リ職權ヲ以テ之ヲ當事者ニ送達シ申立ヲ許ササル決定ハ唯申立人ニ送達ス既ニ取立命令ヲ發シ且ツ第三債務者ニ送達シタル後ニ於テ該

命令ヲ取消シ他ノ換價方法ヲ命シタル場合ニハ其決定ヲ第三債務者ニ送達スヘキモノトス申立ヲ却下シタルトキハ申立人ニ於テ又申立ヲ許シタルトキハ其相手方ニ於テ即時抗告ヲ以テ不服ヲ申立ツルコトヲ得。

決定ノ實施ハ執行裁判所之ヲ執達吏又ハ仲立人等ニ委任スルコトヲ得。

第三目　手形其他裏書ヲ以テ移轉スルコトヲ得ル證券ニ因ル債權ニ對スル强制執行

1　手形其他裏書ヲ以テ移轉スルコトヲ得ル證券ニ因レル債權ノ差押ハ執達吏其證券ヲ占有シテ之ヲ爲ス（六〇三條改七三〇條一項）蓋シ手形其他裏書ヲ以テ移轉スルコトヲ得ル證券卽チ船荷證券、倉庫證券及其他ノ商業證券ニ因レル債權ニ關シテハ第三債務者ハ唯證券ニ依リ支拂受領ノ權限アル債權者ニ對シテノミ有效ナル支拂ヲナスコトヲ得ルモノナルヲ以テ有體動産ノ差押ニ於ケルト同シク執達吏證券占有ニ依リ差押ノ目的ヲ達スレハナリ、玆ニ所謂裏書ヲ以テ移轉スルコトヲ得ル證券トハ本來裏書讓渡ヲナスコトヲ得ヘキ證券ノ謂ナレハ本來裏書讓渡ヲナスコトヲ得ヘキ證券ニシテ裏書ヲ禁止セラレタル場合ニモ其證券ニ因レル債權ノ差押ハ亦前述ノ手續ニ從テ

之ヲ爲スヘキモノトス。

手形其他裏書ヲ以テ移轉スルコトヲ得ル證券ニ因レル債權ノ差押ニ付テハ債權差押命令ヲ第三債務者ニ送達スルコトヲ必要トスル說アリ（大正三年三三一大判）然レトモ證券ノ占有後ニハ處分禁止ハ無意味ナルヘシ何トナレハ證券ヲ取上クルコトニ因リ債務者ニ對シ事實上處分權ヲ剝奪スヘケレハナリ又證券ノ占有前ノ處分禁止ニ付テハ本法ニ於テ規定スル所ナシ六〇三條ハ五九八條ニ對シ例外規定ナルヲ以テ五九八條ニ依リ處分禁止ヲ宣言シ得ルモノト爲スコトヲ得サルナリ、否寧ロ六〇三條ノ占有取得ハ五九八條ニ依ル差押ニ附加スルニアラスシテ其差押ニ代テ之ヲ爲スモノナリ果シテ然ラハ斯カル證券ニ因レル債權ノ差押ニ付テハ差押命令ハ不要ニシテ且ツ無效ナリト云フヘシ。

差押ヘタル證券ハ之ヲ債務者ノ保管ニ任スヘカラス然レトモ執達吏ハ債務者ニ其差押ヲ爲シタルコトヲ通知スヘシ（五六六條）證券ハ債權者又ハ其提出ヲ拒マサル第三者ノ占有ニ在ル時ハ五六七條ヲ適用ス。

2　執行裁判所ハ證券ノ占有ヲ爲スヘキ地又ハ之ヲ爲シタル地ヲ管轄スル區裁判所ニシテ唯換價ノ時ニノミ其共力ヲ必要トス六〇三條ニ從ヒ差押ヘタル債權ノ換價ニ關シ本法ハ特ニ規定スル所

ナシ證劵カ取立ニ依リ換價スルコト能ハサル限リ五八一條ニ從ヒ之ヲ競賣スヘシ然レトモ其證劵カ取立ニ依リ換價シ得ル限リ取立命令又ハ轉付命令ヲ以テ之ヲ換價スルコトヲ得移付ニ對スル執行裁判所ハ五八二條ニ揭ケラレタル裁判所ナリ而テ裁判所ハ六一三條ニ從ヒ移付ノ代リニ他ノ換價方法ヲ命スルコトヲ得之ヲ要スルニ債權者ハ換價處分スル爲メニハ五九四條六〇〇條六一五條六一七條ニ從ヒ執行力アル債務名義及差押調書ノ謄本ヲ管轄アル執行裁判所ニ提出シ移付又ハ他ノ換價處分命令ヲ求メサルヘカラス。

執達吏ハ移付アリシ時始メテ取上ケタル證劵ヲ債權者ニ交付スヘキモノトス移付アルマテハ執達吏ハ他ノ有體動產ノ如ク之ヲ保管セサルヘカラス執達吏カ證劵ヲ占有スル間ニ於テ拒絕證書ヲ作成スル必要アルトキハ債權者ノ代理人トシテ之ヲ作成スヘキモノトス白地引受ノ手形ハ移付後ニ於テ債權者之ヲ補充スルコトヲ得。

第四目　金錢以外ノ有體物ノ引渡若クハ給付ヲ目的トスル債權ニ對スル强制執行

有體物ノ引渡又ハ給付ヲ目的トスル請求ニ對スル强制執行ハ法律ニ特別ナル規定ナキ限リハ金錢

債權ト同一ノ方法ヲ以テ之ヲ爲スヘキモノトス（六一四條改七五〇條）有體物ノ引渡又ハ給付ノ請求トハ債務者カ第三者ニ對シテ有體物ノ引渡又ハ給付ヲ求ムル場合ニシテ其引渡ノ目的トナル有體物ハ動產ナルト不動產ナルトヲ論セス又係爭ノ物件ハ特定セラルルカ若クハ種類ニ依リテノミ確定セラルルカ或ハ代替物ナルカハ問ハサルナリ而テ引渡ナル語ハ特定物ニ關シ給付ナル語ハ代替物ニ關スルヲ通例トス。

請求ハ物權的タルト債權的タルト且ツ占有又ハ所有權ノ移動ヲ目的トシ或ハ其返還ヲ目的トスルヲ問ハサルナリ例ハ賣買物件ノ引渡ヲ目的トスル買主ノ請求權、管理、使用貸借若クハ保管ノ爲メニ引渡シタル物件ノ返還ヲ求ムル所有權者ノ請求權注文物件ノ引渡ヲ求ムル注文主ノ請求權ノ如シ然レトモ物件ハ有體物タラサルヘカラス電流ノ如キ無體物ハ玆ニ論スヘキモノニアラスシテ六二五條ノ場合ニ屬スルナリ、又作爲例ヘハ物件ノ提出、修繕若クハ作成ニ限ラレタル請求權並ニ第三債務者ナシニ成立スル請求權若クハ差押ヲ許ササル物件ヲ對象トスル請求權ハ玆ニ說明スル請求權ト區別セサルヘカラス。

有體物ノ引渡又ハ給付ヲ目的トスル請求ニ對スル强制執行ハ其請求ノ目的物カ異ル爲メ金錢債權ニ對スル强制執行ノ場合ニ反シ債權者ヲシテ直接ニ其金錢債權ヲ滿足セシムルコトヲ得サルナリ

故ニ請求權ヲ差押タル後其請求權ノ目的物ニ對シ尙更ニ强制執行ヲ爲シ又ハ之カ換價ヲ爲ス要アルモノトス此請求ニ對スル强制執行ニ特別ナル規定ハ即チ此等ノ必要ニ出テタルモノトス。

第一　有體動產ニ關スル請求ニ付テノ强制執行

一　有體動產ノ請求ノ差押ニ付テハ執行裁判所ハ差押命令ニ於テ第三債務者ニ對シ債務者ニ辨濟ヲ爲スコトヲ禁シ債務者ニ對シ債權ノ處分殊ニ其取立ヲ爲スヘカラサルコトヲ命スル外ニ第三債務者ニ對シ其動產ヲ債權者ノ委任シタル執達吏ニ引渡スコトヲ命スヘシ（六一五條一項改七五一條一項）此場合ニ於テ第三款第二項第一目汎說第一ニ說明シタル要件（五九四條）ノ存スルコトヲ要スルカ故ニ第三債務者ノナキ請求權差押ヲ許サヽル請求權及債務者ノ財產ニ屬セサル請求權ハ六一四條以下ニ依リ强制執行ヲ爲スコトヲ得サルモノトス免責證劵又ハ證據證書ノ如キ本來獨立シテ權利ノ目的タルコト能ハサルモノ從テ强制執行ノ目的トナスコト能ハサルモノノ引渡ヲ求ムル請求モ亦同條以下ニ依リ差押ヲ爲スコトヲ得サルナリ而シテ差押當時ニ於テ物件ハ未タ不動產ノ主成分ノ一部ヲ構成スルモ請求權ハ分離後ニ於ケル物件引渡ヲ目的トスル時ニハ其差押ハ適法ナリ。

債權者カ五六七條ニ從ヒ先ツ任意引渡ヲ求メタルニ第三債務者カ之ヲ拒ミタル場合ニ於テ六一五

條ノ適用ヲ妨クルコトナシ。

二　有體動產ノ請求ヲ差押フル爲メ執行裁判所（五九四條）カ五九八條、六一八條ニ差押命令及引渡命令ヲ發シタルトキ五九八條ニ從ヒ第三債務者及債務者ニ送達セサルヘカラス第三債務者ニ命令ヲ送達スルコトニ依リ債權者ノ委任シタル執達吏ニ物件ヲ引渡スヘキ旨ノ催告トナルナリ、引渡命令ニハ執達吏ヲ表示スルヲ必要トスルコトナシ何トナレハ執達吏ノ委任ハ債權者之ヲ爲スヘク從テ執達吏ノ物件受領ノ權限ハ五三四條ニヨリ定マルモノナレハナリ、然レトモ其權限ハ一ニ執行力アル債務名義ノ占有ニ依ルモノトス。

差押命令ニ引渡命令ヲ缺除シタルトキハ特別命令ヲ以テ之ヲ追完スルコトヲ得ヘシ何トナレハ有體動產ノ請求ニ對スル差押ハ差押命令ヲ第三債務者ニ送達スルニ依リ效力ヲ生シ引渡命令ハ單ニ第三債務者ニ對シ支拂禁止（arrestatorium）ノ補充トシテ差押後ニ於ケル物件ノ保管方法ヲ指示スルニ過キス從テ引渡命令ハ差押ノ重要ナル成分ニアラサレハナリ然レトモ有體動產ノ請求ヲ裏書讓渡シ得ヘキ有價證券例ハ船荷證券倉庫證券等ニ因ル請求權ニ關シテハ執達吏ハ證券ノ差押（六〇三條）ヲ引渡命令ニ先チテ之ヲ爲サヽルヘカラス卽チ執行裁判所ハ執達吏カ六〇三條ニ從ヒ證券ノ占有ニ依リテ其差押ヲ爲シタル後差押債權者ノ申請ニ基キ請求ノ目的タル有體動產ヲ差押債

權者ノ委任スル執達吏ニ引渡スヘキコトヲ第三債務者ニ命スヘキナリ此場合ニ於テ命令ヲ發スヘキ裁判所ハ五九五條ノ執行裁判所ニシテ證券ノ取上ヲ爲シタル地ヲ管轄スル裁判所ハ之カ權限ヲ有スルコトナシ。

債務者ノ有スル有體動產ノ請求カ第三者ト共有ナルトキハ差押ハ債務者ノ有スル持分ニ對シテノミ之ヲ爲シ且ツ物件ヲ債權者ノ委任スル執達吏及第三者ノ兩者ニ共同ニ引渡スヘキ旨ノ命令ヲ發スヘキナリ。

三　第三者カ物ノ提出ヲ拒マサルコトハ六一五條ニ從ヒ請求ノ差押ヲナス妨トナルコトナシ故ニ債權者カ五六六條ニ從ヒ物件ノ差押ヲ爲シ得サリシコトヲ證明スル必要ナシ。六一五條ハ權利ノ移付ヲ命スルコトナク唯執達吏ニ引渡スコトヲ命スヘキ旨規定スルヲ以テ本條ハ寧ロ第三者カ物ヲ提出セント欲スル場合ヲ規定シタルモノト云フコトヲ得ヘシ之ニ反シ第三者カ物ノ提出ヲ拒ムトキハ債權者ハ請求權ヲ移付セシメ第三者ニ對シ訴ヲ提起セサルヘカラス此請求權ヲ差押フル前既ニ他ノ債權者カ物件自體ヲ差押ヘタルトキハ請求權ノ差押ハ不能トナルヘシ

四　第三債務者カ請求權ノ繫ル物件ヲ任意ニ引渡スト否トニ因リ差押後ノ手續ヲ別ニス第三債務者カ物ノ提出ヲ拒マサル場合ニハ物件ハ恰モ債務者ニ就テ差押ヲ爲スト同一ニ取扱フモノニシテ

五七二條乃至五八五條ニ依リ換價ス（六一五條二項改七五一條二項）而テ請求カ判決若クハ執行力アル證書ニ基キ差押ラレタルトキハ執達吏ハ其後競賣期日ヲ指定シ物件ヲ競落シ賣得金ヲ支拂ヒ又ハ供託スヘシ而テ物件ヲ換價處分スヘキカ否ヤハ一ニ債權者カ其權利ヲ有スルカ否ヤニ繫ルモノトス債權者カ單ニ差押ヲ爲シタルトキ特ニ假差押債權者トシテ假差押シタル場合ハ物件ニ關シ取立ヲ爲ス權利ヲ有スルコトナシ債權者カ差押ニ因リテ取得シタル權利ハ執達吏カ物件ヲ取上クルヲ以テ盡キルモノトス然レトモ債權者ハ請求ヲ取立ノ爲ニ移付セラレタルトキニハ競賣ヲ實施シ賣得金ヲ債權者ニ交付スヘキナリ競賣ノ實施賣得金ノ交付ハ移付命令ニ基キ之ヲ爲スモノニシテ原債務名義ニ因リ行フニアラサルナリ物件引渡後ノ手續ニ對スル執行裁判所ハ五九四條ニ規定スルモノニアラスシテ換價處分ヲナス地ヲ管轄スル區裁判所ナリトス。

第三債務者カ最初物件ノ提出ヲ拒ミ再度ノ催告ニ依リ任意提出シタル場合モ亦前述スル所ニヨル。

第三債務者カ裁判所ノ引渡命令ニ從ハサルトキニハ物件ハ特定物ニシテ第三債務者之ヲ占有スル場合ト雖モ執達吏ハ此者ノ意ニ反シテ物件ヲ取上クヘカラス此場合ニハ債權者ハ唯債務者ノ請求權ヲ取立ノ目的ノ爲メ六〇〇條ニ從ヒ移付セシメ而テ後六一〇條ニ從ヒ債務者ノ爲シ得ル所ノ引

渡又ハ給付ノ訴ヲ提起スヘキモノトス第三債務者ニ對スル判決ハ七三〇條ニ從ヒ之ヲ執行ス。

夫レ如此有體物ノ引渡又ハ給付ヲ目的トスル請求ニ對スル强制執行ヲ爲スニ當リテハ取立命令ヲ發スルコトヲ得ルモ轉付命令ヲ發スルコトヲ得ス蓋シ有體物ニハ劵面額即チ一定ノ命價ナルモノ之ナキヲ以テ性質上轉付ノ命令ヲ發スルニ適セサルヲ以テナリ（六一七條）物件カ差押ノ當時最早第三債務者ニ存セサルトキニハ差押命令ハ無效ナリ此場合ニ於テハ債權者ハ債務者ノ爲メニ生シタル賠償請求權ヲ主張スルコトヲ得ス債權者ハ之ヲ主張センニハ先ツ新ニ其請求權ヲ差押フルコトヲ要ス之ニ反シ第三債務者カ物件ノ差押アリタル後之ヲ讓渡シ又ハ其他處分シタルトキハ債權者ハ直ニ價格ノ賠償ヲ訴求スルコトヲ得。

債務者ハ債權者カ移付命令ヲ得サル前ハ第三債務者ニ對シ物件ヲ執達吏ニ引渡スヘキ旨ヲ訴フルコトヲ得（六一五條一項）然レトモ取立ノ爲メニスル移付アレハ此ト同時ニ債務者カ執達吏ニ引渡スヘキコトヲ第三債務者ニ求ムル權利ヲ消滅セシム又移付命令アレハ債權者ハ換價處分シタルトキ賣得金ノ引渡ヲ受クル權利ヲ取得スルナリ此點ヨリ見レハ移付ハ債權者ノ權限ヲ擴張スルモノト云フヘシ。

引渡ノ拒絕ハ調書ニ明確ニスヘキナリ（五四〇條）

移付ノ申立ハ差押命令ヲ求ムル申立ト共ニ併合シテ之ヲ爲スコトヲ得ヘシ。

第三債務者カ執達吏ニ物件ヲ引渡シタルトキハ債務者ハ其引渡ト共ニ所有權ヲ取得スルモノトス而シテ物件カ判決ニ基キ引渡サレタルトキハ恰モ引渡カ任意ニ爲サレタル場合ト同シク取扱フヘシ。

引渡シタル物件ノ換價ニ付テハ五七二條ヲ適用ス。

五　第三者ノ權利ハ引渡命令ニ依リ害セラルルコトナシ第三者ハ引渡カ實行セラレタルトキニ於テモ尚其請求權ヲ主張スルコトヲ得ルナリ（五四九條五六五條）第三者カ物件ニ付キ質權ヲ有スル場合ニ於テ物件ノ提出ヲ拒マサル時ニハ五六五條ニ從ヒ其請求權ノ優先辨濟ヲ主張スルヲ要ス。

第二　不動産ニ關スル請求ニ付テノ强制執行

一　不動産ノ請求ノ差押ニ付テハ其目的物カ占有權ノ移轉ナルト所有權ノ移轉ナルトニ拘ハラス執行裁判所ハ五九八條ニ從ヒ差押命令ニ於テ第三債務者ニ對シ債務者ニ辨濟ヲ爲スコトヲ禁シ且ツ債權者ニ對シ請求ノ處分特ニ其取立ヲ爲スヘカラサルコトヲ命スルト同時ニ債權者ノ申立ニ因リ第三債務者ニ目的物タル不動産ヲ其所在地ヲ管轄スル區裁判所ヨリ命シタル保管人ニ引渡スヘ

キコトヲ命ス（六一六條一項改七五二條一項）差押債權者此命令ヲ得タルトキハ之ヲ不動產所在地ヲ管轄スル區裁判所ニ提出シ保管人ノ選任ヲ求ムヘシ同區裁判所カ保管人ヲ選任スルハ執行行爲ノ施行ニシテ此部分ニ付キ同區裁判所ハ執行裁判所ナリト云フコトヲ得ヘシ執行裁判所カ又同シク不動產所在地ノ區裁判所ナル時ハ差押命令ニテ保管人ヲ指名スルコトヲ得差押ヲ爲シタル裁判所ハ保管人ノ選任ヲ囑託スヘキモノニアラス唯債權者ニ於テ六一六條ノ命令ヲ具備スル差押命令ヲ提出シテ保管人ノ任命ヲ申立テ而テ差押命令ノ送達カ選任命令ト共ニ既ニ施行セラレサル限リ其選任命令ヲ五九八條ニ從ヒ送達ヲ委任シタル執達吏ニ交付スヘキモノトス。

差押タル請求權ハ單ニ物ノ占有ノ引渡ノミニ關スルトキハ請求ノ差押ニ依リ開始スヘキ執行ハ物カ保管人ニ任意又ハ强制的ニ移轉シタル後ニ終了スルモノトス。

第三債務者カ引渡命令ニ應セサル場合ニ於ケル手續等ハ有體動產ノ請求ニ付テ述ヘタル所ト同一ナルヲ以テ玆ニ之ヲ省略ス但シ引渡ヲ求ムル訴ハ債權者ノミ之ヲ爲ス權限アルノミニシテ保管人ハ之ヲ爲スコトヲ得サルモノトス。

請求ノ目的物タル不動產カ數箇ノ裁判所ノ管轄區內ニ散在スルトキハ二六條ノ準用ニヨリテ管轄權アル執行裁判所ヲ定ム之ニ反シテ多數ノ不動產カ數箇ノ裁判所管轄區內ニ散在スルトキハ各裁

判所ハ其管轄地ノ不動産ニ對シ保管人ヲ任命ス然レトモ同一人ヲ總テノ不動産ノ保管人トシテ選任スルコトヲ妨ケス。

二　第三債務者カ任意ニ不動産ヲ保管人ニ引渡シ又ハ執達吏カ强制執行ノ方法ニ依リ保管人ヲシテ其不動産ノ占有ヲ得セシメタルトキハ爾後不動産ニ對スル强制執行ノ規定ニ從ヒ其不動産ノ競賣又ハ强制管理ヲ爲シ以テ債權者ニ辨濟スヘキモノトス（六一六條二項改七五一條二項）此場合ニ於ケル保管人ノ職務ハ差押命令ニ依リ指名セラレタル後之ヲ行フモノニシテ之カ爲メ特ニ裁判所ノ授權ヲ要スルコトナシ而テ保管人ハ强制競賣ノ場合ニ於テハ賣却代金ノ全部ヲ支拂ヒタル競落人ニ不動産ヲ引渡シ又强制管理ノ場合ニ於テハ管理人ニ之ヲ引渡スヘキモノトス（六八七條七一一條改八四七條改八八四條）然レトモ保管人ハ如何ナル場合ニ於テモ管理行爲就中賃料等ノ取立ヲナス權限ヲ有スルコトナシ。

第三項　不動産ヲ目的トセス又ハ前述以外ノ財産權ニ付テノ强制執行

債權及有體動産ノ引渡又ハ給付ヲ求ムル請求カ强制執行ノ目的物タルヘキコトハ既ニ述ヘタル所

ナリ而テ此他債務者ハ尚幾多ノ權利ヲ有ス、其苟クモ債務者ニ屬スル權利ナル以上ハ亦均シク强制執行ノ目的物タルヘキモノトス然レトモ須ラク左ノ要件ヲ具ヘサルヘカラス。

第一　差押ノ目的トナルモノハ權利ニ限リ純然タル事實關係ハ差押フルコトヲ得サルモノトス例ハ商人ノ營業上ノ利得又ハ雜誌ノ出版ノ如シ借財スルコト又ハ債務ヲ支拂フト云フカ如キ純然タル權能モ差押ノ目的トナルコトナシ一定ノ權利關係ノ範圍內ニ限リ存スル權限ニシテ之カ爲メ該權利ニ伴フコトナク獨立シテ差押ノ目的物タルコト能ハサルモノハ之ヲ權利ト區別セサルヘカラス例ハ民四二四條ノ取消權、契約ノ解除權、債權ヲ讓渡スル權利、抵當權ヲ消滅セシムル權利又ハ證書ノ提出請求權ノ如キ之ニ屬ス。

第二　權利ハ財產權タルコトヲ要ス
財產權トハ請求自體カ人ニ對スルト又ハ物ニ對スルトヲ問ハス請求カ債務者ノ行爲ニヨリ履行セラルルト又ハ此者ノ財產ニ依リ履行セラルルトニ區別ナク金錢的價格アル經濟的貨物ノ分配ノ用ニ供スル所ノ權利ノ謂ナリ故ニ身分權、氏名權、親族法ニ基因スル所ノ請求權トハ區別セサルヘカラス然レトモ權利ハ執行行爲トシテ差押ラレ取立等ノ如キ爾後ノ換價處分ニ依リ金錢ニ換ヘ得ヘキコト並ニ債權者ヲシテ其金錢債權ヲ直接ニ滿足セシムルコトヲ必要トセサルナリ。

第三　此權利ハ私權ナラサルヘカラス蓋シ裁判所ハ私法上ノ關係ニ於テノミ獨リ第三債務者ニ或事ヲ禁止スルコトヲ得ヘク又私權ニ限リ裁判手續ニ依リ取立ノ爲メニ債權者ニ移付スルコトヲ得ルモノニシテ公法上ノ權限ハ差押ヲ爲スコトヲ得サレハナリ例ヘハ裁判所ニ對シ國家ノ行爲ノ實施ヲ求ムル請求權(私權保護請求權)ノ如シ。

第四　權利ハ差押フルコトヲ得ルモノナラサルヘカラス

讓渡スヘカラサル權利ハ差押フルコトヲ得ス法律行爲ニ依リ讓渡シ得ヘキ權利ヲ讓渡スヘカラサルモノトナスコトヲ得ス如何ナル權利カ讓渡シ得ヘカラサルカハ民法ニ依リ之ヲ決スヘキモノナリト雖モ概シテ當初ノ權利者以外ノ他ノ者ニ對スル給付ハ權利ノ內容ヲ變更スルニアラサレハ之ヲ爲スコトヲ得サル場合ニ其權利ハ讓渡スヘカラサルモノト云ハサルヘカラス。

以上ノ要件ヲ具備スル權利ニシテ不動產ヲ目的トセス且ツ前述ノ債權又ハ請求ニアラサル財產權ハ概ネ左ノ如シ。

一　金錢ノ支拂又ハ有體物ノ引渡若クハ給付ニアラサル行爲ヲ目的トスル債權及物權的請求權例ハ請負契約ニ基ク勞務ノ給付ヲ目的トスル請求權、權利ノ設定移轉ヲ目的トスル請求權、登記訂正ノ同意ヲ目的トスル請求權ノ如シ。

二　他人ノ物ヲ利用スルコトヲ目的トスル債權又ハ物權例ヘハ地役權、地上權、永小作權、賃借權ノ如シ但シ賃借人ハ賃貸人ノ承諾アルニアラサレハ其權利ヲ讓渡スルコトヲ得サルヲ以テ賃貸人カ賃借人ニ權利ノ讓渡ヲ承認シタルトキニ限リ賃借權ノ差押ヲ許スモノトス。

三　無體財產權例ハ著作權、特許權、意匠權、商標權、興行權、版權ノ如シ。

四　共有ノ權利又ハ社團ノ社員權。

五　鑛業權、漁業權又ハ水利權。

以上ノ財產權ニ對スル强制執行ニ付テハ前項ノ債權又ハ請求ニ對スル强制執行ノ規定五九四條乃至六二四條ヲ準用スヘキモノトス(六二五條一項改七六一條一項)卽チ裁判管轄ニ關スル規定（五九五條）差押命令ノ送達ニ關スル規定（五九八條）取立命令ニ關スル規定（六〇〇條）等ハ一々此場合ニ適用セラルヘキナリ故ニ差押ハ執行裁判所ノ差押命令ヲ以テ之ヲ爲スヘク其效力ハ第三債務者ノ存スル限リ債權及他ノ請求ノ差押ノ場合ニ於ケル如ク其第三債務者ニ送達スルニ因リテ發生ス第三債務者存セサルモ差押フヘキ財產權ニ付キ其行使上第三者ノ給付若クハ耐忍ヲ必要トナス場合ニ於テハ此第三者ハ五九八條ヲ準用スルニ付テ第三債務者ノ如ク看做サレ此第三者ニ差押命令ヲ送達スルニ因リ其效力ヲ生スルナリ例ヘハ物ノ共有ニ關シテハ債務者ト物ヲ共有スル者

ハ分割ノ義務ヲ負擔スル爲メ茲ニ所謂第三者ニシテ地役權、地上權又ハ永小作權ニ關シテハ所有權者ハ茲ニ所謂第三者ナリ而テ第三債務者ニ對シテ爲スヘキ禁止ハ差押フヘキ財產權ノ種類ニ從ヒテ一樣ナラサルモノトス然レトモ此等ノ財產權ニ關シ第三者ナキ場合ニ在リテ(例ハ特許權)ハ斯カル禁止ヲ爲ス必要ナキヲ以テ差押命令ニ於テ單ニ債務者ニ對シ其權利ノ處分ヲ禁止スヘキモノトス而テ此場合ニ於ケル差押ハ債務者ニ差押命令ヲ送達シタル日時ヲ以テ之ヲ爲シタルモノト看做ス(六二五條ニ項改七六一條二項)。

右財產權ヲ差押ヘタル場合ニ於テハ執行裁判所ハ差押ノ目的物ヲ五七二條以下ノ規定ニ依リ換價處分スヘシト雖モ更ニ職權ヲ以テ又ハ申立ニ依リ差押ノ目的物ニ付キ特別ノ處分殊ニ其權利ノ管理若クハ讓渡ヲ命スルコトヲ得ヘシ(六二五條二項改七六一條三項)差押ヘタル權利例ヘハ共有權カ條件付ナルトキハ權利ノ移付ハ條件ノ成就後ニ於テ之ヲ爲スヘキナリ權利自體ヲ讓渡シ得ヘキモノナルトキハ六〇〇條ノ移付ヲ別ニシテ執行裁判所ハ其讓渡ヲ命スルコトヲ得。

財產權ノ讓渡ハ競賣又ハ適宜ノ賣却ニ依ルコトヲ得ヘシ讓渡スルコトヲ得ヘキ財產權カ取立ヲ爲サシムルコトヲ得ヘキモノナルトキハ債務者ニ取立命令ヲ發スルコトヲ得ヘシ而テ債權者ヲシテ直接又ハ間接ニ其請求ノ滿足ヲ得セシムルニ足ル給付ヲ目的トスル各種ノ財產權ハ取立ヲ爲サシ

ムルコトヲ得ルモノナリ。

移付ハ取立命令ニ依ルヲ通例トス債權者ハ之ニ依リ計算書作成共有分割ニ關スル債務者ノ權利ヲ取得スルナリ然レトモ財産權カ其行使ノミヲ讓渡スルコトヲ得ヘキモノナルトキハ權利其ノモノノ讓渡ヲ命スルコトヲ得サルナリ執行裁判所カ差押ノ目的物タル財産權ノ管理ヲ命シタルトキハ管理人ヲ選任シ之ヲシテ其管理ヲ爲サシムヘキモノトス此場合ニ於テハ管理スヘキ物件ヲ管理者ニ交付スルニ依リテ差押ノ效力ヲ生ス但シ第三債務者若クハ債務者ニ對スル差押命令ノ送達ニ依リテ既ニ差押ノ效力ヲ生シタルトキハ此限ニ在ラス。

第四項　債權者ノ競合

第一　數名ノ差押債權者ノ爲メ同時ニ有體動産ヲ差押ヘ得ルコトハ既ニ述ヘタル所ナリ（五九三條二項）金錢債權ナルト有體物ノ引渡又ハ給付ノ請求ナルトヲ問ハス數名ノ債權者ノ爲メ同時ニ債權ヲ差押フルコトハ實際ニ數々生スル所ニシテ債權ニ對スル强制執行ニ付テノ前述ノ規定ヲ準用シテ之ヲ爲スヘキモノトス（六一九條）。

第二　金錢債權ノ執行トシテ或債權者ノ爲メニ債權其他ノ財産權ヲ差押ヘタル後更ニ他ノ債權者

ノ爲メニ其執行ノ目的タル權利ヲ差押フルコトヲ得ルヤ換言スレハ我訴訟法上重複差押從テ差押ノ競合ヲ認ムルコトヲ得ルヤ否ヤニ關シテハ頗ル議論アリ我訴訟法上有體動產不動產及船舶ニ對スル金錢債權ノ執行ニ關シテハ重複差押ヲ許サヽルコトヲ明文ヲ以テ之ヲ明カニシ（五八六條一項六四五條一項七〇八條一項及七一九條）執行機關ハ既ニ差押ヘタル財產ニ付キ他ノ債權者ノ爲メ更ニ差押ヲ爲スコトヲ得サルモノトシタルニ拘ラス債權其他ノ財產權ニ對スル執行ニ付テハ同趣旨ノ明文ヲ缺クノミナラス却テ六〇九條三項ニハ差押債權者ハ第三債務者ヲシテ差押命令送達ノ日ヨリ七日ノ期間內ニ書面ヲ以テ債權カ既ニ他ノ債權者ヨリ差押ヘタルコトノ有無ニ付テ陳述ヲナサシメンコトヲ裁判所ニ申出ツルコトヲ得ル旨ヲ規定スルカ故ニ債權其他ノ財產權ニ對スル金錢債權ノ執行ニ關シテハ重複差押ヲ爲スコトヲ妨ケストノ見解ヲ生シタリ之レ我國ノ通說ニシテ判例亦同シ然レトモ重複差押ハ差押質權ヲ認メ又差押ヲ爲シタル時ノ前後ニ因ル優先權ヲ認ムル場合ニ於テ之ヲ爲ス必要アルモ差押債權者ニ優先權ヲ認ムルコトナク獨リ執行力アル正本ヲ有スル債權者ノミニ限ラス苟クモ民法ニ從ヒ配當ヲ要求シ得ヘキ債權者ハ差押債權者ト共ニ平等ニ配當ヲ受ケ債權ノ滿足ヲ得ル場合ニハ重複差押ヲ許スヘカラサルコト前述ノ如シ、我民事訴訟法ハ金錢債權ノ强制執行ニ關シ動產タルト不動產タルトヲ問ハス平等分配主義ヲ採用シタルニ拘ラ

ス動産ニ對スル强制執行中獨リ無體動産タル債權其他ノ財産權ニ對スル執行ノミニ限リ俄然其ノ平等分配主義ヲ捨テ優先主義ヲ採リタルモノト認ムヘキ充分ナル根據ナシ、寧ロ五八六條ハ有體動産及無體動産ヲ通シテ動産强制執行ノ一般通則ヲ規定シタルモノト解シ得サルニアラサルヲ以テ債權其他ノ財産權ニ關シテモ亦平等分配主義ヲ採リタルモノト認メサルヘカラス飜テ六二〇條ヲ見ルニ第一項ニ依レハ執行力アル正本ヲ有スル債權者ハ差押債權者カ取立ヲ爲シ其旨ヲ執行裁判所ニ屆出ルマテ又ハ執達吏カ賣得金ヲ領收スルマテ配當ヲ要求スルコトヲ得、第三項ニ依レハ既ニ爲シタル差押カ取消トナリタルトキハ執行力アル正本ニヨリ要求シタル債權者ノ爲メ要求ノ順序ニ因リ差押ノ效力ヲ生ストアルハ差押ノ單一ナルヲ前提トシ債權者カ執行力アル正本ヲ有スル場合ナリト雖モ其差押ニ對シ配當加入シ又ハ差押カ取消サレタルトキハ配當要求ニ差押ノ效力ヲ生セシメ以テ重複シテ差押ヲナスコトノ無益ヲ省略シタルモノト解スヘキカ故ニ重複差押ヲ爲スコトヲ得サルモノト推知スルニ難カラス若シ夫レ六〇九條三號ノ規定ニ至リテハ差押質權主義ヲ採用スル獨逸舊民事訴訟法第七三九條ヲ不用意ニ襲用シタルニ過キサレハ之ニ依リ債權其他ノ財産權ニ關シ重複差押ヲ許シタルヤ否ヤノ根本的原則ヲ決スル根據トナスハ妥當ヲ缺クモノト云フヘシ果シテ然ラハ通說ニ於テ債權其他ノ財産權ニ關シ重複差押ヲ爲スコトヲ得ルトスルハ非ニ

シテ重複差押ヲ爲スコトハ許スヘカラス從テ差押ノ競合ハ認ムルコトヲ得サルモノト解セサルヘカラス。

夫レ如此重複差押ヲ許サヽルヲ以テ既ニ或債權者ノ爲メ債權其他ノ財産權ヲ差押ヘタル後之ニ對シ更ニ他ノ債權者ヨリ差押ヲ爲サンコトノ申請アリタルトキハ本來其申請ヲ違法トシテ却下シ債權者ヲシテ配當要求ヲ爲サシムヘキ理ナリト雖モ之レ啻ニ差押債權者以外ノ債權者ヲシテ辨濟ヲ得ル機會ヲ失ハシムルノミナラス又無用ノ手續ヲ反覆セシムルニ過キサルヘシ債權其他ノ財産權ニ對スル執行ハ迅速ニ實施終了スルモノニシテ執行債權者以外ノ他ノ債權者ハ速ニ配當要求ヲ爲スニアラサレハ其時期ヲ失シ毫末ノ配當ヲモ得ルコト能ハサル不利益ノ危境ニ陷リ易キハ執行ノ終了スルマテニ時日ヲ要スル有體動産及不動産ニ對スル執行ノ場合トハ同日ノ比ニアラサルナリ然ルニ有體動産及不動産ノ强制執行ニ關シテハ金錢債權ノ執行トシテ既ニ差押ヘタル財産ニ對シテ他ノ金錢債權ノ爲メ更ニ差押ヲ爲サンコトヲ申請アリタルトキハ配當要求ノ效力ヲ生スルモノトシテ(五八七條六四五條二項)第二以下ノ差押ノ申請ニ配當要求ノ效果ヲ與ヘ以テ差押債權者以外ノ他ノ債權者ヲ保護スルニ拘ラス配當分ヲ失フ危險ニ陷リ易キ債權其他ノ財産權ニ對スル執行ニ關シ之カ明文ノ見ルヘキモノナシ若シ其明文ヲ缺クノ故ヲ以テ第二以下ノ差押申請ヲ全然無

視シ之ニ何等ノ效力ヲ認メサルトキハ彼此頗ル權衡ヲ失シ不當ナル結果ヲ生スヘシ、此ヲ以テ債權其他ノ財產權ニ對スル金錢債權ノ執行ニ付テモ亦既ニ差押ヲ爲シタル財產ニ對シ他ノ金錢債權ノ爲メ更ニ差押ヲ爲サンコトノ申請アリタルトキハ五八七條六四五條ノ規定ヨリ類推シテ此申請ニ配當要求ノ效力ヲ生セシムルモノト解セサルヘカラス。

債權其他ノ財產權ニ對スル金錢債權ノ執行ノ場合ニ於テモ亦重複差押ヲ許サヽルコト前述ノ如シ然レトモ裁判所ハ債權其他ノ財產權ニ對シ差押命令ヲ發スルニ當リ差押フヘキ權利カ實際債務者ノ爲メニ存在スルヤ否ヤ債務者カ現ニ辨濟ヲ求ムルコトヲ得ルヤ否ヤヲ調查スルコトナクシテ其命令ヲ發スルヲ以テ或債權者ノ爲メニ債權其他ノ財產權ヲ差押ヘタル後更ニ他ノ債權者ノ爲メニ其權利ヲ差押フル命令ヲ發スルコトハ實際ニ於テ數次生スル所ナリ此場合ニ於テ重複差押命令ハ違法ナルカ故ニ債務者又ハ之ニ依リ其利益ヲ害セラルヘキ第三者卽チ差押債權者、第三債務者等ハ强制執行ノ方法ニ對スル異議ヲ以テ其取消ヲ求ムルコトヲ得ヘシ。

違法ナリト雖モ差押カ重複シテ實施セラレタル場合ニ於テ各債權者ノ爲メニ取立命令ヲ發シタルトキハ重複差押ニ因ル取立命令ハ違法ナルモ其取立命令ノ效果ハ債權者ヲシテ配當要求ヲ爲サシムルニ過キサレハ其重複差押ノ申請ニ配當要求ノ效力ヲ生セシムル以上ハ深ク論究スヘキ價値ナ

キモノト云ハサルヘカラス之ニ反シ各債權者ノ爲メニ轉付命令ヲ發シタルトキハ場合ヲ區別シテ論セサルヘカラス重複差押ハ違法ナリト雖モ其差押ノ申請ハ配當要求ノ效力ヲ生スルカ故ニ差押ノ重複シタル場合ニハ各債權者ハ各自單獨ニ債務者ニ對シテ有スル債權ヲ以テ自己ノ請求ヲ滿足セシムルコト能ハサル地位ニ在ルモノナレハ支拂ニ換ヘ劵面額ニテ債權ヲ差押債權者ニ轉付スル效力ヲ生スル轉付命令ヲ得ルコト能ハサルモノト云ハサルヘカラス故ニ各債權者ノ受ケタル轉付命令ハ何レモ違法ニシテ執行債務者又ハ之ニ依リ利益ヲ害セラルヘキ第三者即チ差押債權者又ハ配當要求ヲ爲シタルモノト看做サルル債權者及第三債務者等ハ强制執行ノ方法ニ對スル異議ヲ主張スルコトヲ得ヘシ然レトモ各債權者ノ爲メニ發シタル轉付命令中一ノ轉付命令カ他ノ命令ニ先チ第三債務者ニ送達セラレタル場合ニ於テ該命令カ確定シタルトキハ六〇一條ノ規定ニ從ヒ債務者カ第三債務者ニ對シテ有スル債權ハ唯確定的ニ其轉付命令ヲ得タル債權者ニ移轉スヘキナリ、從テ他ノ轉付命令ハ第三債務者ニ送達セラレ且ツ確定スルモ其第三債務者ニ送達スル當時ニハ既ニ轉付スヘキ債權ナキニ至リシヲ以テ其命令ニ適合スル效力ヲ發スルコト能ハサルモノト云フヘシ故ニ此場合ニ於テ轉付命令ヲ受ケタル各債權者中債權ノ轉付ヲ得ルモノハ差押命令ヲ得タルトキノ前後ニアラスシテ其轉付命令カ第一最初ニ第三債務者ニ送達セラレタルモノト云ハサルヘカ

ラス。

第三　差押ニ因リテ優先權ヲ生スルコトナキヲ以テ既ニ差押ヘタル後ニ第二以下ノ債權者カ其差押ニ因リ得ヘキ金額ニ付キ配當要求スルコトヲ得ヘキハ債權差押ノ場合モ亦有體物差押ノ場合ト異ルコトナシ配當要求ノ時期ハ金錢債權ヲ差押ヘタルトキト有體物ヲ引渡ス債權ヲ差押ヘタルトキトニ因リ其規定ヲ異ニス。

甲　金錢債權ヲ差押ヘタル場合

金錢ノ債權ヲ差押ヘタル場合ニ於テハ差押債權者カ取立命令ヲ得テ其取立ヲ爲シ六〇八條ノ規定ニ依リ其旨ヲ執行裁判所ニ屆出ルマテハ他ノ債權者ハ之ニ對シテ配當要求ヲ爲スコトヲ得ヘシ然レトモ差押債權者カ取立ヲ爲シテ其旨ヲ執行裁判所ニ屆出テタルトキハ配當要求ヲ爲スコトヲ得ス執行裁判所ハ債務者ノ申立ニ因テ差押債權者ヲ審訊シ差押額ヲ債權者ノ要求額マテニ制限シテ取立命令ヲ發シタルトキモ亦之ニ對シ配當要求ヲ爲スコトヲ得ス（六〇二條）差押債權者カ既ニ支拂ニ換ヘテノ轉付命令ヲ得タル後ハ配當ノ要求ヲ爲スコトヲ得サルモノトス（六二〇條二項）。

乙　有體物ヲ引渡ス債權ヲ差押ヘタル場合

有體動產ノ引渡又ハ給付ヲ目的トスル請求ノ差押ノ場合ニ於テハ執達吏カ請求ノ目的物タル債務

者ノ所有ニ屬スル金錢ノ引渡ヲ受ケ又ハ其引渡ヲ受ケタル有體物ヲ換價シテ其賣得金ヲ領收スルマテハ配當要求ヲ爲スコトヲ得ヘシ（五七四條二項六一五條二項六二〇條一、二項）不動產ノ引渡又ハ給付ヲ目的トスル請求ノ差押ノ場合ニ於テハ其目的物タル不動產ノ强制競賣又ハ强制管理ノ手續ニ於テ配當要求ヲ爲スコトヲ得ヘキ時期マテハ配當要求ヲ爲スコトヲ得ルモノトス（六一六條二項六四六條七〇九條）配當要求ハ執行裁判所ニ對シテ之ヲ爲スヲ以テ通例トス執行裁判所ハ配當要求アリタルトキハ職權ヲ以テ其要求書ノ謄本ヲ差押債權者及第三債務者ニ送達スヘキモノトス（六二〇條三項前段）然レトモ有體動產ノ引渡又ハ給付ヲ目的トスル請求ニ對シテ强制執行ヲ爲ス場合ニ於テハ執達吏カ債權者ノ爲メニ請求ノ目的物タル有體動產ノ引渡ヲ受ケ之ヲ換價處分シ辨濟手續ヲ爲スモノナルカ故ニ配當要求ハ五九〇條ニ從ヒ執達吏ニ之ヲ爲スヘキモノトス此場合ニ於テ執達吏ハ五九一條一項ニ從ヒ配當要求アリタルコトヲ配當ニ與ル各債權者及債務者ニ通知スヘキナリ。

第四　民法ハ供託ヲ以テ債權消滅ノ一原因トシ債務者カ辨濟ノ目的物ヲ供託所ニ供託スルトキハ債權ハ消滅スルモノトセリ民事訴訟法ハ金錢ノ債權ニ付キ配當要求アリタル場合ニ於テ別ニ供託ニ關シ規定スル所アリ供託ハ總債權者ノ計算ニ於テ之ヲ爲シ且ツ免責效果アルモノトセリ。

（一）差押タル金錢ノ債權ニ付キ配當要求アリ六二〇條三項ニ依リ第三債務者カ配當要求ノ送達ヲ受ケタルトキハ此者ハ債務額ヲ供託スル權利アリ（六二一條一項）此規定ハ以テ第三債務者ヲシテ債權者ノ權限ヲ調査スル危險ヲ免レシメ且ツ配當ニ與ル各債權ヲ計算シ第三債務者ノ債務カ果シテ各債權者ヲ滿足セシムルニ足ルヤ否ヤヲ確定スルノ煩ヲ避ケシム。

（二）配當要求ノ送達ヲ受ケタル第三務者ハ差押債權者ナルト配當要求ヲ爲シタル債權者ナルトヲ論セス配當ニ與カル各債權者中ノ一人アリ其債務額ヲ供託スヘキ求メアレハ之ヲ供託スルノ義務アリ（六二一條二項）債權者カ供託ヲ請求スルニ付キ何等ノ要式ナシ第三債務者カ供託スヘキ債務額ハ差押債權者ノ債權額ヲ滿足スルニ足ラサル場合ト雖モ他ノ配當要求債權者カ供託ノ請求ヲ爲スコトヲ妨ケサルナリ蓋シ辨濟ノ問題ハ配當手續ニ屬スレハナリ第三債務者カ其供託義務ヲ履行セサルトキハ訴ヲ以テ供託義務ノ履行ヲ强制セラルルモノナルコト前述ノ如シ（六二三條）夫レ如此第三債務者ハ債權者ノ請求ニ因リ供託ノ義務アルモ之カ爲メ債務關係ノ內容ヲ變更スルモノニアラス故ニ第三債務者ハ引換的負擔ニ付テハ其關係ニ基キ供託スヘク手形其他裏書ヲ以テ移轉スルコトヲ得ル證劵ニ付テハ其呈示ヲ待チ且ツ其交付ヲ受タル後供託スヘキナリ配當ニ與カル或債權者カ一旦第三債務者ニ對シ供託ヲ請求シタルトキハ他ノ債權者ノ何人モ自己ニ支拂ヲ請

求スルコトヲ得ス之ニ拘ラス第三債務者カ支拂ヲ爲シタルトキハ優先權者ニ支拂ヲ爲シタルコトヲ立證スルコトニ依リテノミ供託ヲ免責セラルルコトヲ得。

（三） 第三債務者カ債務額ヲ供託スル所以ノモノハ裁判所ニ配當處分ヲ求ムル義ニ外ナラス唯五九三條ノ供託ト異ルハ有體動產ノ執行手續ヲ規定スル五九三條ニ在リテハ金錢ノ供託ハ之ヲ以テ供託ニ與カル各債權者ヲ滿足セシムルニ足ラサルカ爲メニシテ此ニ在リテハ必スシモ然ルヲ要セサルニ在リ然シテ第三債務者カ債務額ヲ供託シタルトキハ其情況ヲ執行裁判所ニ屆ケサルヘカラス（六二一條三項）之レ五九三條カ規定スル執達吏ノ事情屆書ト其法意ヲ同フス。

（四） 供託ノ效果ニ付キ民事訴訟法上明文ノ存スルモノナシ然レトモ之カ爲メ民法四九四條以下ノ規定ニ依リ之ヲ定ムヘシトノ結論ヲ生スルコトナシ何トナレハ民法供託ニ關スル規定ハ同法四九九條ニ從ヒ爲ス所ノ供託ヲ前提條件トスルモノニシテ第三債務者カ確定判決ヲ以テ（六二三條）供託ヲ命セラレタルトキニハ明カニ其前提條件トスルモノナケレハナリ第三債務者カ判決ニ依リ供託義務ヲ履行シタルトキハ其供託物ヲ取戾シ得サルハ論ヲ俟タサル所トス從テ此場合ニハ第三債務者ハ供託ニヨリ其債務ヲ免ルルコトヲ得サルヘカラス蓋シ第三債務者ハ債務免除ノ效果ヲ生セサルニ拘ラス獨リ給付ヲ强制セラルヘキ理ナケレハナリ、而テ强制供託ニ付キ發生スヘキ效果

ハ任意供託ニモ亦生セサルヘカラス何トナレハ六二一條ハ此兩者ノ場合ヲ全然同一ニ規定シタルモノナレハナリ、第三債務者債務額ヲ供託シタルトキハ之ヲ以テ其義務ヲ免ルルカ故ニ其以後ノ差押命令ハ第三債務者ニ對シ何等ノ效力ヲ生スルコトナシ債務免責ノ效果カ供託ト共ニ發生スルトキハ之ニヨリ債務者ハ供託金額ノ所有權(若クハ國家ニ對スル債權)ヲ取得スルモノニシテ債權者ハ該金錢ニ付キ配當要求權ヲ有スルナリ。

(五) 供託ノ費用ハ執行債權者及債務者トノ關係ニ於テ五五四條ニ從ヒ債務者ノ負擔トス第三債務者ハ豫メ前ニ供託スヘキ金額ヨリ之ヲ控除シ若クハ配當手續ニ於テ之ヲ請求スルコトヲ得ヘシ債務者カ債權者ニ辨濟シタル爲メ配當手續カ開始セサルトキハ第三債務者ハ其辨濟ヲ目的トスル訴ヲ提起スルコトヲ得。

第五 差押ヘタル請求カ不動産ニ關スルトキハ第三債務者ハ不動産所在地ノ區裁判所カ其申立ニ因リ又ハ差押債權者ノ申立ニ依リテ命シタル保管人ニ情況ヲ開示シ且ツ六一六條ノ規定ニ依リ送達セラレタル命令ヲ添付シ其不動産ヲ引渡スヘキ權利ヲ生シ又ハ差押債權者ノ求ニ因リ之カ引渡ヲ爲スヘキ義務ヲ生スルモノトス(六二二條)。

第六 配當ヲ要求シ得ヘキ債權者ヲ分テ二種トス即チ執行力アル正本ヲ有スル債權者及民法ニ從

ヒ配當ノ要求ヲ爲シ得ヘキ債權者ナリトス。

甲　執行力アル正本ニ依ル配當要求

此種ノ債權者ハ既ニ强制執行ノ形式的要件ノル執行力アル正本ヲ有スルモノナルカ故ニ配當要求書ニ單ニ該執行力アル正本ヲ添付シ之ヲ執行裁判所ニ提出シテ其要求ヲ爲スヘキモノトス執行力アル正本ニ依リ配當ヲ要求シタル場合ニ於テ已ニ爲シタル差押カ取消トナリタルトキハ其債權者ハ配當要求ノ順序ニ從ヒ差押債權者ノ地位ニ代リ其差押ヲ進行シ得ルモノトス（六二〇條第三項末段）。

差押債權者カ第三債務者ニ對シ取立手續ヲ實行スルニ當リ其義務ヲ履行セサル場合ニ於テ金錢債權ニ付キ取立命令ヲ受ケタルモノナルトキハ之ニ基キ其支拂ヲ求メ若クハ其供託ヲ求ムル訴ヲ起シ又其金錢ノ債權ニ付キ轉付命令ヲ受ケタルモノナルトキハ之ニ基キ支拂ヲ求ムル訴ヲ起スコトヲ得ヘク又有體動產ノ引渡若クハ給付ノ請求ニ付キ取立命令ヲ受ケタルモノナルトキハ之ニ基キ其動產ヲ執達吏ニ引渡スヘキコトヲ求ムル訴ヲ起シ又不動產ノ引渡若クハ給付ノ請求ニ付キ取立命令ヲ受ケタルモノナルトキハ之ニ基キ其不動產ヲ保管人ニ引渡スヘキコトヲ求ムル訴ヲ起スコトヲ得（六二三條一項改七五九條一項）而テ此場合ニ於テ六一〇條ノ規定ニ從フヘキハ前述ノ如

シ。

差押債權者カ取立命令ノ趣旨ニ基キ第三債務者ニ對シ訴ヲ起スニ當リ他ノ債權者ニ訴訟ヲ告知スルコトヲ要ス然レトモ差押債權者カ訴ヲ提起シタルトキハ執行力アル正本ヲ有スル各債權者ハ共同訴訟人トシテ原告ニ加ハル權利アリ（六二三條二項改七五九條二項）此場合ニ於テ四八條ノ規定ニ於ケル共同訴訟人ニシテ從參加ニアラス故ニ執行力アル正本ヲ有スル債權者カ共同訴訟人トシテ原告ニ加ハルニハ口頭辯論ニ於テ其旨ヲ陳述スレハ足ルモノニシテ五六條ノ規定ニ於ケル書面ノ送達ヲ必要トスルコトナシ斯カル債權者カ原告ニ加ハリタルトキハ五〇條ノ必要的共同訴訟カ成立スルモノトス。

差押債權者カ取立ノ爲メニ訴ヲ提起シタル場合ニ於テ第三債務者ハ原告ニ加ハラサル債權者ヲ共同訴訟人トシテ呼出アランコトヲ口頭辯論ノ第一期日マテニ申立ツルコトヲ得（六二三條三項改七五九條三項）右呼出ヲ求メ得ル債權者ハ自ラ訴ヲ提起セサルト若クハ他ノ訴訟ニ參加セサルトヲ問ハス總テノ債權者ヲ包含ス此呼出ハ六一〇條ノ場合ニ於ケル如キ訴訟ノ告知ニアラスシテ唯口頭辯論ニ出頭セシムル爲メノ催告ニ過キサルナリ呼出ハ送達ニ關スル總則ノ規定ニ從ヒ之ヲ爲スヘキモノニシテ外國ニ於テスル送達又ハ公示送達ヲ要スル場合ニモ亦之ヲ爲スヘキナリ夫レ如

此債權者ヲ呼出シ訴訟ニ參加セシムルハ裁判ノ矛盾ヲ防クノミナラス又第三債務者ヲシテ重複ニ訴ヲ受クル煩ヲ免レシメントスルニ外ナラサルナリ故ニ此場合ニ於ケル共同訴訟ハ其權利關係合一ニ確定スヘキハ固ヨリ論ナシト雖モ又第三者ヨリ呼出ヲ受ケタル債權者ハ縱令其呼出ニ應シテ參加セサリシトスルモ共同訴訟人タルヲ以テ其訴ニ付キ言渡シタル裁判ノ效力ハ此等ノ債權者ニ對シ利害共ニ及フモノトセサルヘカラス（六二三條四項改七五九條末項）然レトモ第三債務者カ呼出ヲナササル債權者ニ對シテハ共同訴訟ノ關係成立スルモノニアラサレハ此等ノ者ニ對シ其裁判ハ效力ヲ及ホササルハ論スルマテモナキ所ナリ。

差押債權者カ取立命令ノ趣旨ニ基キ第三債務者ニ對シ之カ履行ヲ求メス又訴ヲモ起スコトナクシテ其取立手續ヲ怠リタルトキハ執行力アル正本ニ因リ配當ヲ要求シタル各債權者ハ一定ノ期間内ニ取立ヲナスヘキコトヲ差押債權者ニ催告シ其催告效ナキトキハ執行裁判所ノ許可ヲ得テ自ラ取立ヲ爲スコトヲ得此場合ニハ右債權者等ハ前示ノ訴ヲ提起スルヲ得ヘシ（六二四條改七六〇條）。

乙　執行力アル正本ニ依ラサル配當要求

執行力アル正本ニ依ラサル配當要求債權者卽チ民法ノ規定ニ從ヒ配當ノ要求ヲナシ得ヘキ債權者カ配當要求ヲ爲ス爲メニハ其原因ヲ開示シ且ツ執行裁判所ノ所在地ニ住居ヲモ事務所ヲモ有セサ

ルトキハ假住所ヲ選定セサルヘカラス(六二〇條三項)。

債務者カ執行力アル正本ニ依ラスシテ配當要求ヲ爲シタル債權者アル旨ノ通知ヲ受ケタル場合ニハ五一九條ノ規定ニ從ヒ其通知アリタル日ヨリ三日ノ期間內ニ其債權ヲ認諾スルヤ否ヤヲ執行裁判所又ハ執達吏ニ申出ツヘキモノトス若シ債務者カ之ヲ認諾セサルトキハ債權者ハ之ニ對シ訴ヲ提起シ以テ其債權ヲ確定シタル上ニアラサレハ配當ヲ受クルコトヲ得サルモノトス(五九一條二項六二〇條二項)。

第四款　配當手續

第一項　汎　論

配當手續ハ動產ニ對スル强制執行ニ際シ差押金錢若クハ差押財產ノ賣得金カ配當ニ與カル各債權者ヲ滿足セシムルニ足ラサル場合ニ於テ債權者間ニ配當ノ協議調ハサル爲メ金額ヲ供託シタルトキ之ヲ爲スモノトス(六二六條改七六二條)差押金錢若クハ差押財產ノ賣得金カ各配當要求債權者ヲ滿足セシムルニ足ラサル場合ト雖モ若シ其配當割合ニ關シ債權者間ニテ商議調フ時ハ別段ノ手續ヲ要セサルモ之ニ反シ其協議調ハサルトキハ裁判上ノ配當手續ヲ必要トスルナリ蓋シ執達吏又

ハ第三債務者ノ意見ニ任カシ配當方法ヲ定ムルトキハ此等ノ者ヲシテ多數關係債權者間ニ爲ス所ノ配當ノ不當ニ因リ生スル危險ヲ負擔セシムルコトアルヘクシテ徒ニ重大ナル責任ヲ歸セシムル恐アルヘク若シ夫レ當事者ヲシテ自ラ配當ヲ實施セシメンカ或債權者殊ニ債權ノ完濟ヲ受クヘキ擔保ヲ有スル債權者執達吏及第三債務者ハ配當實施ニ付キ利益ヲ有セサルヲ以テ配當實施ニ必要ナル事情ヲ供給スルモノナクシテ到底正當ナル配當ヲ爲スコトヲ得サレハナリ此ヲ以テ配當手續ハ裁判所職權ヲ以テ之ヲ準備シ且ツ之ヲ實施スルモノトシタルナリ然レトモ債務者及總債權者ノ協議調フ時ハ裁判上ノ配當手續ハ中止又ハ廢止スヘキモノトス。配當財產ニ對スル各債權者ノ配當要求權ハ其債權者ノ債權者ニ於テ之ヲ差押ヘ取立又ハ轉付ノ命令ニ依リ自己ニ移付セシムルコトヲ得ヘシ。

第二項　條　件

配當手續ヲ施行スルニハ左ノ前提要件ナカルヘカラス

第一　動產ニ對スル强制執行ニ際シ配當ニ與カル多數ノ債權者アルコト

數多ノ債權者カ有體動產若クハ債權ヲ同時ニ差押ヘタルトキ（五八六條五九三條二項六一九條）

又ハ執行力アル正本ニ因リ若クハ民法ニ從ヒ配當ヲ要求シ得ヘキ債權者カ配當ヲ要求シタルトキ（五八七條乃至五九一條六〇二條六二〇條及六二一條）ハ是即チ配當ニ與カル多數ノ債權者アルモノト云フヘシ差押債權者中ニハ假差押債權者ヲ包含ス然レトモ其配當ハ債權ノ確定ヲ俟テ始メテ之ヲ爲スモノナルカ故ニ假差押債權者ハ條件付ニテ配當ニ加入スル權利アルモノト云フヘシ。差押債權者カ單ニ一人ナルトキハ配當手續ヲ要セサルコト論ヲ俟タス。五四九條若クハ五六五條ノ規定ニ依リ供託シタル金額ニ付キ其執行ヲ妨クル權利ヲ主張シ若クハ法定又ハ約定ノ優先權ヲ主張シ得ル者ハ茲ニ所謂配當ニ與カル債權者ニアラス此等ノ者ハ訴ヲ以テ管轄裁判所ニ其權利ヲ主張スヘキモノニシテ寧ロ之ニ因テ强制執行ヲ停止シ從テ配當手續ノ中止ヲ求ムルモノトス。

第二　配當ヲ受クル債權者ノ爲メニ金額ノ供託アルコト

金額ハ競賣期日又ハ金錢差押ノ日ヨリ十四日ノ期間內ニ執達吏ヨリ之ヲ供託スヘク又ハ第三者ヨリ之ヲ供託スヘキモノトス（五九三條六二六條）而テ執達吏若クハ第三債務者カ供託セサルトキハ債權者ニ於テ執達吏ニ對シ五四四條ニ依リ執行方法ニ對スル異議ヲ主張シ得ヘク又第三債務者ニ對シテ六二三條ニ依リ訴ヲ以テ供託ノ義務ヲ履行セシムルコトヲ得ヘシ金額ノ供託ハ最初五九三條（六二一條）ノ規定ニ從ヒ之ヲ爲シタルヤ否ヤハ重要ナル意義ヲ有スルモノニアラス金額ノ

供託ハ五四九條末段ニ依リ爲シタル場合ニ於テ多數債權者ニ對スル異議訴訟カ全部又ハ一部却下セラレタルトキハ更ニ新ナル供託ヲ要セサルナリ五一三條ノ規定ニ從ヒ供託シタル場合ニ於テ被告ノ敗訴カ確定シタル場合亦同シ。

執達吏ハ數多ノ債權者ノ爲メ同時ニ金錢ヲ差押ヘタルトキ之ヲ以テ各債權者ヲ滿足セシムルニ足ラサル場合ニ於テ供託ヲ爲スヘシ（五九三條二項）ト雖モ第三債務者ハ之ニ反シ金額カ總債權者ヲ滿足セシムルニ十分ナル場合ニ於テモ尙ホ供託スルコトヲ得ヘシ（六二一條）此場合ニ於テ各債權者ハ配當手續ニ依ルコトナク區裁判所ノ命令ヲ以テ供託金額ヨリ辨濟ヲ受クヘシ而テ殘餘金額ハ債務者ニ交付スヘキモノトス。

第三　配當ニ付キ債權者間ニ協議調ハサルコト

配當方法ニ付キ各債權者間ニ協議調ヒタルトキハ其協議ニ基キ差押ニ依リテ得タル金錢ヲ授受スルヲ以テ足ル各債權者ハ之ニ因リ執行上ノ滿足ヲ得ルカ故ニ特ニ裁判上ノ手續ヲ俟ツ要ナシ然レトモ配當ニ與カル各債權者ノ主張スル請求ノ存在若クハ數額又ハ其主張ニ係ル優先權ニ付キ爭アルトキハ是レ即チ配當方法ニ付キ債權者間ニ協議調ハサルモノト云フヘキヲ以テ執達吏（第三債務者）ハ金錢ヲ供託シテ事情ヲ屆出テ配當手續ヲ開始セサルヘカラス。

叙上ノ條件具備スルトキハ配當手續ハ法律上當然開始スルモノトス故ニ配當裁判所カ爲ス手續命令ハ單ニ法定條件ヲ確認スルニ過キサルナリ此ヲ以テ配當手續ノ法定條件存スル場合ニ於テハ關係ノ各債權者間ノ優劣ノ爭ハ獨リ此手續ニ依リテノミ（六三三條改七六八條）解決シ得ヘシ而テ他ノ方法ニ依リ優先權ヲ爭フ訴ハ訴訟法上不適法トシテ却下スヘキナリ故ニ該訴訟並ニ之ニ基ク判決ハ配當手續ニハ影響アラサルナリ。

配當裁判所カ手續ノ開始ヲ却下シタルトキハ債權者ハ即時抗告ヲ爲スコトヲ得ルモ第三債務者ハ之ヲ爲スコトヲ得ス何トナレハ第三債務者ハ供託ニ依リ免責セラルルカ故ニ利害關係ヲ有セサレハナリ。

第三項　配當手續ノ管轄裁判所

配當手續ヲ管轄スル裁判所ハ區裁判所ナリ（五四三條）配當手續ノ條件具備スルトキハ管轄區裁判所ハ金額ノ供託アリ且ツ情況ニ付テノ屆出ヲ受ケタル後（五九三條六二一條改七二〇條七四三條ノ決定ヲ以テ職權ニ依リ關係アル各債權者ニ債權ノ計算書ヲ差出スヘキ旨ヲ催告セサルヘカラス而テ此催告ハ五九三條六二一條等ニ依リ情況ノ屆出ヲ受クヘキ裁判所之ヲ爲スヘキモノトス果

シテ然ラハ金額ノ供託ニ關スル情況届出ヲ受クヘキ執行裁判所ハ配當手續ヲ管轄スル裁判所ナリト云ハサルヘカラス情況ノ届出ハ差押命令ヲ最初ニ送達セラレタル裁判所ニ對シ專ラ之ヲ爲スヘキモノナレトモ其裁判所ハ差押ニ付キ管轄權ヲ有スルヤ否ヤハ措テ問ハサルナリ假差押手續ニ付テ最初ニ送達セラレタル差押命令カ上級裁判所ヨリ發セラレタルモノナル時ハ該裁判所ニ情況ノ届出ヲ爲サヽルヘカラス然レトモ配當手續ハ區裁判所ニ專屬スルモノナルカ故ニ該裁判所ハ記錄ヲ管轄內ノ區裁判所ニ送付スヘキモノトス。

執達吏又ハ第三債務者ヨリ五九三條若クハ六二一條ノ規定ニ從ヒ事情届出ヲ差出ストキハ執行裁判所ハ此届出ニ基キ何人カ配當上ノ關係債權者ナルカヲ知リ其債權者ニ對シ六二七條（改七六三條）ニ依リ職權ヲ以テ催告ヲ爲スヘキモノトス而テ債權者カ直接ニ執行裁判所ニ届出ヲ爲スコトヲ許サヽルナリ。

催告ハ區裁判所ノ決定トシテ職權ヲ以テ送達シ此送達アリタル日ヨリ起算シ七日ノ期間內ニ債權ノ計算書ヲ差出スヘキ旨ヲ命スルモノトス而テ此期間內ハ法律上ノ期間ナルヲ以テ之ヲ伸縮スルヲ得ス（二七〇條三項）然レトモ該期間ヲ懈怠スルモ失權ノ效果ヲ生スルコトナシ。

債權ノ計算書ニハ元金利息費用其他附帶ノ債權ヲ計上スヘキモノトス計算ハ書面ヲ提出シ若クハ

裁判所書記ノ調書ニ之ヲ明ニスルコトヲ得而テ配當手續ハ利息ヲ生スルコトヲ止ムヘキモノニアラス又茲ニ所謂費用ハ勿論强制執行ノ費用及配當手續ノ費用ヲ包含スルモノトス然レトモ各債權者カ配當手續ニ關與スルニ因リテ生シタル費用ハ破產手續參加費用ノ如ク計算書ニ計上スヘキモノニアラス又債權者カ優先ノ辨濟ヲ求ムル權利ヲ有スル時ハ之ヲ債權ノ計算書ニ揭ケ其優先辨濟ノ申出ヲ爲スヘキナリ。

第四項　配當表ノ作成

六二七條ノ七日ノ催告期間カ總テノ關係債權者ニ對シテ滿了シタルトキハ執行裁判所ハ各債權者カ債權ノ計算書ヲ差出シタルト否トニ拘ラス口頭辯論ヲ開カス職權ヲ以テ配當表ヲ作成スヘキモノトス(六二八條一項改七六四條一項)配當表ニ計上スル債權ハ配當表ヲ作成スルマテニ各債權者ノ差出シタル債權ノ計算書ニ據ルヘキモノナルモ七日ノ期間內ニ債權ノ計算ヲ差出ササル債權者ノ債權ニ付テハ配當要求並ニ執達吏若クハ第三者ノ提出シタル屆書ノ趣旨（五九三條三項六二一條三項）及其證據書類ニ依リ之ヲ計算シ配當表ヲ作ルヘキモノトス而テ配當表ハ之ヲ作成スル裁判官カ書記課ニ之ヲ交付スルニ因リ完成スルモノニシテ此時ニ至ルマテハ計算書（七日ノ期間經

過後ニ於テモ）ヲ獨リ追完シ得ルノミナラス亦曩キニ提出シタル計算書ヲ補充シ訂正スルコトヲ得ヘシ然レトモ配當表作成後ニハ最早債權額ノ補充ヲ許サス（六二八條二項改七六四條二項）。

配當表カ完成シタルトキハ各債權者及債務者ニ閲覽セシムル爲メ遲クモ六二九條一項ノ期日ノ三日前ニ裁判所書記課ニ之ヲ備ヘ置クモノトス（六二九條二項）是他ナシ配當表ニ對スル異議ハ右期日マテニ申立ヲナサシムルモノナルカ故（六三〇條一項改七六六條一項）其配當ニ關シ利害ヲ有スル者ヲシテ豫メ配當ノ方法ヲ知ラシメ因テ以テ配當期日マテニ其準備ヲ爲サシムルニ在リ夫レ然リ配當表ノ備置ニシテ既ニ斯カル目的ニ出ル以上ハ裁判所カ配當表ノ備置ヲ延滯シ若クハ之ヲ爲サヽルモ之カ爲メ各債權者ニ配當手續ヲ無效トシテ攻擊スルノ權ヲ得セシムルモノニアラス唯各關係人ニ配當期日ノ延期ヲ申出ルノ理由ヲ與フルニ過キサルノミナリ。

執行裁判所ハ計算書ノ屆出及其憑據書類ニ依リ配當表ヲ作ルヘキモノナルカ故ニ之ヲ作ルニ際シ請求權ノ實體的審査ヲ爲スコトヲ許サス然レトモ違算其他之ニ類スル著シキ誤謬ハ之ヲ更正スルコトヲ得又債權ノ優先關係ノ如何ニ關シテハ執行裁判所ハ職權ヲ以テ之ヲ調査セサルヘカラス。

假差押債權者ハ配當表作成ニ付テ顧慮セラルヘキ債權者ナリ然レトモ配當實施ノ期日ニ至リ尙ホ確定セサルトキハ其配當額ヲ供託スヘキモノトス。

配當表ヲ作成スルニ當リ總債權者ノ利益ノ爲メニ要シタル費用ハ先ツ配當額ヨリ之ヲ控除シ其殘額ニ付キ各債權者ニ配當スヘキ額ヲ定ムヘキモノトス供託費用。競賣費用等ノ如キハ共益費用ニシテ配當額ヨリ控除スヘキモノナルモ各債權者カ執行ヲ爲シ及ヒ配當手續ニ加入スルコトニ因リ生シタル費用ハ主タル債權ト共ニ配當ヲ爲スヘキモノトス。

第五項　配當期日

裁判所ハ職權ヲ以テ配當表ニ關スル陳述及配當實施ノ爲メ期日ヲ指定シ其期日ニハ各債權者及債務者ヲ呼出スヘキモノトス而テ債權者ノ所在明カナラスシテ公示送達ヲ爲スヘキトキ又ハ外國ニ在ルトキト雖モ尙ホ之ヲ期日ニハ呼出サヽルヘカラサルモ債務者ノ所在明カナラサルトキ又ハ外國ニ在ルトキハ呼出ヲ爲スコトヲ要セス(六二九條一項改七六五條一項)。

配當表ニ關スル陳述及配當實施ノ爲メニ定メタル期日ハ各關係債權者カ裁判所ノ作成シタル配當表ノ實施ニ同意スルカ又配當表ニ對シテ異議ヲ申立ツルヤヲ明カニスルコトヲ目的トスル辯論期日タルノミナラス各關係人ヲシテ訴訟ヲ俟タス異議ニ係ル爭ヲ卽時ニ解決スル機會ヲ與フル爲メニ開クヘキモノナリトス。

配當期日ニ於テ異議ノ申立ナキトキハ裁判所ハ配當表ニ從ヒテ其配當ヲ實施ス（六三〇條一項）。異議ノ申立アルトキハ各關係債權者カ異議ヲ正當ナリト認ムルトキ又ハ他ノ方法ニ於テ合意スルトキハ裁判所ハ之ニ從ヒ配當表ヲ更正シ配當ヲ實施スヘシ。

（一） 配當表作成ニ付キ遵據スヘキ手續規定ノ違背ヲ攻擊スヘキトキニハ配當表ヲ以テ執行裁判所ノ裁判ノ性質ヲ有スルモノトシテ五五八條ニ依リ不服ヲ申立ツヘキナリ抗告期間ハ期日ト共ニ始マル配當表ニ依リ配當財團ヨリ配當ヲ受クヘキ債權者ヲ相手方トス此等ノ債權者カ不利益ナル裁判ヲ受ケタルトキハ更ニ抗告ヲ爲スコトヲ得然レトモ此抗告ヲ爲スニハ債權者カ法規ヲ遵守スルニ付キ利益ヲ有スルコトヲ前提要件トスルナリ故ニ斯カル利益ヲ有セサル場合例ヘハ債權者カ配當財團ヨリ配當ヲ受クヘキ事情ノ毫モ存セサルトキハ其抗告ハ不適法トシテ却下スヘキナリ。債權者カ屆出債權ヲ全然配當表ニ揭上セラレサルトキ又ハ其額カ屆出金額ヨリ少ク揭上セラレタルトキニモ亦抗告ヲ爲スコトヲ得ヘシ此場合ニ於テ異議ノ申立ニ付キ對象ナキナリ。

（二） 債務者カ配當表ニ對シ個々ノ債權ノ揭上及順位ニ付キ異議ヲ述ヘ從テ其債權ノ執行ヲ爭ハントスルニハ五四五條五四六條ニ依リ配當手續以外ニ於テ訴訟ヲ爲サヽルヘカラス債務者カ此訴ノ方法ニ依リ執行ノ停止ヲ求メ個々ノ債權ニ關シ配當表ノ實施ヲ妨ケ得ルノミ配當手續ニ於テ債

務者カ債權ノ斟酌若クハ順位ニ對シテ爲シタル異議ハ債權調査會ニ於ケル債務者ノ異議ノ如ク全然顧慮セラルルコトナシ故ニ債務者ハ何等ノ訴權ヲ有セサルナリ然レトモ債權者カ順位ヲ爭フ訴訟ニ於テ參加スルヲ得ヘシ何トナレハ配當手續ハ財團ノ不十分ナルコトヲ前提トスルカ故ニ債務者カ如何ナル人カ財團ヨリ辨濟ヲ受ケタルカニ付キ利害關係ヲ有スレハナリ。

(三) 第三者カ財團ノ支拂ニ對シ五四九條、五六五條ニ依リテ爲ス異議ハ配當手續以外ニ於テ存ス。

(四) 形式上適法ニ作成セラレタル配當表ニ對シ實體法ニ依ル異議ハ獨リ債權者ノミ之ヲ申立ツルコトヲ得(六三〇條)異議申立ノ方法ニ付キ法律ハ何等定ムル所ナシ故ニ債權者ハ期日ニ於テ又ハ期日以前ニ於テ口頭又ハ書面ヲ以テ異議ヲ申立ツルコトヲ得ヘシ又異議ヲ申立ツルニ特ニ理由ヲ付スル要ナシ唯債權者ハ配當表ヲ如何ナル方法ヲ以テ變更スヘキカヲ明白ニシタル以上ハ配當表ニ對スル不滿足ヲ概括的ニ表示スレハ足ル故ニ例ヘハ債權者ハ配當表ニ掲ケタル他ノ債權者ノ債權ノ斟酌ニ付キ異議ヲ述ヘ若クハ其債權ニ對シ劣等ノ順位ヲ主張シ又ハ自己ノ債權ノ額ヲ增加シ若クハ優先ノ順位ヲ求ムルヲ以テ足ルモノトス夫レ如此異議ノ申立ハ理由ヲ付スル要ナキヲ以テ債權者カ異議ヲ申立ツルニ當リ主張シタル異議ノ理由ハ六三三條ノ訴ヲ提起スルニ當リ債權

者ヲ拘束スルモノト云フコトヲ得サルナリ(破二四七條參照)。
異議ノ申立ハ債權者ハ之ニ依リ從前ニ比シ有利ノ滿足ヲ求メ得ルコトヲ以テ要件トセサルヘカラス故ニ優先ノ地位ニ在ル債權者ハ次順位ニアル債權者ノ斟酌ニ付キ異議ヲ申立ツルコトヲ得サルモノト云ハサルヘカラス。

執行裁判所ハ異議ノ申立アリタル場合ニ於テ實體的審査ヲ爲スヘキモノニアラス其申立ヲ理由ナシトシテ却下スルハ手續規定ニ違背スルモノト云フヘシ寧ロ期日ニ於テ異議ニ關シ辯論セシメ且ツ異議ニ關係アル他ノ債權者ノ異議ヲ正當ト認ムルヤ否ヤノ陳述ヲ爲スコトヲ促ササルヘカラス(六三一條一項改七六六條二項)茲ニ所謂異議ニ關係アル債權者トハ配當手續ニ關係アル總テノ債權者ヲ指スニアラスシテ唯單ニ異議カ理由アリシ場合ニ請求ノ滿足カ其異議ニ依リ全部又ハ一部妨ケラルヘキ債權者ノミヲ謂フ故ニ異議ノ申立ヲ爲シタル債權者ヨリ自己ノ債權ノ存在若クハ其數額又ハ其優先權ニ付キ爭ヲ受ケタル債權者ノミナラス又異議ノ申立ヲ爲シタル債權者カ其債權額カ增加セラレ又ハ優先權ノ主張ヲ認メラルルコトニ依リ自己ノ債權ノ配當額ニ不利益ナル影響ヲ受クヘキ債權者モ共ニ何レモ異議ニ關係アル債權者ナリト云フヘシ。

債權者カ期日ニ出頭セサルトキハ配當表ノ實施ニ同意シタルモノト看做ス(六三二條一項改七六

七條一項前段）期日前其書面ヲ以テ異議ノ申立ヲ爲シタル債權者カ期日ニ出頭セサルトキ亦同シ故ニ此等ノ債權者ハ該推定ニ依リ後日配當表ノ實施ニ付キ異議ヲ申立ツル權利ヲ喪失スルモノト云ハサルヘカラス而テ法律ハ此不利益ヲ除クヘキ何等ノ方法ヲ設クルコトナシ。

債權者期日ニ出頭セサル場合ニ於テ其債權者カ他ノ債權者ヨリ申立テタル異議ニ關係ヲ有スル時即チ若シモ異議カ理由アリシトキハ請求ノ滿足カ全部又ハ一部妨ケラルルモノナルトキハ其債權者ハ異議ヲ正當ナリト認メサルモノト看做ス（六三二條二項改七六七條二項）即チ該債權者ハ異議ヲ爭ヒタルモノト看做サルカ故ニ配當表ニ同意シタルト同一ノ結果ヲ生スルモノト云ハサルヘカラス他ノ債權者ヨリ申立テタル異議ニ關係ヲ有スル債權者カ期日ニ於テ異議ヲ正當ト認ムルヤ否ヤノ陳述ヲ爲ササルトキ亦同シ。

異議ニ關係アル債權者カ異議ヲ正當ト認メ又ハ他ノ方法（例ヘハ和解）ニ於テ合意スルトキハ之ニ從ヒ配當表ヲ更正シ配當ヲ實施スヘキナリ（六三二條一項改七六六條二項）然レトモ關係債權者カ異議ヲ正當ト認メス又ハ協議調ハサルトキ即チ異議完結セサルトキニモ尚ホ異議ナキ部分ニ限リ配當表ニ從ヒ配當ヲ實施スヘキナリ（六三一條二項改七六六條二項末段）而テ其完結セサル異議アル部分ニ相當スル配當額ハ供託シ置キ六三三條ニ定ムル期間ノ懈怠又ハ同條ニ定ムル訴訟ノ結

果ヲ俟チ配當ヲ實施スヘキナリ夫レ如此異議ノ完結セサル限リハ其完結セサル異議アル部分ニ相當スル配當額ハ配當表ニ依リ配當ノ實施ヲ爲スヘカラサルヲ以テ異議ハ配當表ノ實施ヲ停止スルモノト云ハサルヘカラス。

期日ノ辯論ノ結果ニ從ヒ配當裁判所ハ各爭アル債權ニ付キ關係債權者ノ何人ニ總額ヲ配當スヘク決定シ且ツ同時ニ異議申立債權者トシテ訴ヲ提起スヘキ者ヲ表示スヘキナリ叙上ノ事ニ關シ關係債權者カ合意シタルトキハ裁判所ハ其合意ヲ斟酌セサルヘカラス。

配當表ノ實施ニ依リ配當手續ハ終了スルモノトス而テ其後ハ異議ノ申立ヲ許サス之カ爲メ配當表ヲ爭ハサル債權者ハ事實上配當ヨリ除斥セラルルモノト云ハサルヘカラス何トナレハ斯カル債權者ニ對シテハ爾後ノ手續ニ於テ請求滿足ノ目的物ヲ殘スコトナケレハナリ。供託中ニ繋ル所ノ爭アル金額ニ關シテモ亦同シ而テ後日新配當表作成及他ノ方法ニ於テ配當手續ヲ命セラルルモ前キニ開カレタル配當期日ニ於テ異議ヲ申立テサル所ノ債權者ノ權利ハ假令優先權ヲ有シタリトスルモ最早斟酌セラルルコトナシ。

第六項　異議訴訟

配當期日ニ於テ債權者カ配當ニ異議ヲ申立テタルトキ其異議カ承認若クハ和解ニ依リ完結セサル場合ニ於テ其配當表ノ實施ヲ妨クル爲メニ訴ヲ提起シ且其旨ヲ該配當期日ヨリ七日ノ期間內ニ裁判所ニ證明セサルヘカラス（六三三條改七六八條一項）。

1 原告

此異議ノ訴ハ配當期日ニ於テ配當表ニ對シ異議ヲ申立テタル債權者ニ限リ原告トシテ適格ヲ有スルモノトス此訴ハ配當ノ實施ヲ妨クルニ在ルヲ以テ配當手續カ終了スルコトナク且ツ原告カ未配當財團ヨリ配當ヲ受ケ得ヘキコトヲ前提トセサルヘカラス此ニ於テ債務者又ハ第三者ハ原告タルノ適格ヲ有セス獨リ異議ヲ申立テタル債權者ノミ原告トシテ異議訴訟ヲ提起シ得ル所以ナリトス。

異議申立人ハ相手方ト合意シテ其者ニ原告タルノ地位ヲ與フルコトヲ得ス何トナレハ六三三條ニ異議ヲ申立テタル債權者ハ訴ヲ起シタルコトヲ裁判所ニ證明スヘシト規定スルヲ以テ原告ノ地位ハ法文上確認セラレアルヲ以テ當事者ニ於テ之ヲ變更シ得ルモノト爲スヘカラサレハナリ故ニ異議ヲ申立テラレタル者カ異議ヲ申立テタル者ニ對シ訴ヲ提起シタル場合ニハ異議申立人ハ關係債權者ニ對シ訴ヲ起シタル旨ノ證明ヲナスコト能ハサルヘク從テ此場合ニハ配當表ノ實施ヲ甘ンセ

サルヘカラス此當事者ノ地位ヲ顚倒シタル訴訟ハ六三三條ノ要件ヲ具備セス且ツ配當表ノ實施ヲ妨クルコトナキモ之カ爲メニ訴ヲ却下スヘキモノニアラス何トナレハ異議申立人ハ其異議ノ遂行ヲ强要セラレサルノミナラス又訴ノ提起ヲ異議ノ相手方ニ放任スルコトニ依リ配當手續ヲ完結セシムルハ其自由トスル所ナレハナリ而テ此訴訟ハ配當手續外ニ於テ爲スヘキ獨立ナル訴訟ニシテ總則ノ規定就中一〇條以下裁判籍ニ關スル規定ヲ適用スヘキモノトス。

2 被告

異議ノ訴ハ異議申立人ノ異議ヲ理由アリト認メサル限リ總テノ關係債權者ヲ被告トシテ提起スヘキモノトス即チ配當表ノ實施ニ同意シタルモノ若クハ六三二條一項ニ從ヒ同意シタルモノト看做スヘキ債權者ハ此訴ノ共同被告タルナリ異議ノ訴カ此等關係債權者ノ各個ニ對シテノミ提起シタルトキハ其訴ハ配當手續ニ對シテハ無意味ナリ然レトモ之カ爲メニ訴ハ不適法トナルコトナシ又數多ノ債權者カ同一原因ニ基キ異議ヲ申立テタル限リ四八條ニ依リ共同訴訟人トシテ訴ヲ爲スコトヲ得。

3 期間

異議ヲ申立テタル債權者ハ七日ノ期間內ニ獨リ訴ヲ提起セサルヘカラサルノミナラス尙ホ訴ヲ提

起シタルコトヲ配當裁判所ニ證明セサルヘカラス而テ此證明ハ書面又ハ口頭ヲ以テ之ヲ爲シ得ヘキモノナレトモ其最モ簡單ナル方法ハ期日呼出狀ヲ提出スルニ在リ期間ハ既ニ配當期間前ニ於テ異議ノ申立アリシトキニモ配當期日ト共ニ始マルヲ通例トス然レトモ異議ハ顧慮セラレサルカ爲メニ抗告カ有效ニ提起セラレタルトキハ配當表ヲ補充シタル日ヲ以テ標準トス期間ハ一六六條ニ從ヒ計算ス此期間ハ法律上ノ期間ナルヲ以テ關係債權者ノ合意ノ申立ニ因ル外一方ノ申立ニ因リ又ハ職權ヲ以テ裁判所之ヲ延長スルヲ得ス而テ期間ノ經過ニ對シ原狀回復ヲ許サス蓋シ此期間ハ不變期間ニアラサレハナリ。

異議ヲ申立タル債權者カ期間內ニ訴ヲ提起シタル旨ノ證明ヲ申出テタルトキハ配當裁判所ハ異議申立人カ訴ヲ適當ナル時期ニ於テ管轄裁判所ニ提起シタルヤ且ツ其訴ハ申立タル異議ニ該ルカ否カヲ審査セサルヘカラス配當裁判所カ之ヲ正當ナリト認メタルトキハ六三八條ニ從ヒ判決カ確定スルニ至ルマテ異議アル部分ニ付キ配當ノ實施ヲ猶豫セサルヘカラス然レトモ若シ異議ヲ申立テタル債權者カ其期間ヲ徒過シ遂ニ證明ヲ爲ササルトキハ裁判所ハ異議ニ拘ラス配當表ヲ實施スヘキモノトス（六三三條末段改七六八條二項）是蓋シ期間ノ結果ナキ經過ハ法律ニ依リ異議カ完結シタルモノト看做ス效果ヲ有スルカ故ニシテ之カ爲メ配當表ハ異議申立人ノ優先權ニ拘ラス實施

スヘキナリ而テ此實施ハ現實ニ支拂ヲ爲サヽル內適當ナル時期ニ訴ヲ提起シタルコトノ證明カ追完セラルルコトニ依リ妨ケラルルコトナシ但シ未タ支拂ナキ間ニ異議カ判決和解等ニ依リ終局的ニ理由アリト宣言セラレタルトキハ之カ例外ヲナスモノニシテ此場合ニハ配當表ハ之ニ應シテ訂正スヘキナリ。

4 期間ノ經過

異議ヲ申立テタル債權者カ期間內ニ訴ヲ提起シタル旨ヲ證明セサルトキハ財團ニ對シ配當加入ヲ爲スコトヲ得サルモ其實體權ヲ喪失スルコトナシ蓋シ該證明ノ懈怠ハ訴訟進行ノ秩序ヲ紊ルニ過キサルヲ以テ單ニ訴訟上ノ不利益ヲ蒙ルニ止マリ其實體權ニ影響ヲ及ホスモノニアラサレハナリ故ニ斯カル債權者ハ既成ノ配當表ニ依リ配當ヲ實施セラルルト雖モ之カ爲メ配當表ニ從ヒテ配當ヲ受ケタル債權者ニ對シ優先權ヲ主張スル權利ヲ失フヘキモノニアラサルヲ以テ其配當ニ依リ全額ヲ取得シタル債權者ニ對シ更ニ訴ノ方法ニ依リ優先權ヲ主張スルコトヲ得ヘキモノトス（六三四條）玆ニ所謂優先權ヲ主張スルトハ之ヲ主張スル債權者カ配當ニ加入セハ他ノ債權者カ財團ヨリ全然配當ヲ受クルコト能ハサルカ又ハ配當表ヨリモ少ク配當セラルルニ至ルヘキコトヲ主張スルコトノ謂ニシテ畢竟自己ノ實體權ヲ主張シ不當ニ配當ヲ受ケタル債權者ニ之レカ返還ヲ請求ス

リ爲スヘキモノトス。

ルニ外ナラサルナリ而テ此優先權ノ主張ハ配當手續外ニ於テ一般原則ニ從ヒ殊ニ通常裁判籍ニ依リ爲スヘキモノトス。

配當表ニ對シ適法ニ異議ヲ述ヘタル債權者カ異議ノ訴ヲ全然提起セス又ハ訴ヲ提起シタルモ期間ニ後レ若クハ證明セサル場合ニ於テ配當ヲ受ケタル債權者ニ對シ特別ノ訴ヲ以テ優先權ヲ主張スルコトヲ得ルト雖モ明カニ配當表ヲ正當ナリト認メ若クハ異議ヲ取下ケ又ハ六三七條ニ從ヒ異議ヲ取下ケタルモノト看做サレタル債權者及異議ノ訴ヲ確定的ニ理由ナシト却下セラレタル債權者ハ此訴ヲ爲スコトヲ得ス何トナレハ此等ノ場合ニ於テ配當表ハ配當期日ニ於テ各關係人ノ合意ニ依リ實施スルニ至リシ如ク取扱フヘキモノナルカ故ニ債權者一旦異議ヲ申立テタルモ其優先權ヲ主張スル權限ヲ失フヘキモノナレハナリ。

配當表ニ異議ヲ述ヘサル債權者ハ六三二條一項ニ從ヒ配當表ノ實施ニ同意シタルモノト看做サルル之ニ對シテ故障若クハ原狀回復ノ申立ヲ許ササルヲ以テ此效果ヲ排除スヘキ途ナシ然レトモ之カ爲メニ異議ヲ述ヘサル債權者ハ別ニ訴ヲ以テ優先權ヲ主張スル權利ヲ喪失スルモノト云フコトヲ得サルナリ Falkmann ハ異議ヲ述ヘサル債權者ハ異議ヲ取下ケタル債權者ノ如ク配當表ノ實施ニ同意シタルモノト看做スヘク而テ法律上兩者ノ間ニ區別存スルコトナキヲ以テ六三七條ニ從ヒ後

者ニ科スヘキ不利益ハ前者ニモ亦該ルヘキモノナリト云フモ非ナリ六三二條ニ期日ニ出頭セサル債權者カ配當表ノ實施ニ同意シタルモノト看做ストハ一ノ擬制ニシテ其債權者カ異議ニ依リ配當表ノ實施ヲ妨クル權利ヲ喪失スルニ在リト解スヘキナリ故ニ其效果ハ訴訟法上ノ失權ノ效力ヲ生スルモノニシテ實體法上ノ法律關係ニ何等ノ影響ヲ及ホスモノニアラサルナリ既ニ期日ニ出頭セサル債權者ニシテ然リトセハ期日前裁判所ニ異議ヲ申立テサル債權者モ亦同一ノ推定ヲ受ケサルヘカラス此解釋ハ六三三條ニ鑑ミ正當ナリト云ハサルヘカラス何トナレハ同條ハ法定期間ノ懈怠ハ異議ノ訴カ恰モ提起セラレサルト同一ナル訴訟法上ノ狀態ヲ生セシムルニ過キス此場合ハ債權者カ期日ニ出頭セス及期日前裁判所ニ異議ヲ申立テサル場合ト同シク配當表ハ實施スヘシ雖モ實體法上失權ノ效果ヲ發生スルコトナシ果シテ然ラハ後者モ亦訴訟行爲ノ懈怠ニ外ナラサレハ之カ爲メニ實體法上影響ヲ及ホスモノニアラスト爲スヲ以テ正當トナセハナリ特ニ異議ヲ申立テサルコトハ債權者ニ對シ偶然ニシテ且ツ其責ニ歸スヘカラサル訴訟上ノ不作爲タルコトアルヘシ而テ之カ爲ニ救濟ノ餘地ヲ有セサル失權ノ效果ヲ發生セシムルハ配當手續ノ目的並ニ範圍ヲ踰越スルモノト云フヘシ故ニ配當表ノ實施ニ同意シタルト看做ストハ其配當表ニ揭ケタル實體權ヲ承諾シタルモノトナスヘキニアラス唯懈怠ノ效果トシテ配當財團ニ參加スル權利ヲ喪失セシムルヲ以テ

十分ナリト云ハサルヘカラス。

5 管轄

異議ヲ申立テタル債權者ノ訴ニ付テハ配當裁判所之ヲ管轄ス（六三五條一項改七六九條一項）茲ニ配當裁判所トハ差押金錢賣得金又ハ債務額ノ供託ト共ニ情況ノ屆出アリタル區裁判所ノ謂ニシテ（五九三條六二一條六二七條）本法ニ所謂執行裁判所ナリ（五四三條）此裁判籍ハ六三三條ニ從ヒ配當手續ヲ完結スル訴ニ付テノミ存スルモノニシテ債務者第三者若クハ異議ヲ申立テラレタル債權者ノ訴ヲ管轄スルコトナシ然レトモ六三三條ノ期間內ニ提起シタル訴ナル以上ハ爾後起訴ノ證明ヲ爲サス從テ該訴ハ配當手續自體ニ關シ效果ナキニ至リシ故ヲ以テ管轄ヲ變動スルモノニアラス但シ此場合ニ於テハ異議ニ拘ラス配當ヲ實施スヘキモノナルカ故ニ配當表ノ變更ヲ求ムル異議ノ訴ハ對象ナキモノト云ハサルヘカラス又配當手續カ事實上管轄區裁判所以外ノ區裁判所ニ繫屬スルトキハ此異議訴訟ノ管轄ニ付テハ事實上其配當手續カ繫屬スル區裁判所ヲ以テ標準トスヘキモノトス（一九二條二項）此裁判籍ハ專屬ナリ（五六三條）然レトモ異議ノ訴ト他ノ請求（例ヘハ支拂ヲ目的トス）トカ同一裁判籍ヲ有シ且ツ同種ノ訴訟ナルトキハ併合スルコトヲ妨ケサルナリ。

事物ノ管轄ハ總則ノ規定ニ依リ定マル從テ異議ノ價格五百圓以上ナルトキハ地方裁判所之ヲ管轄ス此場合ニ於テ訴訟物ノ價額ハ異議申立人ノ債權額若クハ不足額カ標準トナルモノニアラスシテ異議申立人カ配當表ニ掲クルヨリ有利ノ配當ヲ求メタル額即チ配當表ノ變更ニ依リ受クヘキ利益ヲ標準トシテ之ヲ定ムヘキモノナリ又之ヲ算定スルニハ配當期日ノ時價ニ依ルヘキモノトス若シ數個ノ異議ノ訴カ提起セラルヘキ場合ニ於テ一ノ訴カ地方裁判所ノ管轄ニ屬スルトキハ裁判ノ統一ヲ圖ル爲メ地方裁判所ハ其他ノ訴ヲモ併セテ之ヲ管轄シ以テ異議ヲ完結スヘキモノトス（六三五條改七六九條二項）此ヲ以テ異議ノ訴ヲ提起セントスル債權者ハ期日ニ於ケル各債權者ノ申立ニ徵シテ他ノ債權者中地方裁判所ノ管轄ニ屬スル異議ノ訴ヲ提起スヘキ場合ナルヤ否ヤヲ調査スル必要アリト云フヘシ然レトモ此管轄ニ付テハ地方裁判所ノ管轄ニ屬スヘキ異議ヲ述ヘタル債權者カ訴ヲ提起シタルト否トハ問フ所ニアラス而テ此場合ニ於テモ亦其異議ノ訴訟物ノ價格カ地方裁判所ニ屬スヘキヤ否ヤノ標準ハ配當期日ニ於テ異議ヲ述ヘタル額ニ依ルヘキモノニシテ後日五百圓以下ニ異議ヲ減縮スルモ裁判籍ニ變更ヲ來スヘキモノニアラス又數個ノ訴ノ提起アルトキ受訴裁判所ニ於テ一二〇條ニ依リ其併合ヲ命スルコトヲ得ヘシ。

右述ヘタル裁判籍ハ元來專屬ノモノナリト雖モ（五六三條）各債權者カ總テノ異議ノ訴ニ付キ配

當裁判所ノ裁判ヲ受クヘキ旨ヲ合意シタルトキハ縱令其訴訟物ハ地方裁判所ノ管轄ニ屬スヘキモノニ在リテモ尙配當裁判所ニ於テ之ヲ管轄スヘキモノトス（六三五條改七六九條二項但書）此管轄裁判所ノ變更ハ原告トシテ若クハ被告トシテ異議ノ何レカニ關係スル總債權者ノ明示若クハ默示ノ同意アルコトヲ必要トスルナリ何トナレハ右債權者ノ各自ニ對シ法定管轄ノ變更カ關ハレハナリ又管轄變更ノ合意ハ總テノ異議ニ付キ之ヲ爲サヽルヘカラス否ラサレハ裁判ノ統一ヲ害スヘケレハナリ此前提ノ下ニ關係人カ本來管轄權アル配當裁判所ノ代リニ地方裁判所ニ總テノ異議ノ裁判ヲ求ムルコトハ毫モ妨ケトナラスト論スルモノアリ（Falkmann）何トナレハ法律カ單ニ反對ノ場合ノミヲ揭ケタレハトテ之カ爲メニ法律ハ關係人ニ其場合ノミニ制限セシメントシタルトノ結論ヲ生スルコトナケレハナリト云フニ在リ暫ク疑問トシテ待ツヘシ。

6　異議ノ理由

異議申立人ハ異議ノ理由ヲ述フル義務ナシ又期日ニ於テ異議ノ理由ヲ述ヘタリトスルモ之カ爲メ異議ノ訴ヲ其他ノ理由ヲ以テ維持スルコトヲ妨ケラルルコトナシ然レトモ異議ノ理由ハ提起シタル異議ヲ正當ナリトスヘキモノナルカ故ニ既ニ配當期日ノ時ニ於テ生シタルモノナラサルヘカラス從テ其後ノ事實ハ異議ノ理由トシテ提出スルコトヲ得サルヲ通例トス但シ配當期日後ニ生シ

タル事實ナルモ被告トノ對人的關係ニ於テ生シタルモノ及ヒ被告ノ債權額ノ若クハ成立ニ關スル如キコトハ異議ノ理由トシテ提出スルコトヲ除斥セラルルコトナシ故ニ原告ハ配當ノ終了ノ後ニ債務者カ被告ニ全部若クハ一部辨濟シタルコトヲ理由トシ其訴ヲ維持スルコトヲ得ヘシ。

如何ナル理由カ異議ノ訴ヲ正當トスヘキモノナルヤ民事訴訟法ニ規定ナシ然レトモ之ヲ概說セハ

（イ）異議ノ訴ハ配當手續ノ參加權ニ關スル債權者ノ爭ヲ解決スヘキモノナルカ故ニ取リ分ケ被告ノ差押カ法律上不當ニ行ハレタルコトヲ理由トシテ訴ヲ維持スルコトヲ得ヘシ例ヘハ債務名義ノ送達カ適法ナラス若クハ執行文ノ付與カ五一九條ニ適合セサルカ如シ但シ單ニ債務者若クハ第三者ノミヲ保護スル爲メニ取消スヘシト爲シタル缺點例ヘハ夜間日曜若クハ祝祭日ノ差押ノ如キハ異議ノ理由ト爲スコトヲ得サルモノトス。

（ロ）異議ノ訴ハ差押カ適法ナル場合ニハ債務名義ノ內容ヲ爭フコトニ依リ之ヲ維持スルコトヲ得。例ヘハ債權ノ成立ヲ否認シ或ハ執行シ得ヘキ證書ニ記載セル債權ハ假裝ノモノタリ若クハ消費貸借ハ成立セス又ハ既ニ支拂濟ナル旨ヲ主張シ得ルモノニシテ此見地ヨリ實體法上被告ノ債權カ成立セス若クハ最早成立セサリシ旨ノ證明ヲ爲スコトハ自由ナリ而テ該債權ハ債務者ニ對シ確定判決ヲ以テ確定シタルトキト雖モ其存否ノ立證ヲ許スヘキモノナリ何トナレハ債務者ニ對ス

ル判決ノ確定ハ素ヨリ第三者タル異議申立債權者ヲ羈束スヘキモノニアラサレハナリ之ニ反シ債務者ノ意思ニ繫ル如キ抗辯例ヘハ錯誤若クハ詐欺ニ因ル取消告知及ヒ相殺ノ如キハ之ヲ爲スコトヲ許サス又判決ニ對シテハ債務者ニ最早存セサル異議例ヘハ裁判ハ本案及ヒ爭點ニ副ハヌコト若クハ保證ナクシテ假執行ノ宣言ヲ爲スヘカラスト云フカ如キハ之ヲ主張スルコトヲ得サルナリ然レトモ原告ハ判決ノ後ニ生シタル異議ヲ債務者ニ於テハ五四五條ニ依ルニアラサレハ主張シ得サルニ拘ラス原告ノ固有ノ權利ニ因リ提出スルコトヲ得ヘシ之ニ反シ執行スヘキ請求權ハ被告ニ屬セスシテ他人ニ於テ之ヲ有スル旨ノ異議ハ效力ナシト云ハサルヘカラス何トナレハ之ニ依リ優先權ヲ排斥スルコトヲ得サレハナリ又差押ノ目的物ハ債務者ノ所有ニ屬セサルカ爲メ被告ノ爲シタル差押ハ不當ナリトノ異議ハ訴ヲ理由アラシムルニハ不適當ナルヲ通例トス蓋シ差押物ハ他人ノ所有物ナリトセハ原告モ亦之ニ依リ配當ヲ受クルコト能ハスシテ有利ノ配當ヲ受クルコト固ヨリ不能ニ屬スレハナリ。

（ハ）　異議ノ訴ハ當事者間ニ存スル債務關係ニ依リ之ヲ維持シ得ルコトハ論ヲ俟タス。

（ニ）　異議ノ訴ノ被告ハ反對ノ場合ニ於テ訴ヲ理由アラシムルモノヲ總テ理由トシテ防禦スルコトヲ得ヘシ異議ハ被告カ債務者ニ屬セサル物件ヲ差押タルコトヲ理由トスルトキハ其缺點ハ同

シク異議申立人ニ對シテモ瑕疵トナルヲ以テ異議ノ訴ヲ理由アラシムルコトナシ配當表ニ依ルヘシトノ申立ハ反訴ニアラサルナリ之レ蓋シ其申立ハ訴ノ却下ヲ求メタルト同一ニ歸スレハナリ。

7　訴ノ性質及判決

此訴ニ於テ異議カ理由アルヤ否ヤ換言スレハ原告ニ特定ノ債權ニ對スル優先的參加權ヲ歸屬セシムヘキカノ問題ハ裁判ノ目的物ナリ故ニ此裁判ハ訴訟法的確認判決ノ性質ヲ有スルモノト云ハサルヘカラス六三六條ニ依レハ異議ニ付キ裁判ヲ爲ス判決ニテ配當表變更ヲ命スルモ之カ爲メ此訴ハ創設ノ訴ナリト云フヲ得ス何トナレハ配當表變更ノ命令ハ判決ノ必須的內容ヲ爲スモノニアラス若シ然ラストセハ之ヲ命スルコトヲ適當トセサルモ同條後段ニ依リ之カ命令ヲ放置スルコト能ハサルヘシ此命令ハ確認判決ト共ニ宣言スルモ其目的ハ主タル確認判決ノ內容ヲ實行セシムル命令ニ外ナラサルナリ夫レ如斯此訴訟ハ主トシテ異議ニ關シテノミ裁判スヘキモノナレハ確定ノ目的物ハ强制執行ニ參加スル爲メノ優先權ニシテ其債權者ノ債權ニアラサルナリ故ニ若シ配當手續カ全部若クハ爭アル額ニ付キ終了シタルトキハ此異議訴訟ハ對象ナキニ至ルモノト云フヘシ之ト同一ノ理由ニ依リ此純然タル異議ノ訴ハ實體法的確認訴訟、繫屬スルコトニ依リ若クハ他ニ同一ナル異議ヲ原因トシ異議訴訟カ繫屬スルカ爲メ妨ケラルルコトナシ。從テ判決ハ單ニ關係債權者

間ニ於テノミ確定力ヲ生スルモノニシテ債務者ニ對シテモ亦他ノ債權者ニ對シテモ關係スルコトナシ而テ債權者間ニ於テハ配當ニ關スル優先順位ハ後日不當利得ノ訴ニ對シテモ亦確定力ヲ有スルモノニシテ配當ハ正當ナリシト確定スルナリ之ニ反シ債務者カ五四五條ニ從ヒ債務名義ノ執行力ヲ廢棄スル判決ヲ得タルトキハ之ニ依リ其債權者ハ配當手續ヨリ除斥セラルルモノトス。

配當表ニ對スル異議ノ訴カ理由ナキトキハ之ヲ理由ナシトシテ却下スル判決ヲ爲スヘキモノトス此判決カ確定シタルトキハ配當表ニ基ク配當額ニ關スル權利ハ當事者間ニ於テ終局的ニ確定ス若シ右異議ノ訴カ不適法ナルトキハ不適法トシテ之ヲ却下スル判決ヲ爲スヘキモノトス此判決カ確定シタルトキハ其訴ノ提起ナカリシ狀態ト同一ノ結果ヲ生スルニ至ルモノトス而テ此等ノ判決確定シタルトキハ從來ノ配當表ハ配當期日ニ於テ異議ノ申立ナカリシ如ク實施セラルルモノトス。

異議申立債權者カ異議ノ訴ニ關スル口頭辯論期日ニ出頭セサルトキハ二四七條ニ從ヒ闕席判決ヲ以テ訴却下ノ言渡ヲナスヘキモノニアラスシテ異議ヲ取下ケタルモノト看做ス旨ノ闕席判決ヲ爲スヘキモノトス（六三七條改七七一條）此場合ニ於テハ異議ノ提出ナカリシト同視スヘキカ故ニ六三四條ノ條件ハ最早存在セサルコトニナルヲ以テ該債權者ハ配當表ニ從ヒ配當ヲ受ケタル債權

者ニ對シ訴ヲ以テ優先權ヲ主張スル權利ヲ有セサルニ至ルモノナリ。

配當表ニ對スル異議ノ訴カ理由アルトキハ職權ヲ以テ異議ヲ理由アリトナス爲メニ必要トスヘキ配當表ノ變更ヲ爲サヽルヘカラス換言スレハ異議ノ訴ニ付キ裁判シタル判決ヲ實行スル爲メニ配當額ノ係爭部分ヲ如何ナル債權者ニ如何ナル數額ヲ以テ支拂フヘキヤヲ定ムヘキモノトス然レトモ判決裁判所カ自ラ配當表變更ヲ爲スヲ以テ適當ナラスト認ムルトキ例ヘハ地方裁判所ニテ判決ヲ爲スヘキ場合ニ於テ配當カ煩雜ナル計算ヲ要スル如キ又ハ總テノ異議ノ訴カ未タ裁判ヲ爲スニ熟セサルトキハ判決ヲ以テ異議ニ付テノミ裁判ヲ爲シ前ノ配當表ヲ取消シ配當裁判所ヲシテ新ニ配當表ヲ調製セシメ且ツ新配當手續ノ實行ヲ命スヘキモノトス（六三六條改七七〇條）裁判所カ判決ヲ以テ他ノ配當手續ヲ命シタルトキハ此判決ニ基キ配當ヲ實施スヘキ裁判所ハ計算書ノ差出ヲ催告スルコトヲ除キ他ハ六二八條乃至六三五條ノ規定ニ從ヒ新ニ配當手續ヲ爲スヘキモノトス此場合ニ於テ配當裁判所カ新配當表ヲ作成スルニ當リ異議ノ訴ニ付キ言渡シタル終局判決ヲ基礎トセサルヘカラス之ニ反シ前ノ配當表ノ債權ニシテ異議ニ關係ナカリシモノハ新配當表ノ作成ニ依リ影響ヲ蒙ルコトナシ。

新配當表ニ對シ異議ヲ申立ツルコトヲ得、然レトモ其異議ハ新ニ調製セラレタル配當表カ言渡サ

レタル判決ノ趣旨ニ適セサルコトヲ理由トスルコトニ依リテノミ之ヲ申立ツルコトヲ得又其申立人モ新配當手續ニ付テ關係シタル債權者ノミニ制限スヘキモノニシテ前配當表ニ對シ異議ヲ申立テス若クハ申立テタルモ失權シ又ハ確定判決ヲ以テ却下セラレタル債權者ハ新配當表ニ對シ異議ヲ申立ツルコトヲ得サルモノトス。

異議完結後ノ爾後手續ハ配當裁判所カ職權ヲ以テ之ヲ爲スヘキモノニアラス寧ロ當事者カ裁判所ニ其完結ヲ證明セサルヘカラス即チ配當表ヲ變更スル判決新ナル配當表ノ作成及他ノ配當手續ヲ命スル判決又ハ異議ヲ取下ケタルモノト看做ス旨ノ闕席判決カ確定シタルコトヲ證明シタルトキハ配當裁判所ハ其判決ニ基キ支拂又ハ他ノ配當手續ヲ命スヘキモノトス（六三八條改七七二條）此ノ如ク此等ノ判決ハ其確定シタルトキニ限リ之ヲ執行スヘキモノナルカ故ニ假執行ニ關スル規定ハ適用ナシト云ハサルヘカラス然レトモ關係債權者カ配當裁判所ニ判決カ確定シタルコトヲ證明シタルトキハ直ニ職權ヲ以テ爾後手續ヲ命セサルヘカラス。

新配當手續ハ總テノ異議カ完結シタルトキニ於テ始メテ之ヲ命スルコトヲ得ルモノトス之ニ反シ個々ノ判決カ六三六條ニ從ヒ支拂ヲ命シタルトキハ其支拂ヲ直ニ爲スヘキカ將タ又タ他ノ訴訟ノ完結ヲ待ツヘキカハ一ニ判決ノ內容ニ從ヒ之ヲ爲スヘキハ固ヨリ論ヲ俟タス。

8　配當表ノ實施

配當表ノ實施ハ以上說明スル所ニ依リ配當表ニ從ヒ債權者ニ其債權ノ配當額ヲ支拂フニ在ルモノトス然レトモ左ノ場合ニ於テ之ヲ一時實施スヘカラサルモノナリ。

（一）　債權カ停止條件付ナルトキハ其債權ノ配當ハ仍ホ之ヲ供託シ民法ニ從ヒテ條件ノ成否ニ依リ後ニ之ヲ支拂ヒ又ハ更ニ配當スヘキモノトス（六三〇條二項）即チ條件カ成就シタルトキハ停止條件付債權ヲ有スル債權者ニ其供託金ヲ支拂ヒ若シ條件カ成就セサルトキハ其供託金ヲ以テ前ニ配當ヲ受ケタル各債權者ニ更ニ配當スヘキモノトス。

（二）　五九一條三項ノ場合即チ執行力アル正本ヲ有セス民法ニ從ヒ配當ヲ要求スル債權者ノ債權ニシテ債務者カ之ヲ認諾セサル場合ニ於テハ債權者カ五九一條三項又ハ六二〇條一項ニ從ヒ債務者ニ係リ訴ヲ以テ之ヲ確定スルマテ其債權ニ相當スル配當額ハ仍ホ供託スヘキモノトス（六三〇條三項）此場合ニ於テ債權者カ債務者トノ訴訟ニ於テ債權ヲ確定シタルトキハ其供託金ヲ支拂ヒ其債權ヲ確定スルコト能ハサルトキハ更ニ之ヲ他ノ債權者ニ配當スヘシ。

（三）　假差押ノ場合ニ於テ其基本タル債權者カ未タ確定セサルトキハ其債權ニ相當スル配當額ハ仍ホ供託スヘキモノトス（六三〇條三項改七七五條二項）而テ假差押債權者ノ債權確定シタルト

キハ之ニ供託金ヲ支拂ヒ否ラサル場合ニ於テハ更ニ他ノ債權者ニ配當スヘキモノトス。

（四）　其他異議アル債權即チ五四五條乃至五四九條ノ規定ニ依リ異議ノ訴提起アリ又ハ六三一條ノ規定ニ依ル異議ノ申立アリ其異議ノ完結セサルトキハ其配當額ヲ供託スヘキモノトス（六三〇條三項）而テ此場合ニ於テモ亦債權確定スレハ供託シタル配當額ヲ支拂ヒ又ハ更ニ配當スヘキモノトス。

執行裁判所ハ配當表ニ從ヒ配當ヲ實施スルニ當リテハ左ノ手續ヲ爲スヘキモノトス。

（一）　債權者ニ對シ其債權額全部ノ配當ヲ爲スヘキトキハ其債權者ニハ配當額支拂證ヲ交付スルト同時ニ其所持スル執行力アル正本又ハ債權ノ證書ヲ差出サシメ是等ノ證書ヲ債務者ニ交付スヘキモノトス（六三九條二項改七七五條一項一號）

（二）　債權者ニ對シ其債權額全部ノ配當ヲ爲スコトヲ得サルトキハ執行力アル正本又ハ債權ノ證書ヲ差出サシメ之ニ配當額ヲ記入シテ債權者ニ返還スヘキモノトス此場合ニ於テハ前示ノ如ク執行力アル正本又ハ債權ノ證書ヲ債務者ニ交付スルコトヲ得サルカ故ニ債權者ヨリ配當金受取書ヲ差出サシメ之ヲ債務者ニ交付スヘキモノトス（六三九條三項改七七五條一項二號）

（三）　配當期日ニ出頭セサル債權者アルトキハ　配當額ハ仍ホ供託セシムヘキモノトス（六三九

條四項改七七五條二項）而テ其債權者ハ後日配當額支拂ノ爲メニ期日ノ指定ヲ定メ其期日ニ出頭シテ配當額ノ支拂ヲ受クヘキモノトス。

配當實施ニ付テハ裁判所書記之カ調書ヲ作ルヘキモノトス（六三〇條四項改七六六條末項）就中前文說明シタル（一）乃至（三）ノ手續ヲ爲シタルトキハ直ニ調書ニ記載シ之ヲ明確ニシ其手續ヲ完結スヘキモノトス（六三九條四項改七七五條三項）。

强制執行法論上卷（終）

大正十三年五月五日印刷
大正十三年五月十日發行

強制執行法論（上巻）

定價金參圓

著作權所有

著作者　遠藤武治

發行者　東京市神田區中猿樂町二番地
株式會社巖松堂書店
右代表者　波多野重太郎

印刷者　東京市本郷區眞砂町卅六番地
武居菊藏

發兌元　東京市神田區中猿樂町二番地
（電話牛込一六五三番）
（振替東京六五五六番）
巖松堂書店

東京●日東印刷株式會社●本郷

強制執行法論　上巻　　　別巻 1245

2019(令和元)年11月20日　　復刻版第1刷発行

著　者　遠　藤　武　治

発行者　今　井　　貴
渡　辺　左　近

発行所　信　山　社　出　版
〒113-0033　東京都文京区本郷6-2-9-102
モンテベルデ第2東大正門前
電　話　03 (3818) 1019
F A X　03 (3818) 0344
郵便振替　00140-2-367777(信山社販売)

Printed in Japan.

制作／(株)信山社，印刷・製本／松澤印刷・日進堂

ISBN 978-4-7972-7364-9 C3332

別巻　巻数順一覧【950 ～ 981 巻】

巻数	書　名	編・著者	ISBN	本体価格
950	実地応用町村制質疑録	野田藤吉郎、國吉拓郎	ISBN978-4-7972-6656-6	22,000 円
951	市町村議員必携	川瀬周次、田中迪三	ISBN978-4-7972-6657-3	40,000 円
952	増補 町村制執務備考 全	增澤鐵、飯島篤雄	ISBN978-4-7972-6658-0	46,000 円
953	郡区町村編制法 府県会規則 地方税規則 三法綱論	小笠原美治	ISBN978-4-7972-6659-7	28,000 円
954	郡区町村編制 府県会規則 地方税規則 新法例纂 追加地方諸要則	柳澤武運三	ISBN978-4-7972-6660-3	21,000 円
955	地方革新講話	西内天行	ISBN978-4-7972-6921-5	40,000 円
956	市町村名辞典	杉野耕三郎	ISBN978-4-7972-6922-2	38,000 円
957	市町村吏員提要〔第三版〕	田邊好一	ISBN978-4-7972-6923-9	60,000 円
958	帝国市町村便覧	大西林五郎	ISBN978-4-7972-6924-6	57,000 円
959	最近検定 市町村名鑑 附 官国幣社 及 諸学校所在地一覧	藤澤衛彦、伊東順彦、増田穆、関惣右衛門	ISBN978-4-7972-6925-3	64,000 円
960	鼇頭対照 市町村制解釈 附 理由書 及 参考諸布達	伊藤寿	ISBN978-4-7972-6926-0	40,000 円
961	市町村制釈義 完　附 市町村制理由	水越成章	ISBN978-4-7972-6927-7	36,000 円
962	府県郡市町村 模範治績　附 耕地整理法 産業組合法 附属法令	荻野千之助	ISBN978-4-7972-6928-4	74,000 円
963	市町村大字読方名彙〔大正十四年度版〕	小川琢治	ISBN978-4-7972-6929-1	60,000 円
964	町村会議員選挙要覧	津田東璋	ISBN978-4-7972-6930-7	34,000 円
965	市制町村制 及 府県制　附 普通選挙法	法律研究会	ISBN978-4-7972-6931-4	30,000 円
966	市制町村制註釈 完　附 市制町村制理由〔明治21年初版〕	角田真平、山田正賢	ISBN978-4-7972-6932-1	46,000 円
967	市町村制詳解 全　附 市町村制理由	元田肇、加藤政之助、日鼻豊作	ISBN978-4-7972-6933-8	47,000 円
968	区町村会議要覧 全	阪田辨之助	ISBN978-4-7972-6934-5	28,000 円
969	実用 町村制市制事務提要	河邨貞山、島村文耕	ISBN978-4-7972-6935-2	46,000 円
970	新旧対照 市制町村制正文〔第三版〕	自治館編輯局	ISBN978-4-7972-6936-9	28,000 円
971	細密調査 市町村便覧(三府 四十三県 北海道 樺太 台湾 朝鮮 関東州)　附 分類官公衙公私学校銀行所在地一覧表	白山榮一郎、森田公美	ISBN978-4-7972-6937-6	88,000 円
972	正文 市制町村制 並 附属法規	法曹閣	ISBN978-4-7972-6938-3	21,000 円
973	台湾朝鮮関東州 全国市町村便覧 各学校所在地〔第一分冊〕	長谷川好太郎	ISBN978-4-7972-6939-0	58,000 円
974	台湾朝鮮関東州 全国市町村便覧 各学校所在地〔第二分冊〕	長谷川好太郎	ISBN978-4-7972-6940-6	58,000 円
975	合巻 佛蘭西邑法・和蘭邑法・皇国郡区町村編成法	箕作麟祥、大井憲太郎、神田孝平	ISBN978-4-7972-6941-3	28,000 円
976	自治之模範	江木翼	ISBN978-4-7972-6942-0	60,000 円
977	地方制度実例総覧〔明治36年初版〕	金田謙	ISBN978-4-7972-6943-7	48,000 円
978	市町村民 自治読本	武藤榮治郎	ISBN978-4-7972-6944-4	22,000 円
979	町村制詳解　附 市制及町村制理由	相澤富蔵	ISBN978-4-7972-6945-1	28,000 円
980	改正 市町村制 並 附属法規	楠綾雄	ISBN978-4-7972-6946-8	28,000 円
981	改正 市制 及 町村制〔訂正10版〕	山野金蔵	ISBN978-4-7972-6947-5	28,000 円

別巻　巻数順一覧【915 ～ 949 巻】

巻数	書　名	編・著者	ISBN	本体価格
915	改正 新旧対照市町村一覧	鍾美堂	ISBN978-4-7972-6621-4	78,000 円
916	東京市会先例彙輯	後藤新平、桐島像一、八田五三	ISBN978-4-7972-6622-1	65,000 円
917	改正 地方制度解説〔第六版〕	狭間茂	ISBN978-4-7972-6623-8	67,000 円
918	改正 地方制度通義	荒川五郎	ISBN978-4-7972-6624-5	75,000 円
919	町村制市制全書 完	中嶋廣蔵	ISBN978-4-7972-6625-2	80,000 円
920	自治新制 市町村会法要談 全	田中重策	ISBN978-4-7972-6626-9	22,000 円
921	郡市町村吏員 収税実務要書	荻野千之助	ISBN978-4-7972-6627-6	21,000 円
922	町村至宝	桂虎次郎	ISBN978-4-7972-6628-3	36,000 円
923	地方制度通 全	上山満之進	ISBN978-4-7972-6629-0	60,000 円
924	帝国議会府県会郡会市町村会議員必携 附関係法規 第1分冊	太田峯三郎、林田亀太郎、小原新三	ISBN978-4-7972-6630-6	46,000 円
925	帝国議会府県会郡会市町村会議員必携 附関係法規 第2分冊	太田峯三郎、林田亀太郎、小原新三	ISBN978-4-7972-6631-3	62,000 円
926	市町村是	野田千太郎	ISBN978-4-7972-6632-0	21,000 円
927	市町村執務要覧 全 第1分冊	大成館編輯局	ISBN978-4-7972-6633-7	60,000 円
928	市町村執務要覧 全 第2分冊	大成館編輯局	ISBN978-4-7972-6634-4	58,000 円
929	府県会規則大全　附 裁定録	朝倉達三、若林友之	ISBN978-4-7972-6635-1	28,000 円
930	地方自治の手引	前田宇治郎	ISBN978-4-7972-6636-8	28,000 円
931	改正 市制町村制と衆議院議員選挙法	服部喜太郎	ISBN978-4-7972-6637-5	28,000 円
932	市町村国税事務取扱手続	広島財務研究会	ISBN978-4-7972-6638-2	34,000 円
933	地方自治制要義 全	末松偕一郎	ISBN978-4-7972-6639-9	57,000 円
934	市町村特別税之栞	三邊長治、水谷平吉	ISBN978-4-7972-6640-5	24,000 円
935	英国地方制度 及 税法	良保両氏、水野遵	ISBN978-4-7972-6641-2	34,000 円
936	英国地方制度 及 税法	髙橋達	ISBN978-4-7972-6642-9	20,000 円
937	日本法典全書 第一編 府県制郡制註釈	上條慎蔵、坪谷善四郎	ISBN978-4-7972-6643-6	58,000 円
938	判例挿入 自治法規全集 全	池田繁太郎	ISBN978-4-7972-6644-3	82,000 円
939	比較研究 自治之精髄	水野錬太郎	ISBN978-4-7972-6645-0	22,000 円
940	傍訓註釈 市制町村制 並ニ 理由書〔第三版〕	筒井時治	ISBN978-4-7972-6646-7	46,000 円
941	以呂波引町村便覧	田山宗堯	ISBN978-4-7972-6647-4	37,000 円
942	町村制執務要録 全	鷹巣清二郎	ISBN978-4-7972-6648-1	46,000 円
943	地方自治 及 振興策	床次竹二郎	ISBN978-4-7972-6649-8	30,000 円
944	地方自治講話	田中四郎左衛門	ISBN978-4-7972-6650-4	36,000 円
945	地方施設改良 訓諭演説集〔第六版〕	鹽川玉江	ISBN978-4-7972-6651-1	40,000 円
946	帝国地方自治団体発達史〔第三版〕	佐藤亀齢	ISBN978-4-7972-6652-8	48,000 円
947	農村自治	小橋一太	ISBN978-4-7972-6653-5	34,000 円
948	国税 地方税 市町村税 滞納処分法問答	竹尾高堅	ISBN978-4-7972-6654-2	28,000 円
949	市町村役場実用 完	福井淳	ISBN978-4-7972-6655-9	40,000 円

別巻　巻数順一覧【878 ～ 914 巻】

巻数	書　名	編・著者	ISBN	本体価格
878	明治史第六編 政黨史	博文館編輯局	ISBN978-4-7972-7180-5	42,000 円
879	日本政黨發達史 全〔第一分冊〕	上野熊藏	ISBN978-4-7972-7181-2	50,000 円
880	日本政黨發達史 全〔第二分冊〕	上野熊藏	ISBN978-4-7972-7182-9	50,000 円
881	政党論	梶原保人	ISBN978-4-7972-7184-3	30,000 円
882	獨逸新民法商法正文	古川五郎、山口弘一	ISBN978-4-7972-7185-0	90,000 円
883	日本民法鼇頭對比獨逸民法	荒波正隆	ISBN978-4-7972-7186-7	40,000 円
884	泰西立憲國政治攬要	荒井泰治	ISBN978-4-7972-7187-4	30,000 円
885	改正衆議院議員選擧法釋義 全	福岡伯、横田左仲	ISBN978-4-7972-7188-1	42,000 円
886	改正衆議院議員選擧法釋義 附 改正貴族院令,治安維持法	犀川長作、犀川久平	ISBN978-4-7972-7189-8	33,000 円
887	公民必携 選擧法規ト判決例	大浦兼武、平沼騏一郎、木下友三郎、清水澄、三浦數平	ISBN978-4-7972-7190-4	96,000 円
888	衆議院議員選擧法輯覽	司法省刑事局	ISBN978-4-7972-7191-1	53,000 円
889	行政司法選擧判例總覽―行政救濟と其手續―	澤田竹治郎・川崎秀男	ISBN978-4-7972-7192-8	72,000 円
890	日本親族相續法義解 全	髙橋捨六・堀田馬三	ISBN978-4-7972-7193-5	45,000 円
891	普通選擧文書集成	山中秀男・岩本溫良	ISBN978-4-7972-7194-2	85,000 円
892	普選の勝者 代議士月旦	大石末吉	ISBN978-4-7972-7195-9	60,000 円
893	刑法註釋 卷一～卷四(上卷)	村田保	ISBN978-4-7972-7196-6	58,000 円
894	刑法註釋 卷五～卷八(下卷)	村田保	ISBN978-4-7972-7197-3	50,000 円
895	治罪法註釋 卷一～卷四(上卷)	村田保	ISBN978-4-7972-7198-0	50,000 円
896	治罪法註釋 卷五～卷八(下卷)	村田保	ISBN978-4-7972-7198-0	50,000 円
897	議會選擧法	カール・ブラウニアス、國政研究科會	ISBN978-4-7972-7201-7	42,000 円
901	鼇頭註釈 町村制　附 理由 全	八乙女盛次、片野続	ISBN978-4-7972-6607-8	28,000 円
902	改正 市制町村制　附 改正要義	田山宗堯	ISBN978-4-7972-6608-5	28,000 円
903	増補訂正 町村制詳解〔第十五版〕	長峰安三郎、三浦通太、野田千太郎	ISBN978-4-7972-6609-2	52,000 円
904	市制町村制 並 理由書　附 直接間接税類別及実施手続	高崎修助	ISBN978-4-7972-6610-8	20,000 円
905	町村制要義	河野正義	ISBN978-4-7972-6611-5	28,000 円
906	改正 市制町村制義解〔帝國地方行政学会〕	川村芳次	ISBN978-4-7972-6612-2	60,000 円
907	市制町村制 及 関係法令〔第三版〕	野田千太郎	ISBN978-4-7972-6613-9	35,000 円
908	市町村新旧対照一覧	中村芳松	ISBN978-4-7972-6614-6	38,000 円
909	改正 府県郡制問答講義	木内英雄	ISBN978-4-7972-6615-3	28,000 円
910	地方自治提要 全　附 諸届願書式 日用規則抄録	木村時義、吉武則久	ISBN978-4-7972-6616-0	56,000 円
911	訂正増補 市町村制問答詳解　附 理由及追輯	福井淳	ISBN978-4-7972-6617-7	70,000 円
912	改正 府県制郡制註釈〔第三版〕	福井淳	ISBN978-4-7972-6618-4	34,000 円
913	地方制度実例総覧〔第七版〕	自治館編輯局	ISBN978-4-7972-6619-1	78,000 円
914	英国地方政治論	ジョージ・チャールズ・ブロドリック、久米金彌	ISBN978-4-7972-6620-7	30,000 円

別巻　巻数順一覧【843～877巻】

巻数	書　名	編・著者	ISBN	本体価格
843	法律汎論	熊谷直太	ISBN978-4-7972-7141-6	40,000円
844	英國國會選擧訴願判決例 全	オマリー、ハードカッスル、サンタース	ISBN978-4-7972-7142-3	80,000円
845	衆議院議員選擧法改正理由書 完	内務省	ISBN978-4-7972-7143-0	40,000円
846	戆齋法律論文集	森作太郎	ISBN978-4-7972-7144-7	45,000円
847	雨山遺稾	渡邉輝之助	ISBN978-4-7972-7145-4	70,000円
848	法曹紙屑籠	鷺城逸史	ISBN978-4-7972-7146-1	54,000円
849	法例彙纂 民法之部 第一篇	史官	ISBN978-4-7972-7147-8	66,000円
850	法例彙纂 民法之部 第二篇〔第一分冊〕	史官	ISBN978-4-7972-7148-5	55,000円
851	法例彙纂 民法之部 第二篇〔第二分冊〕	史官	ISBN978-4-7972-7149-2	75,000円
852	法例彙纂 商法之部〔第一分冊〕	史官	ISBN978-4-7972-7150-8	70,000円
853	法例彙纂 商法之部〔第二分冊〕	史官	ISBN978-4-7972-7151-5	75,000円
854	法例彙纂 訴訟法之部〔第一分冊〕	史官	ISBN978-4-7972-7152-2	60,000円
855	法例彙纂 訴訟法之部〔第二分冊〕	史官	ISBN978-4-7972-7153-9	48,000円
856	法例彙纂 懲罰則之部	史官	ISBN978-4-7972-7154-6	58,000円
857	法例彙纂 第二版 民法之部〔第一分冊〕	史官	ISBN978-4-7972-7155-3	70,000円
858	法例彙纂 第二版 民法之部〔第二分冊〕	史官	ISBN978-4-7972-7156-0	70,000円
859	法例彙纂 第二版 商法之部・訴訟法之部〔第一分冊〕	太政官記録掛	ISBN978-4-7972-7157-7	72,000円
860	法例彙纂 第二版 商法之部・訴訟法之部〔第二分冊〕	太政官記録掛	ISBN978-4-7972-7158-4	40,000円
861	法令彙纂 第三版 民法之部〔第一分冊〕	太政官記録掛	ISBN978-4-7972-7159-1	54,000円
862	法令彙纂 第三版 民法之部〔第二分冊〕	太政官記録掛	ISBN978-4-7972-7160-7	54,000円
863	現行法律規則全書（上）	小笠原美治、井田鐘次郎	ISBN978-4-7972-7162-1	50,000円
864	現行法律規則全書（下）	小笠原美治、井田鐘次郎	ISBN978-4-7972-7163-8	53,000円
865	國民法制通論 上卷・下卷	仁保龜松	ISBN978-4-7972-7165-2	56,000円
866	刑法註釋	磯部四郎、小笠原美治	ISBN978-4-7972-7166-9	85,000円
867	治罪法註釋	磯部四郎、小笠原美治	ISBN978-4-7972-7167-6	70,000円
868	政法哲學 前編	ハーバート・スペンサー、濱野定四郎、渡邊治	ISBN978-4-7972-7168-3	45,000円
869	政法哲學 後編	ハーバート・スペンサー、濱野定四郎、渡邊治	ISBN978-4-7972-7169-0	45,000円
870	佛國商法復説 第壹篇自第壹卷至第七卷	リウヒエール、商法編纂局	ISBN978-4-7972-7171-3	75,000円
871	佛國商法復説 第壹篇第八卷	リウヒエール、商法編纂局	ISBN978-4-7972-7172-0	45,000円
872	佛國商法復説 自第二篇至第四篇	リウヒエール、商法編纂局	ISBN978-4-7972-7173-7	70,000円
873	佛國商法復説 書式之部	リウヒエール、商法編纂局	ISBN978-4-7972-7174-4	40,000円
874	代言試驗問題擬判録 全 附録明治法律學校民刑問題及答案	熊野敏三、宮城浩蔵 河野和三郎、岡義男	ISBN978-4-7972-7176-8	35,000円
875	各國官吏試驗法類集 上・下	内閣	ISBN978-4-7972-7177-5	54,000円
876	商業規篇	矢野亨	ISBN978-4-7972-7178-2	53,000円
877	民法実用法典 全	福田一覺	ISBN978-4-7972-7179-9	45,000円

別巻　巻数順一覧【810 ～ 842 巻】

巻数	書　名	編・著者	ISBN	本体価格
810	訓點法國律例 民律 上卷	鄭永寧	ISBN978-4-7972-7105-8	50,000 円
811	訓點法國律例 民律 中卷	鄭永寧	ISBN978-4-7972-7106-5	50,000 円
812	訓點法國律例 民律 下卷	鄭永寧	ISBN978-4-7972-7107-2	60,000 円
813	訓點法國律例 民律指掌	鄭永寧	ISBN978-4-7972-7108-9	58,000 円
814	訓點法國律例 貿易定律・園林則律	鄭永寧	ISBN978-4-7972-7109-6	60,000 円
815	民事訴訟法 完	本多康直	ISBN978-4-7972-7111-9	65,000 円
816	物権法(第一部)完	西川一男	ISBN978-4-7972-7112-6	45,000 円
817	物権法(第二部)完	馬場愿治	ISBN978-4-7972-7113-3	35,000 円
818	商法五十課 全	アーサー・B・クラーク、本多孫四郎	ISBN978-4-7972-7115-7	38,000 円
819	英米商法律原論 契約之部及流通券之部	岡山兼吉、淺井勝	ISBN978-4-7972-7116-4	38,000 円
820	英國組合法 完	サー・フレデリック・ポロック、榊原幾久若	ISBN978-4-7972-7117-1	30,000 円
821	自治論 一名人民ノ自由 卷之上・卷之下	リーバー、林董	ISBN978-4-7972-7118-8	55,000 円
822	自治論纂 全一册	獨逸學協會	ISBN978-4-7972-7119-5	50,000 円
823	憲法彙纂	古屋宗作、鹿島秀麿	ISBN978-4-7972-7120-1	35,000 円
824	國會汎論	ブルンチュリー、石津可輔、讃井逸三	ISBN978-4-7972-7121-8	30,000 円
825	威氏法學通論	エスクバック、渡邊輝之助、神山亨太郎	ISBN978-4-7972-7122-5	35,000 円
826	萬國憲法 全	高田早苗、坪谷善四郎	ISBN978-4-7972-7123-2	50,000 円
827	綱目代議政體	J・S・ミル、上田充	ISBN978-4-7972-7124-9	40,000 円
828	法學通論	山田喜之助	ISBN978-4-7972-7125-6	30,000 円
829	法學通論 完	島田俊雄、溝上與三郎	ISBN978-4-7972-7126-3	35,000 円
830	自由之權利 一名自由之理 全	J・S・ミル、高橋正次郎	ISBN978-4-7972-7127-0	38,000 円
831	歐洲代議政體起原史 第一册・第二册／代議政體原論 完	ギゾー、漆間眞學、藤田四郎、アンドリー、山口松五郎	ISBN978-4-7972-7128-7	100,000 円
832	代議政體 全	J・S・ミル、前橋孝義	ISBN978-4-7972-7129-4	55,000 円
833	民約論	J・J・ルソー、田中弘義、服部德	ISBN978-4-7972-7130-0	40,000 円
834	歐米政黨沿革史總論	藤田四郎	ISBN978-4-7972-7131-7	30,000 円
835	内外政黨事情・日本政黨事情 完	中村義三、大久保常吉	ISBN978-4-7972-7132-4	35,000 円
836	議會及政黨論	菊池學而	ISBN978-4-7972-7133-1	35,000 円
837	各國之政黨 全〔第1分册〕	外務省政務局	ISBN978-4-7972-7134-8	70,000 円
838	各國之政黨 全〔第2分册〕	外務省政務局	ISBN978-4-7972-7135-5	60,000 円
839	大日本政黨史 全	若林清、尾崎行雄、箕浦勝人、加藤恒忠	ISBN978-4-7972-7137-9	63,000 円
840	民約論	ルソー、藤田浪人	ISBN978-4-7972-7138-6	30,000 円
841	人權宣告辯妄・政治眞論一名主權辯妄	ベンサム、草野宣隆、藤田四郎	ISBN978-4-7972-7139-3	40,000 円
842	法制講義 全	赤司鷹一郎	ISBN978-4-7972-7140-9	30,000 円